HEYNE
BÜCHER

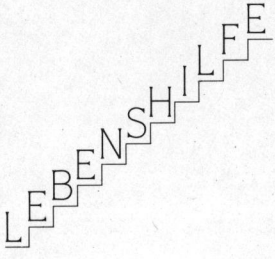

LEBENSHILFE

Bärbel Schwertfeger/Klaus Koch

DER THERAPIE- FÜHRER

Die wichtigsten Formen und Methoden

Ein Leitfaden

Originalausgabe

Wilhelm Heyne Verlag
München

HEYNE LEBENSHILFE
17 / 25

4. Auflage

Copyright © 1989 dieser Ausgabe by
Wilhelm Heyne Verlag GmbH & Co. KG, München
Printed in Germany 1993
Umschlagillustration: Pierre Peyrolle/The Image Bank, München
Umschlaggestaltung: Christian Diener, München
Satz: Kort Satz GmbH, München
Druck und Bindung: Presse-Druck Augsburg

ISBN 3-453-03355-8

Inhalt

Vorwort

Der stetig wachsende Bedarf nach psychologischer und psychotherapeutischer Hilfe führte in den letzten Jahren zu einem Boom an Therapieangeboten. Allein in Deutschland ringen über 600 entsprechende Institute mit mindestens ebenso vielen verschiedenen therapeutischen Verfahren und Methoden um den Markt der Therapiebedürftigen. So fällt es mittlerweile selbst Fachleuten schwer, fundierte neue Therapierichtungen und individuelle Varianten selbsternannter Therapeuten auseinanderzuhalten. Die Übergänge vom ausgebildeten Psychotherapeuten zum selbstberufenen Guru sind fließend und für den Laien kaum zu unterscheiden.

Zunehmend ist auch die Zahl der Therapiegeschädigten. Dieses Buch hat sich daher die Aufgabe gestellt, dem Laien als erste Orientierungshilfe eine Übersicht der wichtigsten bzw. am meisten verbreiteten Therapieverfahren an die Hand zu geben.

Keinesfalls kann das Buch eine individuelle Beratung durch den Fachmann (Arzt, Psychologen, Psychotherapeuten) ersetzen, aber es hilft, die Vorauswahl nicht dem reinen Zufall zu überlassen.

Bei den Autoren der einzelnen Beiträge handelt es sich in der Regel um Mitarbeiter der entsprechenden Ausbildungsstätten, Berufsverbände, Institute etc., die selbst diese Therapieform praktizieren, also aus ihrer Erfahrung und Praxis berichten.

Dabei wurde besonderen Wert auf eine auch für den Laien verständliche Darstellung sowie auf praktische Hinweise (wer bezahlt eine Therapie, wie lange dauert sie etc.) gelegt.

Sicher war es nicht immer einfach, in dieser Kürze Therapieformen oder ›Fallbeispiele‹ zu beschreiben, da viele individuelle Abläufe innerhalb des Therapieprozesses − auch zwischen Therapeut und Klient − nicht darstellbar sind.

Gelegentlich aber scheiterten unsere Bemühungen, die Texte im Hinblick auf Verständlichkeit zu überarbeiten, auch am Einspruch der Autoren, die durch eine einfachere Darstellung die Eigenart der Therapie gefährdet sahen und auch ›den Laien nicht unterschätzen‹ wollten.

Das vorgegebene Schema erleichtert dem Leser das Auffinden bestimmter Informationen und die Vergleichbarkeit der verschiedenen Therapien. Die angegebenen Adressen und Telefonnummern ermöglichen eine persönliche Kontaktaufnahme. Über die Ausbildungsinstitute können meist auch die Adressen von weiteren Therapeuten erfragt werden. Mit Hilfe der Literaturangaben am Ende jedes Therapieartikels kann der Interessierte sein Wissen vertiefen.

Die einzelnen Artikel geben die Meinung der Autoren wieder. Sollten Sie daher zu einer Therapieform Anmerkungen machen wollen, setzen Sie sich bitte direkt mit den Autoren in Verbindung (ist keine Adresse angegeben, so geschah dies auf ausdrücklichen Wunsch des Autors); für Anregungen zur Gestaltung des Buches wenden Sie sich an die Verfasser.

Wir hoffen, mit diesem Buch den Therapie-Dschungel etwas durchschaubarer zu machen.

Bärbel Schwertfeger
Klaus Koch

Einleitung

Während Psychotherapie früher überwiegend nur bei schweren psychischen Störungen eingesetzt wurde, hat sich der Anwendungsbereich in den letzten Jahren erheblich ausgedehnt. Dazugekommen ist der Bereich, der dem Menschen helfen soll, mit sich selbst und anderen, mit seinem Leben und seinen täglichen Problemen besser zurechtzukommen.

Das Ziel einer Therapie ist daher nicht mehr ausschließlich die Beseitigung konkreter Störungen, sondern eine allgemeine Bewußtseinserweiterung, was auch immer der einzelne darunter verstehen mag. Dagegen ist nichts einzuwenden, wenn Therapie nicht als schicker esoterischer Drogenersatz oder als Flucht in die heile Welt der Therapie betrachtet wird. Ziel jeder Therapie muß es stets sein, Hilfe zur Selbsthilfe zu leisten und den Klienten lebensfähiger zu machen – damit Therapie und Therapeut letztlich überflüssig ist.

Die verschiedenen Therapieformen in ein allgemeingültiges Darstellungsschema zu bringen, ist nicht möglich. Zu groß sind die gegenseitigen Verknüpfungen, aber auch die individuellen Ausprägungen einzelner Therapeuten. Die Zuordnung der einzelnen Therapien zu verschiedenen Kategorien kann daher nur als Orientierungshilfe gesehen werden.

Die Auswahl der beschriebenen Therapieverfahren erhebt keinen Anspruch auf Vollständigkeit. Aus Gründen des Umfangs mußten wir uns auf Verfahren beschränken, die zum einen eine gewisse Verbreitung haben, zum anderen relativ eigenständige Verfahren sind. Daneben gibt es eine ständig wachsende Zahl von Neuschöpfungen und Erweiterungen, die häufig auf der Integration bereits bestehender Methoden basieren.

Bewußt wurde auf die Bewertung der einzelnen dargestellten Therapieverfahren verzichtet; auch vergleichende Aussagen über die Wirksamkeit einzelner Verfahren sind äußerst problematisch, weil subjektiv.

Letztlich sind die Therapieformen auch nicht so klar zu definieren. Es gibt nicht *die* Verhaltenstherapie, *die* Psychoanalyse oder *die* Gestalttherapie. Psychotherapie ist ein zwischenmenschlicher Prozeß, der wesentlich durch Stil und Persönlichkeit der Beteiligten bestimmt wird.

Entscheidend für den therapeutischen Prozeß ist – was auch viele Autoren dieses Buches betonen – die gute Beziehung von Therapeut und Klient, und letztlich ist jede Methode nur so gut wie derjenige, der sie anwendet.

Wer ist wer?

Die Fülle verschiedener Berufsbezeichnungen wie Psychologe, Psychoanalytiker, Psychotherapeut, Psychiater macht es für den Laien schwer, den Fachmann vom selbsternannten Therapeuten zu unterscheiden.

Einige dieser Bezeichnungen sind Titel, die eine sehr qualifizierte und lange Ausbildung voraussetzen, andere wiederum sagen nichts über die Qualifikation des Betreffenden aus.

Daneben gibt es auch noch eine Reihe von Phantasienamen, wie psychologischer Berater, praktischer Psychologe, Lebensberater etc.

Psychologe, insbesondere Diplom-Psychologe (Dipl.-Psych.) darf sich nur nennen, wer ein (in der Regel mindestens 4jähriges) Hochschulstudium absolviert und mit der Diplomprüfung abgeschlossen hat.

Während sich früher jeder als ›Psychologe‹ bezeichnen konnte, darf diese Bezeichnung laut Rechtsprechung (Oberlandesgericht Karlsruhe, Aktenzeichen: 6W 134/86) nur noch führen, wer ein ordnungsgemäßes Studium mit Universitätsexamen in Psychologie absolviert hat. ›Psychologen‹, die ihre Fachkenntnisse auf andere Weise, etwa durch Fernkurse oder Selbststudium gewonnen haben, führen diese Bezeichnung zu Unrecht.

Die Erlaubnis, Psychotherapie auszuüben, haben laut Gesetz nur Ärzte, Psychologen (mit Erlaubnis zur Ausübung der Heilkunde) und Heilpraktiker. Während Ärzte und Psychologen jedoch zusätzlich zu ihrer Approbation bzw. zu ihrem Diplom noch eine entsprechende Weiterbildung nachweisen müssen, genügt beim Heilpraktiker die offizielle Erlaubnis nach dem Heilpraktikergesetz.

Die Bezeichnung ›Psychotherapeut‹ ist bis heute nicht geschützt und sagt daher nichts über die Qualifikation des Betreffenden aus.

Ein Psychologe (Diplom-Psychologe) ist auch nicht automatisch ein Psychotherapeut. In der Regel schließt sich die psychotherapeutische Grund- bzw. Zusatzausbildung erst an das Studium an. Bei einigen Therapierichtungen ist ein abgeschlossenes Studium sogar die Voraussetzung für die Zulassung zur Ausbildung.

Neben institutsinternen Qualifikationen, die zum Teil ein sehr hohes Niveau erreichen, bestehen auch übergeordnete Qualifikationen, wie z. B. der Titel ›Klinischer Psychologe‹ des Berufsverbands Deutscher Psychologen (BDP). Dieses Zertifikat bekommt nur, wer die entsprechenden Qualifikationsnachweise (z. B. Berufserfahrung in der Gesundheitsversorgung unter Supervision und zusätzliche Weiterbildung) nachweisen kann.

Die Krankenkassen erstatten die Kosten für eine Therapie nur unter bestimmten Bedingungen. Nach der Reichsversicherungsordnung (RVO) von 1911 gibt es keine Kassenzulassung für Dipl.-Psychologen. Die Kostenabrechnung läuft nur im Delegationsverfahren. Das bedeutet, daß ein Arzt, der stets gesamtverantwortlich für die Behandlung eines Patienten ist, die psychotherapeutische Behandlung an einen Dipl.-Psychologen delegiert. Die Abrechnung mit der Kasse erfolgt über den Arzt. Neben diesem Delegationsverfahren haben die Kassen auch die Möglichkeit, ihren Versicherten auf Antrag die für eine Psychotherapie entstandenen Kosten nachträglich zurückzuerstatten. Die Techniker-Krankenkasse wendet dieses Verfahren bei Klinischen Psychologen an.

Grundsätzlich werden von den Kassen nur drei therapeutische Verfahren anerkannt: Psychoanalyse, tiefenpsychologisch fundierte und verhaltenstherapeutische Verfahren. Im Einzelfall sollte man sich jedoch an die entsprechende Krankenkasse wenden.

Psychoanalyse – häufig fälschlicherweise mit Psychotherapie gleichgesetzt – ist lediglich eine Form der Psychotherapie, deren Ursprünge auf Sigmund Freud zurückgehen. Der Psychoanalytiker ist daher ein Psychotherapeut, der die Therapieform der Psychoanalyse praktiziert.

Häufig werden auch die Begriffe Psychologe und Psychiater verwechselt. Die Psychiatrie ist ein Teilgebiet der medizinischen Wissenschaften, das sich mit der Diagnose und Behandlung von Neurosen, psychischen Störungen und Geisteskrankheiten befaßt. Ein Psychiater hat daher neben seinem Grundstudium in Medizin noch eine Weiterbildung in Psychiatrie, aber keine psychotherapeutische Ausbildung. Er behandelt überwiegend medizinisch und medikamentös. Psychiater (und Ärzte), die eine zusätzliche psychotherapeutische Ausbildung haben, führen die Zusatzbezeichnung ›Psychotherapeut‹.

Während sich der Psychiater überwiegend mit den sogenannten Geisteskrankheiten befaßt, fallen die Erkrankungen des Zentralnervensystems in den Bereich der Neurologen.

Neben Psychologen stammen die Mitarbeiter in verschiedenen Bereichen der psychosozialen Versorgung wie Eheberatung, Erziehungshilfe, Telefonseelsorge, Drogenberatung, Altenbetreuung usw. auch aus anderen Berufen. Durch entsprechende Fort- und Weiterbildungen können Pädagogen, Mediziner, Theologen und Sozialarbeiter die fachliche Qualifikation für Tätigkeiten in diesen Bereichen erwerben.

Trotz der wissenschaftlichen Qualifikation sagt der Titel leider nichts über die therapeutische Qualifikation aus. Hier bleibt dem Klienten nichts anderes übrig, als seinem eigenen Urteil zu vertrauen. Ist für ihn die Grundvoraussetzung jeder Therapie – eine offene und vertrauensvolle Beziehung zum Therapeuten – nicht möglich, nützen auch die besten Qualifikationen nichts.

Jeder Hilfesuchende hat das Recht, sich über die Ausbildung und Qualifikation eines Therapeuten zu informieren, bevor er eine Therapie bei ihm beginnt. Wer als Therapeut diese Fragen ablehnt, macht sich selbst unglaubwürdig.

Weitere Auskünfte erteilen die entsprechenden Landesstellen des BDP (Berufsverband Deutscher Psychologen) oder die Krankenkassen.

Welche Therapie für wen?

Obwohl natürlich fast jeder Psychotherapeut seine Methode für die beste hält, gibt es bis heute keine eindeutigen Ergebnisse, welche Therapie am wirksamsten bei der Linderung seelischer Probleme ist. Was dem einen hilft, ist beim anderen erfolglos, und häufig führen erst Wechsel von Therapeut und/oder Methode zum Erfolg.

Die Hilfe für die Seele ist eine komplexe Angelegenheit, die keine eindeutigen Verschreibungen ermöglicht.

Dabei sind der Klient und sein Problem, der Therapeut, die Methode und die Bedingungen, unter denen eine Psychotherapie stattfindet (dazu gehört auch die Beziehung von Therapeut und Klient), wichtige Faktoren, von deren Zusammenwirken letztlich der Erfolg einer Therapie abhängt.

Jeder Psychotherapie liegt ein bestimmtes Menschen- und Weltbild zugrunde. Auf dieser Grundlage werden die Fragen nach den Ursachen einer seelischen Störung behandelt und die entsprechenden Behandlungsmethoden ausgewählt.

So können seelische Probleme manchmal auf organische bzw. physiologische Ursachen zurückgeführt werden. Bei psychotischen Störungen nimmt man eine organische Krankheit des Gehirns an, die seelische Auswirkungen hat. Psychosomatische Störungen sind dagegen die organischen Folgeerkrankungen bei einer seelischen Störung, die selbst oft verborgen bleibt. Die Behandlung konzentriert sich im Fall der Psychosen auf medizinische Methoden, die Verabreichung von Medikamenten oder chirurgische Eingriffe. Psychosomatische Erkrankungen werden mit medizinischen und psychotherapeutischen Methoden behandelt.

14

Nach dem lerntheoretischen Modell ist jedes Verhalten – also auch jedes problematische Verhalten – das Ergebnis eines bestimmten Lernprozesses. Die Kenntnis der dabei wirksamen Lerngesetze ermöglicht daher eine gezielte Behandlung. Symptome können – ebenso wie sie gelernt wurden – auch wieder ver-lernt und durch neue Verhaltensweisen ersetzt werden. Diese Auffassung der klassischen Verhaltenstherapie wird heute in dieser Extremform kaum mehr aufrechterhalten. Gedanken und Gefühle des Klienten werden in die Behandlung mit einbezogen. Grundlage der verhaltenstherapeutischen Verfahren bleibt jedoch die Lerntheorie.

Nach der tiefenpsychologischen Auffassung lassen sich seelische Störungen auf ungünstige bzw. schädigende Einflüsse in der frühen Kindheit zurückführen. Diese Einflüsse wirken sich auf die Einstellungen, Verhaltensweisen und den Charakter des Erwachsenen aus. Die Behandlung beschäftigt sich folglich mit der Aufdeckung und Verarbeitung der frühkindlichen Einflüsse.

Die Vertreter der humanistischen Psychologie konzentrieren sich dagegen mehr auf die aktuelle Erscheinungsform der jeweiligen Störung. Sie versuchen, den Menschen in seiner augenblicklichen Situation ganzheitlich zu begreifen. Im Vordergrund steht persönliches Wachstum, nicht das Suchen der Ursachen in der Vergangenheit.

In ihrer reinen Form sind die hier skizzierten wichtigsten Auffassungen heute kaum mehr von Bedeutung, da sie, jede für sich allein gesehen, zu einseitige Menschenbilder geben.

Ärzte erkennen zunehmend die Bedeutung seelischer Faktoren bei Entstehung und Behandlung körperlicher Krankheiten, Psychoanalytiker beziehen häufig auch das aktuelle Verhalten in die Therapie mit ein, Verhaltenstherapeuten berücksichtigen neben dem Verhalten auch Gedanken und Gefühle des Klienten.

Entsprechend den unterschiedlichen Auffassungen von der Entstehung seelischer Störungen sind auch die Behandlungsmethoden verschieden. Sie beziehen sich daher vorwiegend auf das Verhalten (Verhaltenstherapie), auf das gefühlsmäßige Erleben (humanistische und körperorientierte Verfahren), auf das Denken (kognitive Verhaltenstherapie oder Transaktionsanalyse) oder auf die Phantasie (z.B. Kunsttherapie). Denken, Fühlen, Verhalten und Phantasie sind jedoch keine getrennten Bereiche. Die Veränderung eines Bereiches zieht Veränderungen der anderen Bereiche nach sich.

Wer sich anders verhält, wird auch anders erleben und umgekehrt.

Therapie kann zum einen an den Stärken des Klienten ansetzen (z.B. seiner Fähigkeit, folgerichtig zu denken) oder gerade die schwachen Bereiche fördern, indem z.B. der eingeschränkte Zugang zu den Gefühlen durch entsprechende erlebnisaktivierende Methoden erweitert wird.

Jeder Mensch, der unter einer bestimmten Störung leidet, hat im Laufe der Zeit eigene Vermutungen und Vorstellungen über die Ursachen seiner Probleme entwickelt. Dementsprechend wird er am ehesten zu einer Therapieform neigen, die seinem Vorstellungsbild am nächsten kommt.

Manchmal ist man damit aber auf dem Irrweg. Wer nur auf die Einnahme der entsprechenden Medikamente zählt, um seine psychosomatischen Beschwerden loszuwerden, ohne sich aber mit den zugrunde liegenden psychischen Ursachen auseinanderzusetzen, wird auf Dauer keinen Erfolg haben. Erst wenn er selbst eingesehen hat, daß die medikamentöse Behandlung allein nicht hilft, wird er auch für andere Behandlungsformen offen sein.

Bei der Wahl der Therapie ist stets auch abzuwägen, wie sehr eine Störung den Betreffenden belastet. Wer z.B. aufgrund extremer Angstzustände nicht mehr seine Wohnung verläßt, der braucht zunächst konkrete Hilfestellung; mit dem langwierigen Aufrollen der gesamten Kindheitsgeschichte z.B. ist ihm im Moment nicht geholfen.

Therapeut und Klient

Psychotherapie ist auch ein sozialer Prozeß. Klient und Therapeut stehen in einer zwischenmenschlichen Beziehung zueinander, in der sie sich wechselseitig beeinflussen.

Die Bedeutung der Therapeut-Klient-Beziehung für den Erfolg einer Therapie wird in den verschiedenen psychotherapeutischen Schulen sehr unterschiedlich gesehen. Verfahren, die eher an bestimmten Techniken und Methoden orientiert sind, messen ihr eine geringere Bedeutung zu; bei anderen Therapieformen steht sie dagegen im Mittelpunkt des therapeutischen Geschehens.

Die Beziehung zwischen Therapeut und Klient ist ein äußerst komplexes Gefüge, bei dem eine Vielzahl von Mechanismen wirksam ist.

Bereits bevor Klient und Therapeut zusammentreffen, bestehen bestimmte Erwartungen und emotionale Einstellungen auf beiden Seiten. Der Klient hat in der Regel gewisse Vorstellungen von einer Psychotherapie. So sind manche Klienten der Auffassung, der Therapeut hätte als Fachmann schon ›fertige Rezepte‹ bereit, die er dann lediglich befolgen müsse, um zur schnellen Lösung seiner Probleme zu gelangen.

Bei der ersten Kontaktaufnahme kommt es meist zu spontanen Sympathie- oder Antipathiereaktionen, die die Grundlage für die weitere Entwicklung der Beziehung bilden. Im Verlauf der Therapie gewinnt u. a. die Art der Kommunikation und die Machtverteilung an Bedeutung. Während manche Klienten eine übergeordnete Rolle des Therapeuten ablehnen, wird gerade diese von anderen erwartet.

Eine gute Therapeut-Klient-Beziehung ist nicht nur Voraussetzung für therapeutischen Erfolg, sie ist gleichzeitig auch ein Modellfall dafür, wie der Klient sich anderen Personen gegenüber verhält. Über die therapeutische Beziehung werden so Veränderungen im sozialen Verhalten des Klienten ermöglicht. Hier kann er z. B. die Erfahrung machen, seine Schwächen offen eingestehen zu können, ohne — wie in seiner bisherigen Erfahrung — automatisch abgelehnt zu werden.

Trotz aller persönlichen und stilistischen Unterschiede gibt es ein therapeutisches Basisverhalten, auf dem jede gute Therapeut-Klient-Beziehung aufbaut. Dazu gehören: Offenheit für die persönliche Wirklichkeit und die reale Situation des Klienten, einfühlendes Verstehen der besonderen Erlebnisweise, der spezifischen Einstellungen und Bedürfnisse des Klienten, Akzeptanz und Wertschätzung des Klienten und Selbstkongruenz und Echtheit des Therapeuten.

Gleichgültig, welche Therapie man beginnt, ohne eine vertrauensvolle Beziehung ist es kaum möglich, die zum Teil sehr schwierigen Veränderungen, die zum therapeutischen Erfolg führen, zu erreichen. Wie diese Beziehung im konkreten Fall aussieht, hängt von der Persönlichkeit des Therapeuten und des Klienten ab. Daher ist es auch nicht immer gewährleistet, daß der erste Versuch, einen Therapeuten seines Vertrauens zu finden, gelingt. Hier setzt die Selbstverantwortung jedes Einzelnen an. Wer als Klient die entscheidenden Kriterien wie Offenheit, Vertrauen und Akzeptanz nicht gewährleistet sieht, sollte sich nicht scheuen, mit anderen Therapeuten Kontakt aufzunehmen.

Ein wichtiges Kriterium der Therapeutenwahl sollte auch die Bereitschaft des Therapeuten sein, Fragen nach seiner beruflichen Qualifikation zu beantworten. Wer als Therapeut nicht auf die Fragen des Klienten eingeht, kann keine vertrauensvolle offene Beziehung aufbauen.

Ernsthafte Therapeuten machen auch Beziehungskonflikte zum Gegenstand der Therapie und verweisen ihre Klienten an Kollegen, wenn sie eine weitere Zusammenarbeit für ungünstig halten.

Leider tun manche Therapeuten aber nicht das, wovon sie reden. Sie propagieren Selbstverantwortung und Gleichberechtigung, bauen aber gleichzeitig eine klare Machtposition auf, und machen den Klienten damit letztlich abhängig. Hier kann Therapie schnell schaden. Der Hilfesuchende ist aufgrund der intensiven Beziehung zum Therapeuten auf dessen Zuwendung und Anerkennung angewiesen, und diese Abhängigkeit macht selbstverantwortliches Handeln unmöglich.

Therapeuten sind auch nur Menschen mit ihren eigenen Fehlern und Schwächen; aber sie sollten diese kennen und in der Lage sein, angemessen damit umzugehen und nicht ihre eigenen Defizite auf Kosten des Klienten kompensieren.

Psychotherapie kann auch schmerzhaft sein. Gefühle wie Angst, Trauer und Wut müssen manchmal erst durchlebt werden, um Veränderungen möglich zu machen. Schmerzhafte Erinnerungen und Konfliktsituationen müssen bewußt gemacht und durchgearbeitet werden. Aufgabe des Therapeuten ist es daher auch, den Klienten mit unangenehmen Dingen zu konfrontieren. Aber nur ein verantwortliches und vorsichtiges Handeln des Therapeuten gewährleistet, daß der Klient dabei nicht überfordert wird und sich als Folge davon weiteren Veränderungsprozessen verschließt.

Der Therapeut ist auch kein Eltern- oder Partnerersatz; er kann und will nur Hilfestellung leisten; dazu braucht er das Vertrauen des Klienten.

Neurose und Psychose

Die Gründe, warum sich jemand entschließt, in eine Therapie zu gehen, können sehr unterschiedlich sein.

Im Zusammenhang mit den möglichen Ursachen einer Störung tauchen häufig die beiden Begriffe Neurose und Psychose auf. Psychose ist die umfassende Bezeichnung für schwere Persönlichkeitsstörungen (früher nannte man diese Störungen Geisteskrankheiten). Zu den Psychosen zählt man u. a. das manisch-depressive Krankheitsbild, die Schizophrenie und den Verfolgungs- und Größenwahn.

Das Verhalten und Erleben des Psychotikers ist häufig derart bizarr und abnormal, daß es für den normalen Menschen nicht nachvollziehbar und einfühlbar ist. Dazu gehören z. B. Halluzinationen, Wahnvorstellungen oder abnorme Stimmungsschwankungen.

Bei den sogenannten exogenen Psychosen liegen eindeutig nachweisbare organische Ursachen zugrunde, wie z. B. Hirnverletzungen, Gefäßveränderungen im Gehirn oder Abbauprozesse im Alter.

Schizophrenie und manisch-depressive Krankheiten werden als endogene Psychosen bezeichnet.

Dabei ist der Begriff ›endogen‹ sehr problematisch. Während manche Psychiater darunter verstehen, daß diese Art von Psychose erblich bedingt ist, glauben andere an eine bis heute unbekannte organische Verursachung. Oft wird mit endogen aber auch nur die Tatsache bezeichnet, daß man die genaue Ursache nicht kennt.

Zur Behandlung werden Psychopharmaka – deren wichtigste Gruppen Neuroleptika, Antidepressiva und Tranquilizer sind – eingesetzt. So werden Neuroleptika u. a. bei Schizophrenien und

Manie, Antidepressiva bei depressiven Erkrankungen, und Tranquilizer z. B. beim Vorliegen einer Angstsymptomatik angewendet. Die Behandlung mit Psychopharmaka beseitigt die Symptome der einzelnen Erkrankungen, setzt aber nicht an den – bis heute größtenteils unbekannten – Ursachen psychiatrischer Erkrankungen an.

Unter Neurosen versteht man Funktionsstörungen, deren Symptome man nicht auf krankheitsbedingte oder traumatische Schädigungen von Organen oder des Nervensystems zurückführen kann. Die Störungen können sich im Erleben und Verhalten auswirken. Der Begriff der Neurose entwickelte sich aus der psychoanalytischen Theorie von Sigmund Freud. Danach gelten unverarbeitete, unbewußte Konflikte als Hauptursache einer Neurose. In der lerntheoretischen Auffassung der Verhaltenstherapie wird neurotisches Verhalten dagegen als Fehlanpassung, die aufgrund bestimmter Verstärkungsmechanismen – trotz nachteiliger Folgen – beibehalten wird, betrachtet. Man unterscheidet im wesentlichen folgende Formen der Neurose:
Phobie ist die Bezeichnung für die extreme Angst vor bestimmten Objekten (z. B. Spinnen) und Situationen wie z. B. vor öffentlichen Plätzen (Agoraphobie) oder engen, geschlossenen Räumen (Klaustrophobie). Dem Phobiker ist dabei die Harmlosigkeit der Objekte und Situationen bewußt, aber er ist nicht in der Lage, seine Angst zu kontrollieren.

Bei einer Angstneurose empfindet der Betroffene ständig Angstgefühle, ohne eine spezifische Ursache dafür zu erkennen.
Bei depressiven Neurosen liegt eine extrem starke und lang anhaltende Traurigkeit, Hilflosigkeit oder Verzweiflung als Reaktion auf ein bestimmtes äußeres Ereignis, wie z. B. dem Verlust des Partners, vor.
Der Zwangsneurotiker empfindet einen unkontrollierbaren Zwang, etwas Bestimmtes denken oder tun zu müssen (z. B. sich ständig die Hände waschen zu müssen), obwohl er weiß, daß diese Gedanken oder Handlungen unnötig sind.
Bei der hypochondrischen Neurose beschäftigt sich der Be-

21

troffene übermäßig mit seinem eigenen Gesundheitszustand und hat eine zwanghafte Angst vor Krankheiten.

Die hysterische Neurose führt zum Kontrollverlust über bestimmte körperliche Funktionen, z. B. hysterische Lähmung oder Gedächtnislücken.

Die Abgrenzung von Neurosen und Psychosen ist schwierig und unter Psychiatern und Psychologen herrschen darüber unterschiedliche Auffassungen. Man geht davon aus, daß bei Neurosen stets nur Teilbereiche der Persönlichkeit und des Verhaltens betroffen sind und der Realitätsbezug nicht gravierend gestört ist.

Während man früher bei der Neurose psychische Ursachen und bei der Psychose organische Ursachen annahm, wird diese Trennung heute nicht mehr in dieser Weise aufrechterhalten. So sind einige Fachleute heute der Meinung, daß der Unterschied zwischen Psychose und Neurose nur gradueller Art ist und es fließende Übergänge vom normalen über das neurotische zum psychotischen Verhalten gibt.

Problematisch ist vor allem die Diagnose einer psychotischen Erkrankung. Sie wird häufig als etwas Endgültiges empfunden und führt daher zur Stigmatisierung des Betroffenen als Geisteskranken. Weniger bedrohlich ist dagegen die Diagnose einer neurotischen Störung, die eher als etwas Vorübergehendes angesehen wird.

Das heutige Krankheitsmodell psychischer Erkrankungen berücksichtigt körperliche, psychische und soziale Belastungsfaktoren, die mit ihren unterschiedlichen individuellen Schwerpunkten und Verknüpfungen krankheitsauslösend wirken können. Dementsprechend hat auch bei Psychosepatienten sowohl die Behandlung mit Psychopharmaka als auch mit Psychotherapie ihre Berechtigung.

Ergänzend sei darauf hingewiesen, daß die Definition von normalen und verrücktem Verhalten auch starken gesellschaftlichen Einflüssen unterliegt.

Psychosomatik

Der Begriff ›Psychosomatik‹ bringt zum Ausdruck, daß die Psyche (Seele) einen ungünstigen Einfluß auf das Soma (Körper) ausübt. Dem liegt die Annahme zugrunde, daß Körper und Seele zwei verschiedene Dinge sind, die sich jedoch wechselseitig – positiv und negativ – beeinflussen können.

Diese Auffassung geht bis in das 17. Jahrhundert auf den französischen Philosophen René Descartes zurück. Er glaubte, daß sich die Menschen durch ihre Seele von anderen Lebewesen unterscheiden und deshalb ein Teil ihres Wesens göttlicher Natur ist. Der Körper des Menschen funktioniere – wie bei anderen Lebewesen auch – zwar nach mechanistischen Prinzipien, diese Mechanik aber unterliege der Kontrolle der Seele oder des Verstandes. Die Kontaktstelle, also der Punkt, an dem die Seele die Mechanik des Körpers lenken kann, sei die Zirbeldrüse, eine Drüse im Mittelhirn.

Mit seiner dualistischen Betrachtungsweise gelang es Descartes, seine religiösen Ansichten von der göttlichen Natur des Menschen mit dessen Zugehörigkeit zu der übrigen Welt der Lebewesen in Einklang zu bringen.

Bis heute ist diese Auffassung weit vertreten, und viele Menschen sind daher noch heute der Meinung, daß Körper und Seele zwei verschiedene Dinge sind.

Das moderne Konzept eines einheitlichen Organismus betrachtet psychologische und biologisch-medizinische Erklärungen von Krankheiten lediglich als zwei verschiedene Beschreibungsformen der gleichen Ereignisse. Das hat zur Folge, daß es bei dieser Betrachtungsweise keine speziellen psychosomatischen Störungen mehr gibt, da man nun bei allen Krankheiten eine potentielle Verbindung mit psychischem Streß annimmt.

Eine psychosomatische Störung ist eine reale Krankheit (keine eingebildete Krankheit), die durch einen bestimmten emotionalen Zustand des Patienten ausgelöst, aufrechterhalten und auch – mit Einschränkungen – wieder beseitigt werden kann.

Wenn jeder Krankheit eine emotionale Streßsituation zugrunde liegt, stellt sich die Frage, warum Streß nur bei einigen Menschen psychosomatische Probleme verursacht und warum der eine ausgerechnet ein Magengeschwür, der andere Kreislaufbeschwerden bekommt und ein dritter unter Migräne leidet. Verschiedene Theorien bieten dazu zwar Erklärungsansätze, aber eine befriedigende Antwort gibt es bis heute nicht.

Die Theorie der Organschwäche besagt, daß erbliche Faktoren, frühere Krankheiten, falsche Ernährungsgewohnheiten o. ä. zur Beeinträchtigung eines bestimmten Organsystems geführt haben. Die Kombination von psychischem Streß mit der Schwäche eines bestimmten Körperorgans führt dann zur entsprechenden Krankheit. Wie ein Reifen zuerst an seiner schwächsten Stelle platzt, kann ein ererbtes schwaches Atemsystem z. B. dazu führen, daß der Betroffene Asthma bekommt.

Ferner hat man festgestellt, daß Menschen individuell spezifische Reaktionsmuster auf Streß haben. Beim einen erhöht sich die Herzschlagrate, der andere reagiert mit einer vermehrten Sekretion von Magensäure. So erklärt man sich, daß manche Menschen auf Streß mit erhöhtem Blutdruck, andere vielleicht mit einem Magengeschwür reagieren.

Vertreter der Evolutionstheorie sehen in den autonomen körperlichen Reaktionen auf Streß ursprünglich nützliche Schutzreaktionen des Körpers. Die Erhöhung des Blutdrucks sorgte z. B. bei einer auftauchenden Gefahr für die optimale Durchblutung der Muskulatur und leistete damit eine wichtige Vorbereitung zum Kampf oder zur Flucht. Da diejenigen Gehirnteile, die für die vegetativen Funktionen, wie z. B. die Erhöhung des Blutdrucks verantwortlich sind, entwicklungsgeschichtlich älter sind, reagiert der Mensch heute noch genauso wie in der Steinzeit. Die einst nützlichen körperlichen Reaktionen haben heute ihren Sinn weitgehend verloren, können aber nicht mehr abgebaut werden und wirken sich so schädigend auf den Körper aus.

Neben diesen physiologischen Theorien gibt es auch noch verschiedene psychologische Erklärungsansätze.
Dabei lassen sich zwei wesentliche Richtungen unterscheiden: der psychodynamische und der lerntheoretische Ansatz.

Die psychodynamische Theorie betrachtet die verschiedenen körperlichen Störungen als Produkte unbewußter emotionaler Konflikte, die für die jeweilige Störung spezifisch sind. Dabei gibt es je nach Betrachtungsweise jedoch unterschiedliche Ansichten.
So spiegelt sich nach Meinung des Psychoanalytikers F. Alexander in Magengeschwüren das ständige Verlangen des Magens, Nahrung aufzunehmen, wider. Dabei ist die Nahrung jedoch Symbol für elterliche Liebe, die der Betroffene früher entbehren mußte. Dieses unerfüllte und mittlerweile verdrängte Verlangen nach elterlicher Liebe wird in eine Überaktivität des Magens und damit in eine Überproduktion von Magensäften umgesetzt, die schließlich zum Magengeschwür führt.
Nach Ansicht von D. T. Graham führen bestimmte charakteristische Einstellungen des Menschen zu einer spezifischen Störung. So sinnen Personen mit Zwölffingerdarmgeschwüren nach Rache und möchten Personen oder Dinge, durch die sie verletzt wurden, am liebsten selbst verletzen. Menschen, die unter Bluthochdruck leiden, glauben, jederzeit auf der Hut sein zu müssen, um ständig drohende Gefahren abwenden zu können.

Eine andere Position nehmen die Lerntheoretiker ein. Sie gehen davon aus, daß verschiedene psychosomatische Störungen schnell und einfach gelernt werden können.
Eine bestimmte körperliche Reaktion auf spezifische Reize, z. B. Asthmaanfälle als allergische Reaktion auf Blütenpollen, kann mit an sich neutralen Reizen (z. B. der über den Asthmaanfall besorgten Mutter) gepaart werden und somit zum alleinigen Auslöser des Asthmaanfalls werden. Häufig werden psychosomatische Beschwerden auch belohnt, indem man z. B. unangenehmen Pflichten entkommt oder besondere Zuwendung erhält. Körperliche Störungen verselbständigen sich so, ohne daß die ursprünglichen Auslöser noch vorhanden sind.

Voraussetzung dieser Auffassung ist jedoch, daß die körperlichen Symptome bereits vorhanden sind. Erst dann können sie mit bestimmten, an sich neutralen Auslösern gekoppelt und so verstärkt werden.

Bei der Entstehung psychosomatischer Krankheiten (d. h. im Grunde genommen aller Krankheiten) spielen immer mehrere Faktoren eine Rolle.

Sicher ist, daß eine bestimmte Prädisposition in Kombination mit dem psychischen Streß zu verschiedenen körperlichen Störungen führt. Eine präzise Vorhersage, wer, wann für welche Störung gefährdet ist, kann meistens aber nicht gemacht werden.

Obwohl die Bedeutung der Psyche für die Verursachung und Behandlung von Krankheiten allgemein anerkannt ist, praktizieren viele Ärzte noch immer ausschließlich eine medikamentöse Behandlung, und viele Patienten schlucken die verordneten Pillen, ohne sich Gedanken über die Zusammenhänge von Körper und Psyche – und damit über sich selbst – zu machen.

Psychosomatische Krankheiten sind tatsächliche Krankheiten und bedürfen daher auch einer medizinischen Behandlung. Eine rein medizinische Behandlung führt jedoch häufig nur zur vorübergehenden Symptombeseitigung bzw. -verbesserung. Die Ursachen wirken weiter. Im Vordergrund muß daher eine gemeinsame Behandlung durch Ärzte und Psychotherapeuten stehen.

PSYCHO-
THERAPEUTISCHE
VERFAHREN

1 Tiefenpsychologische Psychotherapie

1.1 Klassische Psychoanalyse

Geschichtliche Entwicklung und gegenwärtiger Stand
Die Psychoanalyse wurde von dem Psychiater Sigmund Freud (1856 – 1939) in Wien begründet.

Sie wird als die grundlegende, zuerst entwickelte Psychotherapieform bezeichnet.

Ausgangspunkt von Freuds Forschungen und Überlegungen war sein Versuch, seelische Erkrankungen mittels Suggestion und Hypnose zu behandeln. Er entwickelte daraus eine Theorie der Persönlichkeit, die charakterisiert ist durch die Annahme des Unbewußten. Ins Unbewußte verdrängt der Mensch Gefühle und Erinnerungen, die ihn ängstigen, erschrecken bzw. beschämen. Aufgabe der Psychoanalyse ist es, diese unbewußten Vorgänge, die zum Teil krank (neurotisch) machen, bewußt zu machen.

Die Psychoanalyse wurde von Freud im Laufe seines Lebens in der Auseinandersetzung mit anderen Therapeuten (Jung, Adler, Ferenczi, Rank u. a.) verändert und weiterentwickelt. Heute gibt es viele verschiedene Formen und Schulen: So wird heute Psychoanalyse auch als Gruppentherapie angeboten, und nicht alle Therapeuten arbeiten in der ›klassischen‹ Weise, bei der der Analysand, d. h. der Patient, auf der Couch liegt. Wichtige Vertreter einer weiterentwickelten Psychoanalyse sind u. a. Anna Freud, M. Balint, A. Mitscherlich, H. Kohut.

Menschen- und Weltbild
Ein gesunder und lebenstüchtiger Mensch ist nach Freud arbeits- und liebesfähig. Dies ist das Therapieziel. Seelische Störungen, d. h. Neurosen treten auf, wenn jemand frühkindliche

Konflikte nicht verarbeitet hat. Diese kindlichen Konflikte, die in der Regel mit Sexualität im weitesten Sinne zu tun haben, bleiben im Unbewußten des Erwachsenen erhalten und hindern ihn an einem zufriedenen Leben.

Das Unbewußte ist der Ort für diejenigen Gefühle eines Menschen, an die er sich nicht mehr spontan erinnern kann. Es werden z. B. Haßgefühle, sexuelle Wünsche, traumatische und beschämende Gefühlserlebnisse dorthin verdrängt und vom Bewußtsein abgewehrt, da deren Erinnerung das Selbstbewußtsein kränken könnte.

Das Entscheidende ist jedoch, daß diese verdrängten Erlebnisinhalte damit nicht wirklich ausgelöscht sind. Sie behalten ihre dynamische Kraft und Wirksamkeit, und wenn sie nicht ständig in Schach gehalten werden, können neurotische Symptome entstehen. Dann leidet eine Person möglicherweise unter unerklärlichen Ängsten oder Schmerzen.

Da das Unbewußte nicht direkt beobachtet werden kann, wird der verdrängte Konflikt mit Hilfe der psychoanalytischen Methoden *Traumdeutung, freie Assoziation und Interpretation von Fehlleistungen* dem Bewußtsein wieder zugänglich gemacht. Dadurch verschwinden die Krankheitssymptome.

Freud geht von dem Gedanken aus, daß es im Menschen drei Instanzen gibt: das Es, das Ich und das Über-Ich. Das Es entspricht einem Teilbereich des Unbewußten. Es steht unter der Herrschaft des Lustprinzips und verlangt sofortige Triebbefriedigung. Es kennt keine Vergangenheit und Zukunft, keine Logik und Kausalität, keine Beständigkeit und Moral.

Das Ich ist die Instanz, die den Kontakt zur Realität herstellt. Ich-Funktionen sind das Wahrnehmen, Unterscheiden, Erinnern, Denken und die Steuerung der Triebe. Das Ich nimmt eine Vermittlerrolle zwischen den Ansprüchen des Es, des Über-Ich und der Realität ein.

Das Über-Ich setzt Freud mit einem Gewissen gleich. Es enthält die normativen und ethisch-moralischen Motive der Verbote und Gebote, die größtenteils aus der Übernahme der Wertnormen der Eltern und soziokulturellen Umwelt stammen.

Anwendungsbereiche

Die Psychoanalyse findet Anwendung bei allen Formen seelischer Erkrankung, bei Neurosen (Ängste, Depressionen, Zwänge), psychosomatischen Erkrankungen (z. B. sexuelle Störungen, Eßstörungen), teilweise auch bei Psychosen.

Da die Psychoanalyse eine Veränderung der gesamten Persönlichkeit zum Ziel hat, erfordert sie vom Patienten große Bereitschaft, sich auf die Auseinandersetzung mit unbewußten Vorgängen und Konflikten einzulassen und mit ihnen zu arbeiten.

Ablauf der Therapie

Zumeist beginnt die Therapie mit zwei Vorgesprächen mit dem späteren Psychoanalytiker oder einem anderen psychoanalytisch geschulten Therapeuten (z. B. in einer Beratungsstelle). In dem Gespräch soll geklärt werden, ob die Psychoanalyse für den Patienten eine erfolgversprechende Therapiemethode darstellt und wann der Patient mit der Behandlung beginnen kann.

Eine psychoanalytische Behandlung dauert in den meisten Fällen zwischen zwei und fünf Jahren bei zwei bis drei Sitzungen pro Woche. Die Kosten für die Behandlung (zwischen 90, – und 120, – DM pro Sitzung) übernimmt in der Regel die Kasse. Die Behandlungsdauer und -intensität hängt aber immer von der Art der seelischen Erkrankung und der Absprache zwischen dem Psychoanalytiker und dem Patienten ab.

Behandlungsmethoden

Die wichtigste psychoanalytische Behandlungsmethode ist die Deutung, d. h. das Verstehen und Bewußtmachen unbewußter Triebimpulse.

Vom Analytiker gedeutet werden vor allem die Träume des Patienten und seine Beziehung zum Analytiker, die sogenannte Übertragung, in der sich die Beziehungen des Patienten zu seinen ersten Bezugspersonen, meist die Eltern und Geschwister, widerspiegeln. Dazu ist es unbedingt notwendig, daß der Patient sich bemüht, die ›Grundregel‹ einzuhalten. Diese besteht darin, daß er alles, was ihm durch den Kopf geht, in Worten ausdrückt, auch wenn es ihm unwichtig erscheint, nicht dazugehört, beschämend oder peinlich ist.

Um möglichst frei assoziieren zu können und seinen Gedanken ungehindert freien Lauf lassen zu können, liegt der Patient in der Regel auf der Couch, und der Analytiker sitzt an seinem Kopfende.

Fallbeispiel

Die Psychoanalyse beinhaltet eine vielschichtige therapeutische Entwicklung, daher ist es nicht möglich, in dieser Kürze ein umfassendes Fallbeispiel darzustellen.

Statt dessen wird im folgenden – stark verkürzt – die Veränderung der Traumwelt einer angstneurotischen und frigiden Frau im Verlauf der Psychotherapie beschrieben (nach Gion Condrau: Einführung in die Psychotherapie. München, Kindler-Verlag 1974):

Zu Beginn der Analyse erzählt die Patientin folgenden Traum: »Ich bin zu Hause bei meinen Eltern und sollte in die Analyse gehen. Aber es stellten sich mir tausend Hindernisse in den Weg. Zunächst finde ich meine Kleider nicht, dann komme ich nicht vorwärts, statt dessen gehe ich rückwärts und erreiche den Arzt erst eine Stunde nach der verabredeten Zeit, also zu spät.«

Die Patientin, verheiratet und Mutter dreier Kinder, befindet sich im Traum zu Hause bei ihren Eltern. Dies zeigt, in welcher kindlichen, abhängigen Verfassung sie sich noch befindet. Aus dieser Situation heraus sollte sie in die Analyse gehen, also dorthin, wo eben dieses neurotisch-kindliche Verhalten in Frage gestellt wird. Die kindliche Elterngebundenheit und Abhängigkeit vermitteln der Patientin jedoch das Gefühl von Geborgenheit und Sicherheit. Aus diesem Grund stellen sich jedem Versuch, diese Situation zu verändern, Hindernisse in den Weg. Zwar gelingt es der Träumerin, sich vom Elternhaus zu lösen und den Analytiker aufzusuchen, doch erreicht sie ihn zu spät.

Nach diesem Anfangstraum träumt die Patientin im Laufe der Analyse häufig von Schlangen (Phallussymbol), wilden Tieren und Ungeziefer, die sie bedrohen.

Wie sehr alles Tier- und Schlangenhafte ihre Beziehungsmöglichkeiten zu Männern stört, erlebt sie z. B. in einem Traum, in dem sie mit ihrem Mann im Bett liegt. Zu einer geschlechtlichen

Vereinigung kann es jedoch nicht kommen, da es im Bett von großen Läusen, kleinen Schlangen und allem möglichen Ungeziefer wimmelt.

Ein anderes Mal träumt die Patientin, daß sie am Boden ihren Schmuck zusammensucht und ihn in eine Schmuckschatulle legt. Dabei wird sie von einem Rudel Hunde gestört. Sie flüchtet sich mit ihrem Schmuck in ein Haus. Die Schmuckschatulle steht hier nicht einfach für ihr von wilden Trieben (Hunden) bedrohtes weibliches Geschlecht, das sie wie einen kostbaren Schatz in ein schützendes Haus rettet. Vielmehr war die Patientin in ihrer frigiden Lebenshaltung gerade und ausschließlich auf das Bewahren von dinghaften Werten bedacht.

Nach und nach nahmen die Traumgestalten immer mehr menschliche Formen an. So träumte die Patientin, sie sei eine Gefangene, später eine Heilige, die gefangene Männer besucht.

Nach ca. drei Jahren Behandlungsdauer begann sich in den Träumen eine Entwicklung zu reiferen Existenzformen anzukündigen: Sie träumte, sie sei ein junges Mädchen, das sich aus einer wachsenden Blütenpflanze herausschält, eine verwunschene Prinzessin im Walde, ein umworbenes Burgfräulein von edlem Gemüt und schließlich fühlte sie sich so frei, daß sie sich in ihren Träumen so leicht wie Luft fühlen konnte, auf der Spitze eines Schwertes tanzen und als Ballerina in die Lüfte schweben konnte.

Verbindungen zu anderen therapeutischen Schulen
Die Psychoanalyse nach Freud ist eigentlich der Ausgangspunkt aller anderen nach ihr entstandenen Therapiemethoden. Alle Begründer neuerer Therapiemethoden haben sich mit ihr auseinandergesetzt und Elemente daraus in ihre eigene Methode mit einbezogen, teilweise verändert bzw. weiterentwickelt.

Zusammenfassung
Die Psychoanalyse wurde von Sigmund Freud begründet. Die psychoanalytische Theorie geht von einem Unbewußten im Menschen aus, in das ängstigende bzw. beschämende frühkindliche Erinnerungen und Konflikte verdrängt werden. Dieser

nicht gelöste unbewußte Konfliktstoff kann einen Menschen krank machen, seelisch und/oder körperlich.

In der psychoanalytischen Behandlung werden diese unbewußten Triebimpulse und -konflikte wieder ins Bewußtsein zurückgeholt, hauptsächlich durch die Methode der Deutung. Durch die Bewußtwerdung kommt es zu einer Heilung der neurotischen Symptome.

Literatur

Sigmund Freud: Vorlesungen zur Einführung in die Psychoanalyse, Frankfurt, Fischer-Verlag 1981

Sigmund Freud: Die Traumdeutung, Frankfurt, Fischer-Verlag 1981

Tilmann Moser: Kompaß der Seele. Ein Leitfaden für Psychotherapiepatienten, Frankfurt, Suhrkamp-Verlag 1984

Ausbildungsinstitute

Berliner Psychoanalytisches Institut
Karl-Abraham-Institut
Sulzaer Straße 3
1000 Berlin 33
Telefon: 030/8264540

Akademie für Psychoanalyse und Psychotherapie
Pettenkoferstraße 22 G
8000 München 2
Telefon: 089/5380516

Sigmund-Freud-Institut
Myliusstraße 20
6000 Frankfurt 6
Telefon: 069/7279245

Institut für Psychoanalyse und Psychotherapie
Christian-Belser-Straße 81
7000 Stuttgart 70
Telefon: 0711/684024

Angaben zum Autor
Sabine Wißner-Lohmann, geb. 1955, Diplom-Psychologin und
Klinische Psychologin.
Lilienweg 2
8130 Starnberg
Telefon: 08151/21112

1.2 Analytische Psychotherapie (C. G. Jung)

Geschichtliche Entwicklung und gegenwärtiger Stand

Die Analytische Psychotherapie wurde von C. G. Jung (1875 bis
1961), einem Schweizer Arzt, begründet. Sie gehört zusammen
mit der Psychoanalyse Freuds und der Individualpsychologie
Adlers zu den klassischen tiefenpsychologischen Therapieformen. Jung entwickelte seine Psychologie zunächst in der freund-
schaftlichen Beziehung und Auseinandersetzung mit Sigmund
Freud, ging aber dann ab 1913 eigene Wege. Für ihn lag die Ursache seelischer Störungen weniger in unverarbeiteten frühkindlichen und sexuellen Konflikten, als vielmehr in einem Verlust
seelischer Ganzheit. Indem er von der Ganzheit des Menschen
ausging, versuchte er, in seiner Psychologie und Psychotherapie
allen Lebensäußerungen und Grundbedürfnissen des Menschen
gerecht zu werden. Dazu gehören dessen körperliche, emotionale, geistige, soziale und individuelle Bedürfnisse ebenso, wie die
Suche nach einem sinnerfüllten schöpferischen Leben, und die
Sehnsucht nach dem Transpersonalen. Weil Jung zunächst der
Auffassung war, daß sich seine therapeutischen Vorstellungen
schlecht lehrend vermitteln ließen, kam es erst relativ spät, nämlich 1948, zur Gründung des C. G. Jung-Instituts in Zürich. Es
folgten bald weitere Ausbildungsinstitute in England, Amerika,
Israel, Frankreich, Deutschland und Italien. Das erste deutsche
Institut wurde 1971 in Stuttgart gegründet, ihm folgten weitere
in West-Berlin und Bremen.

Menschen- und Weltbild

Für die Analytische Psychologie steht das Bedürfnis des Menschen, seine Ganzheit zu verwirklichen, im Zentrum des Interes-

34

ses. Deshalb beschäftigt sie sich nicht nur mit Neurosen und seelischen Erkrankungen, sondern auch mit der gesunden und schöpferischen Entfaltung des Menschen. Diesen Entwicklungsprozeß auf ein erweitertes Bewußtsein, eine größere humanitäre Reife und soziale Verantwortlichkeit hin, nannte C. G. Jung ›Individuationsprozeß‹. Im Individuationsprozeß sollte der Mensch zu dem werden, der er wirklich war. Er sollte sich die verschiedenen Aspekte seines Wesens, beispielsweise seine dunklen Seiten, die Jung unter dem Begriff des ›Schattens‹ zusammenfaßte, oder seine gegengeschlechtlichen Anteile (›Animus/Anima‹) bewußtmachen, verarbeiten und in sein Leben hineinnehmen. Dabei sollte er auch in Beziehung zu seinem wahren ›Selbst‹ treten und sich dessen regulierenden und steuernden Impulsen anvertrauen. Eine Vielzahl seelischer Störungen hängt mit der Unfähigkeit des Menschen zusammen, diese Ganzheit seines Wesens zu bejahen und ihr Ausdruck zu verleihen. Deshalb bemüht sich die Analytische Psychotherapie, mit dem Erkrankten an seiner nicht verwirklichten Identität zu arbeiten, ihm unbewußte Aspekte seiner Persönlichkeit bewußtzumachen und ihm damit zu helfen, einen Zugang zu seinem ›Selbst‹ zu finden.

Anwendungsbereiche

Die Analytische Psychotherapie findet Anwendung bei fast allen Formen seelischer Erkrankungen, bei Neurosen, psychosomatischen Störungen und teilweise auch bei Psychosen. Sie setzt allerdings eine recht ausgeprägte Bereitschaft des Patienten voraus, sich auf Ausdrucksformen des Unbewußten (Träume, Phantasien, Imaginationen, kreatives Gestalten) einzulassen und mit ihnen zu arbeiten. Auch in anderer Hinsicht werden an den Patienten relativ hohe Ansprüche gestellt: Geistige Differenziertheit und ein gewisser Bildungsgrad, ausreichende Fähigkeit zur Selbstwahrnehmung und Eigenaktivität. Deshalb kommt die ganze Breite und Tiefe der Analytischen Psychotherapie eigentlich erst bei Patienten um und jenseits der Lebensmitte zum Tragen. Als besonders fruchtbar haben sich allerdings auch die Ansätze der Analytischen Psychologie für die Kinder- und Jugendlichenpsychotherapie erwiesen. Im therapeutischen Spiel (Sandspiel, Puppenspiel, Rollenspiel usw.) läßt sich sehr gut eine Beziehung zu den heilenden Kräften des Unbewußten und des Selbst herstellen.

Ablauf der Therapie

Weil die Analytische Psychotherapie recht umfassende Zielvorstellungen hat und die Auseinandersetzung mit den unbewußten Aspekten der Persönlichkeit von vielen Widerständen begleitet ist, dauert sie relativ lange (durchschnittlich mindestens drei Jahre beim Erwachsenen, mindestens ein Jahr bei Kindern und Jugendlichen). Es finden in der Regel eine bis drei Sitzungen von jeweils 50 Minuten Dauer in der Woche statt. Die Wartezeit auf einen Therapieplatz beträgt etwa ein Jahr, die Kostenübernahme durch die Krankenkasse ist in der Regel gewährleistet.

Behandlungsmethoden

Die Analytische Psychotherapie arbeitet zunächst einmal mit der Methode des offenen Gesprächs. Der Patient wird gebeten, alles mitzuteilen, was ihn bewegt und beschäftigt, was er fühlt, phantasiert und denkt, auch wenn ihm dies unangenehm oder peinlich ist. Er kann sich dabei verhalten, wie er möchte: Er kann sich entspannt hinlegen oder dem Therapeuten gegenübersitzen. Neben dem offenen Gespräch kann aber auch das ganze Verhalten und Erleben des Patienten ihm dazu dienen, seine unbewußten Bereiche der Persönlichkeit zu erschließen: z. B. seine Symptomatik, seine Körpersprache, seine Tagesphantasien und seine Fehlleistungen. Besonders gern werden von Analytischen Psychotherapeuten Träume und Imaginationen in die Therapie einbezogen. In den Träumen spiegeln sich in bildhafter, symbolischer Weise zentrale Konflikte, Ängste, verdrängte Wünsche und schöpferische Entwicklungspotentiale. Deshalb wird der Patient häufig gebeten, auf seine Träume zu achten, sie eventuell aufzuschreiben und mit in die Therapie zu bringen. Wesentliche Traumsymbole werden mit Hilfe der freien Assoziation (Einfälle, die aus der persönlichen Lebensgeschichte des Patienten stammen), der Amplifikation (Erweiterung und Vertiefung eines Symbols durch kultur- und menschheitsgeschichtliche Parallelen, wie sie z. B. in Mythen, Märchen, Redensarten und in der Kunst vorkommen), künstlerischer Gestaltung (z. B. Malen, Schreiben, Tanzen), Rollenspiel und Imagination bearbeitet und damit dem Bewußtsein nähergebracht.

Fallbeispiel

Da in der Analytischen Psychotherapie die Auseinandersetzung mit den Symbolen und Bildern unbewußter Vorgänge häufig im Mittelpunkt steht, sei ein Therapieverlauf hier am Beispiel einiger Traummotive dargestellt, die sich im Zeitraum von etwa vier Jahren gezeigt haben. Es handelte sich um einen 34jährigen Mann mit einiger kreativer Begabung, der unter Selbstunsicherheit, Konzentrations- und Lernschwierigkeiten und unter Störungen seiner Geschlechtsidentität litt. Wenn er unter beruflichen Spannungen stand und er etwas tun sollte, wovor er Angst hatte, zog er sich in sexuelle Phantasien zurück. Dabei stellte er sich selbst manchmal auch in Frauenkleidern vor und hatte masochistische Unterwerfungswünsche. Diese Phantasien zeigten einerseits seine Sehnsucht, sich in eine kleinkindhafte Geborgenheit unter der Dominanz einer starken ›Großen Mutter‹ zu flüchten, weil er sich dem ›männlichen‹ Lebenskampf nicht gewachsen fühlte. Andererseits empfand er dieses Verhalten unbewußt auch als Schwäche und Versagen und wertete sich deshalb selbst ab. Biographisch ließen sich diese Verhaltensweisen u. a. mit einer ausgeprägten Haß-Liebe-Bindung an seine dominante Mutter und an seine ältere Schwester verstehen. Beide verwöhnten ihn in gewisser Weise als ihren kleinen ›Pascha‹, vermittelten ihm aber gleichzeitig, daß er klein, abhängig und schwach sei. Der ebenfalls als ›schwach‹ bezeichnete Vater fehlte ihm als orientierendes Vorbild.

In den Träumen aus der Anfangsphase der Therapie floh der Patient häufig vor bedrohlichen, aggressiven Tieren und Männern und konnte sich sogar, wenn die Gefahr nicht anders zu bewältigen war, in die Luft erheben und davonfliegen. Darin spiegelte sich seine Angst vor aggressiven Konflikten und seine Fähigkeit, von der äußeren Realität abzuheben und sich in eine Phantasiewelt zu begeben, wider. Die wilden, ängstigenden Tiere und Männer repräsentierten aber auch eigene, abgewehrte ›Schattenseiten‹, die er noch nicht integriert hatte. In späteren

Träumen gesellte sich ein ihm freundschaftlich verbundener anderer Mann zu ihm und half ihm bei seiner Flucht. Dieser andere Mann war zum einen sicherlich der Therapeut, der ihm beistand und zu dem er in die Therapie ›flüchten‹ konnte, zum anderen aber auch ein eigener männlicher Anteil, mit dem er im Laufe seiner Selbstauseinandersetzung allmählich in Kontakt trat. Danach kam er zu einer Serie homosexueller Träume, die ihm sehr peinlich waren, weil er solche Wünsche bei sich bisher nicht wahrgenommen hatte. Er lernte es allmählich, sich seine Sehnsüchte anderen Männern gegenüber einzugestehen und wie sehr er die Beziehung zum anderen Mann suchte, um eine Orientierung für seine eigene männliche Identität zu gewinnen. Die Verfolgungs-, Flucht- und Flugträume wurden nach etwa zwei Jahren Therapie immer seltener und er spürte zunehmend, wie er ›festen Boden unter den Füßen‹ gewann, wie sein Selbstvertrauen stärker wurde und er berufliche Frustrationen besser ertragen konnte. In späteren Träumen kam er mit Frauengestalten in Kontakt, die etwa sein Alter hatten (früher waren es vornehmlich ältere Frauen und ganz junge Mädchen gewesen, von denen er träumte, was auf seine latente Unsicherheit Frauen gegenüber hinwies) und von denen einige von ihrer Persönlichkeit und Sexualität her ausgesprochen selbstbewußt waren. Diese ›Anima‹-Gestalten wurden ihm zu Vorbildern für einen konstruktiven Umgang mit Gefühlen und Phantasien und er konnte rückblickend entdecken, daß bereits in seinen damaligen masochistischen Unterwerfungswünschen ein sehr positives schöpferisches Element enthalten war. Die starke, mächtige ›Domina‹, der er sich damals unterwerfen wollte, war seine nach außen projizierte ›Anima‹ gewesen, mit der er jetzt innen in Fühlung kam. Mit Hilfe seiner inzwischen stärker gewordenen männlichen Seiten war er seiner Sexualität, seinen Gefühlen und Phantasien nicht mehr nur passiv ausgeliefert, sondern er konnte sie besser steuern und auch schöpferisch in seinem Leben gestalten.

Verbindungen zu anderen therapeutischen Schulen

Die Analytische Psychotherapie gehört zu den klassischen tiefenpsychologischen Schulen. Aufgrund der beschriebenen umfassenden ganzheitlichen Konzeption und ihrer variablen Behandlungsmethodik finden sich viele ihrer Ansätze aber auch in den unterschiedlichen Richtungen der Humanistischen Psychologie und der Transpersonalen Psychologie wieder.

Zusammenfassung

Die Analytische Psychologie wurde von C. G. Jung begründet und gehört zu den drei klassischen tiefenpsychologischen Schulen. Ihr zentrales Konzept ist die Individuation, womit eine vom inneren Selbst des Menschen gesteuerte Entwicklung und Verwirklichung der Eigenart des Individuums gemeint ist. Kommt es zu einer Hemmung dieses Bedürfnisses nach Individuation und werden wesentliche Anteile des Selbst nicht gelebt, entwikkeln sich psychische, psychosomatische und somatische Störungen. Die Analytische Psychotherapie versteht sich als eine schöpferische Beziehung zwischen zwei und mehr Menschen, die sich auf die Begegnung mit der unbewußten Dynamik der Seele einlassen, um von ihr gewandelt und geheilt zu werden.

Literatur

C. G. Jung et al.: Der Mensch und seine Symbole, Olten, Walter-Verlag 1968

J. Jacoby: Die Psychologie von C. G. Jung, Olten, Walter-Verlag 1972, Taschenbuchausgabe beim Fischer-Verlag TB 6365

L. Müller: Suche nach dem Zauberwort. Identität und schöpferisches Leben, Stuttgart, Kreuz-Verlag 1986

Adressen von Ausbildungsinstituten

C. G. Jung-Institut
Hornweg 28
CH – 8700 Küsnacht/Zürich

C. G. Jung-Institut Stuttgart e. V.
Alexanderstraße 92
7000 Stuttgart 1

C. G. Jung-Institut Berlin e. V.
Schützallee 118
1000 Berlin 37

Fachrichtung Analytische Psychologie der Bremer Arbeitsgruppe für Psychotherapie e. V.
Dr. Olaf Grün
Im Wiesengrund 3 a
2904 Hatten

Angaben zum Autor
Dr. phil. Lutz Müller, geboren 1949, Diplom-Psychologe, Fachpsychologe für Psychoanalytische Therapie (DGPPT), Psychotherapeut in eigener Praxis in Stuttgart, Dozent am C. G. Jung-Institut Stuttgart. Veröffentlichungen: Suche nach dem Zauberwort. Identität und schöpferisches Leben am Beispiel der ›Unendlichen Geschichte‹ von M. Ende, Stuttgart, Kreuz-Verlag 1986; Das tapfere Schneiderlein, Stuttgart, Kreuz-Verlag 1985; Der Held, Stuttgart, Kreuz-Verlag 1987

1.3 Individualpsychologie nach Adler

Geschichtliche Entwicklung und gegenwärtiger Stand

Alfred Adler verließ im Jahre 1911 Freuds ›Verein für Psychoanalyse‹ und rief seine eigene psychologische Forschungs- und Therapierichtung ins Leben. Auf ihrem Boden wurden neben der Psychotherapie besonders die pädagogisch-psychologische Beratung (Rudolf Dreikurs) und die politisch-psychologische Analyse (Manes Sperber) entwickelt. Nach der Emigration Adlers in die USA und infolge der Auflösung der individualpsychologischen Gesellschaften durch die Nazis kam es Mitte der 30er bis Ende der 50er Jahre zu einer Stagnation in Deutschland. Seit der Neugründung der Deutschen Gesellschaft für Individualpsychologie 1962 nimmt sie stetig einen theoretischen und zahlenmäßigen Aufschwung.

Menschen- und Weltbild

Um die Unteilbarkeit des Menschen und die ganzheitliche Betrachtungsweise seiner Methode in den Blick zu rücken, nannte Adler seine Schule ›Individualpsychologie‹ (IP).

Das Kind entwickelt in Wechselbeziehung mit seinen Eltern und Geschwistern eine individuelle Grundhaltung zum Leben (›Lebensstil‹). Die Beziehung zu nahestehenden Menschen, zur Gesellschaft und zur Arbeit wird in der frühen Kindheit nach relativ starren Mustern vorgeformt. Diese Beziehungsmuster bilden die Charakterzüge, welche den Lebenserfolg begründen, in unglücklichen Fällen aber auch die neurotischen Verfestigungen, Wiederholungszwänge und Symptome bedingen. Zentral für die IP-Analyse ist die Erhellung von weitgehend unbewußten ›Fiktionen‹ und ›Zielen‹, welche die Lebensbewegung einengen. Ziel der Therapie ist somit eine Befreiung der individuellen schöpferischen Kräfte, die sich in sozialer und kosmischer Verbundenheit ganzheitlich entfalten wollen.

Anwendungsbereiche

Die individualpsychologische Therapie wendet sich vor allem neurotisch erkrankten Kindern, Jugendlichen und Erwachsenen zu. Sie weitet aber ihren Tätigkeitsbereich auch auf Gruppen-, Paar- und Familientherapie aus.

Ablauf der Therapie

Die individualpsychologische Therapie entspricht den Richtlinien der gesetzlichen Krankenkassen für tiefenpsychologisch fundierte und analytische Einzel- und Gruppenpsychotherapie. In sechs Sitzungen (auf Krankenschein) werden ggf. Diagnose und Behandlungsplan geklärt. Anschließend stellt ein Fachgutachter aufgrund eines anonymen Berichts die Leistungspflicht der Krankenkasse fest. Die Therapien können sich kurzfristig bestimmten Konflikten oder Themen zuwenden. In diesem Fall finden die Beratungen höchstens einmal in der Woche oder nach Bedarf statt. Oder sie versuchen, in einem länger dauernden Prozeß eine tiefgreifende psychische Umstrukturierung zu ermöglichen. Solche Therapien dauern in der Regel etwa zwei Jahre bei zwei Stunden pro Woche. Die Krankenkassen übernehmen die Kosten für bis zu 240, in Ausnahmefällen für 300 Stunden.

Abgesehen von der eigentlichen Psychotherapie widmen sich manche IP-Therapeuten verschiedenen Beratungs- und Selbsterfahrungsmethoden, kreativen Gruppen und sozialen Aktivitäten.

Behandlungsmethoden

Die klassische Methode ist die Analyse von Lebenssituationen, Kindheitserinnerungen und Träumen aufgrund der frühkindlichen Erfahrungen und familiären Prägungen. Die moderne IP bezieht aber, je nach Neigung und Vorerfahrung der Klienten und Therapeuten, alle Techniken der neueren Therapierichtungen ein, insbesondere kreative Methoden, Arbeit mit Märchen, Mythen, Tagträumen, Tanz, Psychodrama, Gestalt, körperbezogene Verfahren u. ä.

Fallbeispiel

Zu uns kommt eine Ratsuchende, weil sie an leerer, mutloser Stimmung leidet und sich von Kontaktangeboten ihrer Angehörigen und Bekannten immer mehr zurückzieht, ohne sagen zu können, warum. Sie ist, wenn die anderen sich unterhalten, lachen und erzählen, wie durch eine undurchdringliche Wand von ihnen abgeschnitten. Ihr fällt nichts ein, was sie sagen könnte. Sie beobachtet, wie erfolgreich und beliebt die anderen sind und peinigt sich mit Selbstvorwürfen. Die anderen nehmen wohl ihre schroffen Gesten und Worte wahr, welche das meist freundlich zugewandte Verhalten gelegentlich durchbrechen. Es wird ihr oft gesagt, sie könne doch wohl keine Probleme haben. Sie ist intelligent, hat ein sicheres Urteilsvermögen, bringt gute Leistungen im Beruf und ist hübsch. Sie selbst aber findet sich häßlich. Sie ist ein bißchen dick und wenn sie allein ist, verschlingt sie gierig und ungebremst große Mengen nahrhafter Speisen.

Nach einem halben Jahr Therapie ist der Rückzug noch stärker geworden. Die besorgten Anfragen der Freundinnen, die gutgemeinten Ratschläge der Eltern und die ärgerlichen Vorwürfe des Ehemanns weist sie mit trotzigem Nein und entschiedener Auskunftsverweigerung zurück. Die anderen meinen, es werde alles immer schlimmer, und raten ihr, die Therapie abzubrechen und wieder Medikamente zu nehmen. Aber wenn sie den Ratgebern nur ein bißchen nachgibt, spürt sie, wie sie sich selbst verrät, aufgibt und wieder eingefangen wird von einem Leben des Scheins, der Heuchelei, der ständig verleugneten Hoffnungslosigkeit. Auch die Therapie ist kein Freudenfest. In den Sitzungen überfallen sie die verwirrendsten Gefühle: Verzweiflung über die vielen Einsamkeiten ihrer Kindheit und Jugend, die Wut über die Verständnislosigkeit der Eltern, die Schuldgefühle über ihre eigene Undankbarkeit, ihr maßloser ›ungerechter‹ Haß auf den Vater, der sie als Hure beschimpfte, als er sie mit 13 Jahren beim Petting mit ihrem ersten Freund erwischte.

Der Therapeut gibt ihr zunächst keinen Rat, keine Antwort auf ihre Fragen, was sie denn tun solle, um aus dem Tief herauszukommen. Aber sie hat in diesen Stunden die Möglichkeit, alles zu sagen, was sie empfindet. Er tröstet nicht, aber versucht mit ihr zu verstehen, was in ihr vorging, welche peinlichen Beschämungen sie durchlitt, welche großartigen Hoffnungen, welche wahnhaften Phantasiegebilde sie pflegte. Alle diese Gefühle sind gegenwärtig. Sie ist die 35jährige Frau und zugleich das 2jährige Mädchen. Diese Gefühle und Gespräche gehören ganz allein und zutiefst ihr selbst. Erstmals erlebt sie, daß es hier kein ›Du solltest‹, kein ›Warum?‹ gibt. Gegenüber der Therapie hat sie sehr zwiespältige Gefühle. Sie hat Angst, sich dem Therapeuten auszuliefern, von ihm abhängig zu sein und dann fallengelassen zu werden.

Diese zwiespältige Stimmungslage zieht sich einige Monate hin. Das ist nichts Ungewöhnliches, denn das Hauptstück der Therapie ist die Wiederbelebung der unbewältigten Verletzungen, Kränkungen, Enttäuschungen aus den Kindertagen. In die Schwierigkeiten mit den alltäglichen Beziehungen mischen sich diese Kindheitserfahrungen mit ein. In der Therapie kehren sie wieder, und hier kann der Schmerz der Kindertage mit dem Therapeuten zusammen erneut erlebt werden, damals unverheilte Wunden können sich schließen.

Die Patientin war das Lieblingskind der Familie, das Glück der Mutter, der Trost in deren unerfülltem und konfliktreichem Leben mit ihrem Ehemann. Nicht die meßbare Schädigung, die das Kind ›durch‹ die Eltern erfuhr, machen sie nun ›krank‹, sondern die Verkrüppelung ihres Selbst- und Gemeinschaftsgefühls, ihrer Selbstentfaltung und ihrer Beziehungsfähigkeit durch die Erwartungen. Das Kind sollte glücklich, schön, umgänglich, erfolgreich, fröhlich sein. Dann würde (wurde?) es geliebt, anerkannt. Alles ›Positive‹ erschien ihr als Bedingung, dazugehören zu dürfen. Dazuzugehören, die positiven Voraussetzungen dazu auszubilden, das wurde ihr nun zum Ziel, dessen sie sich aber natürlich nie sicher sein konnte. Ihr Leben wurde zu einem ›Ja-Aber‹. Sie bejaht das ›Positive‹, aber sie spürt, daß sie es nie erreichen kann. In der Therapie wird das ›Jein‹ zunächst zum ›Nein‹, und die Patientin hat erfahren, daß sie nein sagen darf zu Forderungen, die ihr nicht entsprechen, ohne deswegen unterzugehen. Sie ist durch die Einsamkeit gegangen, hat aber auch erfahren, wieviel Kraft ihr das Alleinsein geben kann. Sie hat bemerkt, wie leer es sie läßt, wenn sie süchtig und sichernd die Gemeinschaft sucht; aber auch wie frei und selbstverständlich sie in die Gemeinschaft anderer Menschen wachsen kann, die ihr entsprechen und mit denen sie sich auseinandersetzen kann. Sie hat von manchen Bindungen Abschied genommen, ein neues Arbeitsfeld und neue Freunde gefunden. Geholfen hat ihr das Wagnis, das ›Negative‹ auszutragen, das Positive aus ihren spontanen schöpferischen Kräften und der Begegnung in einfühlsamen und kooperativen Gemeinschaften wachsen zu lassen.

Verbindungen zu anderen therapeutischen Schulen
Von den humanistischen Therapieformen werden insbesondere die Techniken rezipiert. Theoretische Ergänzungen entlehnt die IP vor allem der neuen psychoanalytischen Ich- bzw. Selbstpsychologie (Blanck, Kohut) und Objektbeziehungstheorie (Mahler, Kernberg), die wesentliche Impulse Adlers, welche seinerzeit zur Trennung von Freud führten, ausgearbeitet haben. Einzelne IP-Psychotherapeuten suchen Verbindungen mit der analytischen Therapie C. G. Jungs oder neueren transpersonalen Therapierichtungen.

Zusammenfassung
Die IP-Psychotherapie empfiehlt sich besonders den Klienten, denen es um eine individuelle und ganzheitliche Selbsterfahrung und die Einbettung in den sozialen und kosmischen Zusammenhang geht.

Literatur

Heinz L. Ansbacher, Rowena R. Ansbacher: Alfred Adlers Individualpsychologie. Eine systematische Darstellung seiner Lehre in Auszügen aus seinen Schriften. München, Basel, Reinhardt-Verlag 1972

R. Brunner, R. Kausen, M. Titze (Hrsg.): Wörterbuch der Individualpsychologie. München, Basel, Reinhardt-Verlag 1985

R. Schmidt (Hrsg.): Die Individualpsychologie Alfred Adlers. Ein Lehrbuch. Stuttgart, Kohlhammer-Verlag 1982

Ausbildungsinstitute

Anerkannte Ausbildungsinstitute für IP-Berater, Kinder- und Erwachsenentherapeuten gibt es in Aachen, Delmenhorst, Düsseldorf und München.

Auskünfte:

Deutsche Gesellschaft für Individualpsychologie e. V.

Bundesgeschäftsstelle:

Ruffinistraße 10

8000 München 19

Telefon: 089 / 16880 68

Angaben zum Autor

Dr. Karl Heinz Witte, Psychoanalytiker (DGIP) in eigener Praxis. Studium der Germanistik, Philosophie, Theologie. Psychotherapeutische Ausbildung am Alfred Adler-Institut München

Pasinger Bahnhofsplatz 2

8000 München 60

Telefon: 089 / 830997

1.4 Psychoanalytische Kurztherapie

Geschichtliche Entwicklung und gegenwärtiger Stand

Die wichtigsten Vertreter der Fokaltherapie waren W. Stekel, S. Ferenczi, O. Rank und F. Alexander. Sie bahnten zum Teil schon seit 1918 systematisch den Weg zur heute praktizierten psychoanalytischen Fokaltherapie.

Menschen- und Weltbild

Ausgangspunkt jeder psychoanalytischen Therapie ist die Annahme, daß der Neurose, der psychosomatischen Erkrankung und jedem seelisch verursachten Symptom (z. B. Arbeitsstörungen, Potenzstörungen etc.) ein unbewältigter, unbewußter oder nur teilweise bewußter Konflikt zugrunde liegt. Sein Inhalt kann individuell sehr verschieden sein.

Nach der psychoanalytischen Theorie kann grundsätzlich jeder Konflikt (nicht jedes Symptom!) gelöst werden, wenn er in der psychoanalytischen Therapie bewußt gemacht werden kann. Ob diese Aufdeckung des unbewußten Problems in der psychoanalytischen Fokaltherapie verwirklicht werden kann, hängt von verschiedenen Faktoren ab, z. B. davon, daß für das Problem der richtige Fokus gefunden wird, d. h. der »unbewußte Grundkonflikt, mit dem das Hauptsymptom und die Beschwerden des Patienten zusammenhängen« (Beck). Der Fokus (Konfliktkern) stellt den roten Faden der psychotherapeutischen Arbeit dar und wird in den ersten ein bis drei Therapiestunden festgelegt. Dabei ist es wichtig, daß der Patient einen guten Zugang zu den Erklärungen seiner Beschwerden durch den Psychotherapeuten hat, d. h. daß er die Interpretationen und Deutungen geistig und gefühlsmäßig nachvollziehen und annehmen kann. Der Patient muß sehr motiviert sein. Er muß zu einer Mitarbeit, zum Engagement (zeitlich, finanziell, energiemäßig) und zu einer persönlichen Veränderung bereit sein. Der Therapeut muß einen klar umgrenzten Konflikt feststellen können. Dies beinhaltet auch das Verstehen des Symptoms, der auslösenden Situation sowie des persönlichen lebensgeschichtlichen Hintergrundes des Patienten. Zwischen Therapeut und Patient muß eine stabile Arbeitsbeziehung entstehen. Diese ist Voraussetzung dafür, daß der Patient mit den Deutungen des Therapeuten konstruktiv umgeht. Auf der Seite des Therapeuten setzt eine gute Arbeitsbeziehung voraus, daß er davon überzeugt ist, dem Patienten in einer kurzen Therapie helfen zu können. Beim Patienten ist die ehrliche Motivation und der ernstgemeinte Wunsch, mit dem Therapeuten seine Schwierigkeiten zu verstehen und zu überwinden, notwendig. Der Patient darf keine zu neurotische Persönlichkeit haben (d. h., er muß über eine sogenannte ausreichende ›Ichstärke‹ verfügen) und der den Beschwerden zugrunde liegende Konflikt darf nicht zu stark verdrängt worden sein.

Ziel der Fokaltherapie ist die Lösung des unbewußten Konflikts, der den Beschwerden und Symptomen des Patienten zugrunde liegt. Die Einsicht und das Verstehen des Konflikts befähigt den Patienten, besser mit seinem Problem umzugehen. Eine Symptombeseitigung kann nicht immer erreicht werden.

Manchmal wird die Symptomatik nur gebessert oder es wird mit Hilfe des Lernens durch Einsicht ein besserer Umgang mit den Symptomen erreicht.

Anwendungsbereiche
Die Fokaltherapie ist dann geeignet, wenn folgende drei Kriterien erfüllt werden: Der Konflikt ist eingrenzbar, er ist aktuell und der Patient kann ihn sprachlich und nonverbal einigermaßen darstellen. Grundsätzlich sind alle neurotischen Störungen und psychosomatischen Symptome zur Behandlung mit der Fokaltherapie geeignet, sofern die genannten 3 Kriterien erfüllt sind.

Ablauf der Therapie
Zeitplan und Dauer: Im allgemeinen findet pro Woche eine Sitzung von 50 Minuten Dauer statt. Die Behandlungsdauer erstreckt sich bei maximal 20 bis 50 Stunden meist über ein halbes bis ein Jahr. Stehen Symptome wie akute Angst oder Schmerzen im Vordergrund, können auch zwei Stunden in der Woche stattfinden. Der Patient muß sich freiwillig verpflichten, die Behandlungsstunden einzuhalten. Die Wartezeit ist sehr unterschiedlich; zwischen gar keiner bis zu ein bis zwei Jahren. Nach Anerkennung eines Antrags durch einen neutralen Gutachter übernehmen die AOK und die Ersatzkassen die Kosten der Fokaltherapie. Die privaten Krankenkassen ersetzen – je nach Kasse – anteilmäßig bestimmte Beträge. Die Pflichtkassen geben Interessierten auf Wunsch die Adressen von Psychoanalytikern, die fokaltherapeutisch arbeiten.

Behandlungsmethoden
Im Gespräch versucht der Therapeut, u. a. durch gezielte Fragen Informationen zur Symptomatik, zur angstauslösenden Situa-

tion und zur Lebensgeschichte des Patienten zu bekommen, um den Fokus (Infektionsherd, Brennpunkt) zu finden. Auf seinem Hintergrund werden die Gefühle und Handlungen des Patienten vom Therapeuten gedeutet. Hierdurch gewinnt der Patient Einsicht in seinen der Symptomatik zugrunde liegenden Konfliktkern. Das nicht bewertende Aussprechen der Einfälle zum Fokus durch den Patienten ist zentraler Bestandteil der Behandlungsmethode. Im Gegensatz zu anderen analytischen Therapien ist der Therapeut in der Fokaltherapie recht aktiv.

Fallbeispiel

Ein Architekt litt etwa seit einem halben Jahr unter Arbeitsstörungen: Er hatte massive Konzentrationsstörungen, keine Ideen mehr, verrechnete sich laufend und war lustlos bei der Arbeit. Früher war er sehr erfolgreich in seinem Beruf. Vor einem dreiviertel Jahr war sein Vater arbeitslos geworden. Der Patient reagierte auf diese Tatsache mit massiven Schuldgefühlen. Er identifizierte sich mit dem arbeitslosen Vater und bestrafte sich selbst unbewußt durch seinen Leistungsabfall. In einer 30stündigen Fokaltherapie, die sich über acht Monate erstreckte, konnte sein unbewußter Konflikt gelöst werden und die erstmals in seinem Leben aufgetretene Leistungsstörung behoben werden. Der Fokus der Therapie lautete: »Ich darf erfolgreich sein, auch wenn mein Vater arbeitslos geworden ist. Mir darf es besser als meinem Vater gehen.«

Die Heilungs- und Besserungsquote bei der analytisch orientierten Fokaltherapie liegt bei zwei Dritteln. Besonders gut ist der Erfolg bei der Behandlung leichter Depressionen und bei Ängsten.

Verbindungen zu anderen therapeutischen Schulen

Das Lernen durch Einsicht steht mit dem gestaltpsychologischen Prinzip der Gestalterfassung in Beziehung. Beim Bearbeiten eines Konflikts spielt außerdem das Lernen durch Konditionierung eine wesentliche Rolle, da »richtiges Verhalten jeweils durch Angstentlastung, Besserung störender Symptome und durch das befriedigende Erfolgserlebnis ›belohnt‹ wird, wohingegen falsches, d. h. neurotisches Verhalten sich durch Angst oder sonstige neurotische Beschwerden ›straft‹« (Bellack und Small, S. 96). Wie bei vielen anderen Therapien ist das Gespräch eine wichtige Arbeitsmethode bei der Fokaltherapie.

Zusammenfassung

Die Fokaltherapie ist eine tiefenpsychologisch orientierte Form der Psychotherapie, die gezielt den unbewußten oder teilbewußten Konfliktkern (Fokus) bearbeitet, der den Beschwerden des Patienten zugrunde liegt. Mit der geringen Anzahl der Sitzungen ist diese Behandlungsform ein Angebot für jeden nicht zu neurotischen Menschen, der motiviert ist, bestimmte klar umgrenzte persönliche Schwierigkeiten, Symptome oder psychosomatische Beschwerden anzugehen. Die durch die Therapie entstehende Einsicht in den Grundkonflikt ermöglicht eine Aufhebung oder Besserung der Symptomatik, zumindest aber einen besseren Umgang mit den Beschwerden. Die Fokaltherapie konzentriert sich bewußt auf die ausschließliche Bearbeitung des der Symptomatik zugrunde liegenden Konflikts und akzeptiert, daß sie nur eine ›beschränkte Hilfe‹ ist. Mit diesem klar umgrenzten Ziel stellt sie einen ökonomischen und zeitlichen Kompromiß dar, durch den viele Menschen diese Form der Therapie in Anspruch nehmen können.

Literatur

Dieter Beck: Die Kurzpsychotherapie, Bern, Hans Huber-Verlag 1974

L. Bellack; L. Small: Kurzpsychotherapie und Notfallpsychotherapie, Frankfurt/Main, Suhrkamp-Verlag 1972

M. Leuzinger-Bohleber: Psychoanalytische Kurztherapien, Opladen, Westdeutscher-Verlag 1985

Adressen von Ausbildungsinstituten

Grundsätzlich alle psychoanalytischen Ausbildungsinstitute.
Vertreter der Deutsche Psychoanalytische Vereinigung München
Dr. phil. Henning Graf von Schlieffen
Nikolaistraße 7/Rgb.
8000 München 40
Telefon: 089/349919

Angaben zum Autor
Ursula Wiechec, geboren 1956, Diplom-Psychologin, Studium der Psychologie, Anglistik, Germanistik und Theologie. Tätigkeit als Psychologin an einer psychoanalytischen Institution. Autorin und freie Lektorin für verschiedene wissenschaftliche und populärwissenschaftliche Verlage.

1.5 Logotherapie

Geschichtliche Entwicklung und gegenwärtiger Stand
Der Begründer der Logotherapie ist der Wiener Psychiater Viktor E. Frankl (1905). Die Anfänge der Logotherapie liegen in der Auseinandersetzung des Medizinstudenten V. E. Frankl mit der Psychoanalyse Sigmund Freuds und der Individualpsychologie Alfred Adlers. Frankl war psychoanalytisch interessiert, seine persönliche Ausrichtung war jedoch eher philosophisch-pädagogischer Natur. Mit Adler kam es 1927 zum Bruch über die Psychologismusfrage (›alles ist psychisch‹). Mit der Individualpsychologie Adlers verbindet die Logotherapie dennoch bis heute ein gewisses pädagogisches Interesse.

Die Logotherapie hat einen langen Entwicklungsweg: erste Anfänge in den 20er Jahren; Einübung in sozialem Engagement (Beratungsstellen zur Verhütung von Schülerselbstmorden), klinische Praxis und Theorie-Veröffentlichungen in den 30er Jahren; das experimentum crucis in den 40er Jahren, als Frankl im KZ war; weitere wissenschaftliche Entfaltung bei Frankls Lehrtätigkeit in den 50er und 60er Jahren; etliche mißlungene Versuche der Institutionalisierung in den 70er Jahren. In den 80er Jahren hat sie sich schließlich fest verwurzelt und sehr weit verbreitet. Heute gibt es Logotherapie-Praxen und Ausbildungsinstitute in der ganzen Welt. Die wichtigsten und ältesten sind in den USA, Deutschland, Österreich u. a.; an den Universitäten ist sie ebenfalls weltweit vertreten.

Menschen- und Weltbild
Die volle Bezeichnung ›Logotherapie und Existenzanalyse‹ macht das Spezifische deutlich: Die Existenzfragen des Men-

schen werden unter dem ›Logos‹ (Sinn und Geist), also im Blick auf die menschliche Sinnfrage gesehen. Der Mensch wird als Sinnsuchender definiert. Die Ausrichtung auf den Sinn des Lebens im Kontext menschlicher Werte ist eine der wesentlichen Voraussetzungen der Logotherapie. Die beiden anderen Grundpfeiler sind: Anerkennung der Freiheit innerhalb der menschlichen Bedingtheiten (Veranlagung, Erziehung, Umwelt) und Verantwortung sich selbst und dem Leben gegenüber. Das positive Anliegen Frankls ist, daß der Mensch als Mensch gesehen und behandelt wird. Die Logotherapie kann definiert werden als das hilfreiche, heilende Miteinander der einmaligen Persönlichkeit des Patienten mit der ebenso unverwechselbaren Persönlichkeit des Therapeuten. Faszinierend an der Logotherapie ist das Persönliche und Kreativ-Findige. Die Therapie nimmt deshalb bei jedem einzelnen ihre eigene Form an, äußerlich wie innerlich. Das Therapieziel ist die persönliche Sinnfindung.

Anwendungsbereiche

Die Logotherapie (a) als Psychotherapie ist anwendbar bei allen psychischen Störungen und Erkrankungen; (b) als Logotherapie im engeren Sinne bei Existenz- und Sinnkrisen; (c) als ›ärztliche Seelsorge‹ bei schicksalhaften Fällen von unheilbarer Krankheit, Leid und Tod.

Ablauf der Therapie

Im verstehenden Gespräch solidarisiert sich der Therapeut mit dem leidenden und verschütteten Kern des Patienten. Schutzmechanismen, die früher einmal notwendig waren, jetzt aber zur Behinderung geworden sind, können aufgegeben werden. Der Patient lernt, eine gute sorgende Haltung sich selbst gegenüber einzunehmen und zu spüren, was er braucht, um ›heil‹ zu werden. Wenn dies gelingt, öffnet sich ihm das Leben wieder und es wird reich und sinnvoll für ihn. Er findet die passende Aufgabe oder Lebensform – und wird sich im Rahmen seiner Gegebenheiten auch für die Veränderung gesellschaftlicher Strukturen, die krank machen, einsetzen.

Zeitdauer bei Therapien: Die ›Kernarbeit‹ erfordert in der

Regel ein bis drei Jahre, einmal eine bis zweimal zwei Stunden in der Woche, zum Schluß langsam auslaufend.

Bei existentiellen Krisen: 1 – 20 Stunden, in jedem Fall Nachsorge.

Honorar: in Anlehnung an die Krankenkassensätze, Einzelabsprachen. Kostenbeteiligung möglich seitens der Krankenkassen (außer BEK und DAK), Beihilfestellen und Sozialämter.

Behandlungsmethoden

Die Logotherapie selbst bietet wenig an ›handwerklichem‹ Material, nur den sogenannten Sokratischen Dialog, die Paradoxe Intention (Kernstück: humorvoll sich das herbeiwünschen, wovor man am meisten Angst hat) und die Dereflexion (Kernstück: weg von der neurotischen Fixierung hin zur Sache und zum Sinn). Der Logotherapeut ist deshalb mehr oder weniger genötigt, Anleihen bei anderen Schulen zu machen. Jeder einzelne kann, im Rahmen des existenzanalytischen Menschenbildes, die Methoden benützen, die seiner Persönlichkeit am meisten entsprechen. Jede Methode ist zu relativieren, zu modifizieren, kreativ und undogmatisch zu handhaben im Blick auf das, was wirklich hilft. Die Methoden, die von dieser Autorin bevorzugt werden, sind: Traumarbeit, innere Bilder, Focusing (nach Gendlin), Entspannung, Versenkung und gelegentlich Elemente aus dem Psychodrama, der Gestalttherapie sowie der Atem- und Körperarbeit. Am wichtigsten ist das verstehende Gespräch und die natürliche menschliche Sorge.

Fallbeispiel

Frau H., 42 Jahre alt, verheiratet und ein Kind, war nach vielen Etappen ärztlicher Behandlung schließlich zu einem Nervenarzt gekommen, der sie zu einer Logotherapie überwies. Sie empfand sich als ein einziges ›Schmerzbündel‹. Sie konnte nichts mehr schaffen. »Ich will, aber ich kann nicht mehr... und manchmal weiß ich nicht, ob ich überhaupt noch will.«

Bei der extremen Überforderung und Erschöpfung haben wir uns zunächst dem Körper mit Übungen der Ruhe und des Loslassens zugewandt. Dabei wurden der Patientin je nach ihrem inneren Bedürfnis heilende Phantasiebilder angeboten.

Im Gespräch und durch die Arbeit mit Träumen stellten sich folgende zentrale Punkte in der Lebensgeschichte der Patientin heraus: Im Alter von fünf bis sechs Jahren erlebte sie immer wieder das Gefühl panischer Angst, allein, schreiend im Haus zurückgelassen zu werden (hier entstand wohl die Prägung des Lebensgefühls:»Ich kann nicht, aber ich muß«). Im Alter von 18 Jahren durchlebte sie eine schwere Identitätskrise und zum gegenwärtigen Zeitpunkt empfand sie ein zehrendes Verpflichtungsgefühl gegenüber ihrem Sohn, der den ›Einstieg ins Leben‹ nicht schaffe.

In Gesprächen und durch die Art des therapeutischen Umgangs hat die Patientin gelernt, zu sich selbst gut zu sein und zu spüren: Es ist nicht mehr wie in der Kindheit, ich kann selbst etwas bewirken. Sie fühlt sich nicht mehr so ausgeliefert und steht zum Teil ihre Frau. Was die Beziehung zu ihrem Sohn betrifft, kann sie sich noch nicht vom Verantwortungsgefühl trennen; Versagens- und Schuldgefühle binden sie noch. Die gelegentlich auftretenden, starke Angst auslösenden Schlangen-Alpträume hängen mit ihrer Problematik als Achtzehnjährige zusammen. Sobald es für die Patientin möglich ist, sich diese Träume genauer anzuschauen, dürfte die enorme Energie, die in der Schlangenangst gebunden ist, frei werden. Erfahrungsgemäß tritt dann das Gefühl von der Fülle des Lebens und vom Sinn des Lebens ein.

Jedoch selbst nach solchen ›gelungenen Abschlüssen‹ ist es in der Regel noch eine Zeitlang nötig, den Patienten zu begleiten, um die Rückfälle in alte traumatische Erfahrungsmuster aufzufangen.

Verbindungen zu anderen Schulen
siehe Geschichtliche Entwicklung

Zusammenfassung
Das Wesentliche der Logotherapie ist die Sinnfrage. Die Praxis der Logotherapie variiert stark, nicht nur von Patient zu Patient, sondern auch von Therapeut zu Therapeut. Die strengen Franklianer (Lucas, Längle u. a.) lassen sich mehr oder weniger unmittelbar von der Sinnfrage leiten, weitgehend unter Aus-

klammerung tiefenpsychologischer Realitäten in der Annahme, daß innere Probleme sich lösen, wenn Sinn gefunden wird; andere (Raskob, Böschemeier, neuerdings Funke, Berlin) befassen sich zunächst mit der Lebens- und Problemgeschichte des Patienten in der Auffassung, daß Sinn sich einstellt und Lebensaufgaben treffender gefunden werden, wenn die inneren Probleme gelöst sind.

Literatur

Viktor E. Frankl: Ärztliche Seelsorge. Grundlagen der Logotherapie und Existenzanalyse, München, Kindler-Verlag 1946 – 79, 10. Auflage

   Elisabeth Lukas: Auch Dein Leben hat Sinn, Freiburg, Herder-Verlag 1980

   Hedwig Raskob: Logotherapie. Systematische und kritische Darstellung, Dissertation, Universität Tübingen

Ausbildungsinstitute

Hamburger Institut für Integrative Logotherapie
Leitung: Uwe Böschemeyer
Vierlandenstraße 16
2050 Hamburg 80
Telefon: 040/7249601

Süddeutsches Institut für Logotherapie
Leitung: Elisabeth Lukas
Geschwister Scholl Platz 8
8080 Fürstenfeldbruck
Telefon: 08141/18041

Institut für Logotherapie und Psychologie der Arbeitswelt
Leitung: Walter Böckmann
Ilmenauweg 15
4800 Bielefeld 11
Telefon: 05205/3229

Angaben zum Autor

Hedwig Raskob, Bachelor of Arts Degree, Washington D.C. (Theologie, Mathematik und Pädagogik). Seit 1963 theoretische und praktische Beschäftigung mit der Logotherapie. Studium

der Katholischen Theologie (Diplom); Dissertation über die Logotherapie; Logotherapie-Zertifikat von Viktor E. Frankl. Vier Jahre klinische Tätigkeit (Nervenklinik Gauting), acht Jahre eigene Praxis; berufsbegleitende Weiterbildung in verschiedenen Therapieformen.
Tettnangerstraße 4
8000 München 60
Telefon: 089/835759

1.6 Primärtherapie

Geschichtliche Entwicklung und gegenwärtiger Stand
Die heutige Primärtherapie verdankt ihre Entstehung Arthur Janov und einem seiner Klienten. Janov arbeitete 17 Jahre lang auf der Grundlage der Freudschen psychodynamischen Methode, war aber mit dieser Methode sehr unzufrieden. Er beschreibt seine Arbeit als Flickwerk, in der er »mal hier, mal dort Pflaster auf die wunden Stellen legte«. In ihm lebte der Wunsch nach einer sicheren Methode, die das therapeutische Vorgehen Schritt für Schritt ermöglicht und seinen Klienten sichtbar hilft.

1967 berichtete ihm ein junger Mann von einer merkwürdigen Theateraufführung, die er in London gesehen hatte. Auf der Bühne lief ein Schauspieler mit Windeln bekleidet auf und ab, schrie ›Mami und Papi‹ und erbrach sich dabei in eine Plastiktüte. Auch an die Zuschauer wurden Plastiktüten verteilt, und sie wurden aufgefordert, dem Beispiel des Schauspielers zu folgen.

Janov forderte den jungen Mann auf, nach ›Mami und Papi‹ zu rufen. Nach anfänglichem Zögern rief der Klient nach seinen Eltern. Seine Stimme steigerte sich, bis er längere Zeit unkontrolliert schrie. Danach war er erschöpft. Später sagte er: »Ich habe es geschafft. Ich weiß nicht was, aber ich kann fühlen.«

Janov war von diesem Erlebnis so beeindruckt, daß er mit weiteren Klienten experimentierte. Aus diesen Experimenten entwickelte er in den folgenden Jahren die Primärtherapie. Anfang der siebziger Jahre fingen auch in Deutschland einige Therapeuten an, nach der Methode der Primärtherapie zu arbeiten.

Besonders die Therapeuten am Zentrum Coloman in München beschäftigten sich intensiv mit der Primärtherapie und entwickelten sowohl Theorie wie auch Methode weiter. Heute nennen sie ihre Methode Integrative Primärtherapie und beschäftigen sich vor allem mit der Integration des im therapeutischen Umfeld Erlebten im Alltag des Klienten. Eine weitere wichtige Frage stellt sich im Umgang mit der Abwehr. Sie experimentieren dabei mit vielen Methodenelementen. Therapie wird als eine besondere Situation im Lernprozeß des Klienten, sich zu einem wieder fühlenden Menschen zu entwickeln betrachtet. In diesem Prozeß geht es nicht darum, von unserer Vergangenheit frei zu werden, sondern unsere Grenzen im Fühlen, Wahrnehmen, Verhalten und Denken zu erleiden, erfahren, begreifen und erst dann zu erweitern. Dies alles geschieht im Jetzt.

Menschen- und Weltbild
Die Theorie der Primärtherapie ist in ihren Grundlagen psychodynamisch orientiert. Sie betont die Wichtigkeit der frühkindlichen Erfahrungen für die Entwicklung unserer Persönlichkeit. Wir alle sind mit den gleichen Grundbedürfnissen nach Nahrung und Entleerung, dem uns eigenen Rhythmus von Wachsein und Schlaf, Getragenwerden, Wärme, Sicherheit, Körperkontakt und emotionalen Reaktionen geboren. Als Kinder haben wir das Recht auf die Befriedigung unserer Grund- oder Primärbedürfnisse. Wenn sie nicht beachtet oder erfüllt werden, verursacht es Schmerzen, starke Angst, Hoffnungslosigkeit, Haß oder Einsamkeit. Diese Primärschmerzen können stärker oder schwächer sein und erzeugen Spannung im Organismus. Das Ausdrücken von Schmerz und Spannung erfolgt durch das Äußern von Gefühlen und Bewegung. Ist der Schmerz jedoch größer, als es das kindliche System tolerieren kann, oder ist der Ausdruck von Gefühlen verboten oder sinnlos, wird das Kind seine Bedürfnisse und Schmerzen unterdrücken und abspalten. Sie sind seinem Fühlen und Wahrnehmen nicht mehr zugänglich.

Die Abtrennung kann sich langsam vollziehen (z. B. durch ständige Frustrationen) oder sie kann bei katastrophalen Ereignissen (z. B. Operation, Tod eines Elternteils) plötzlich geschehen. Die Bewertung, was katastrophal ist und der Prozeß der

Abtrennung der Schmerzen ist gewöhnlich kein bewußter Vorgang. Verleugnete Bedürfnisse, blockierte Empfindungen und abgespaltene Schmerzen werden im Körper und Nervensystem als Erinnerungskreis gespeichert und wirken sich als undefinierte Spannung aus. Durch Verdrängung und Abspaltung schaltet das Kind einen großen Teil seines realen Selbst aus. Es entwickelt als Abwehr eine Neurose. Diese Menschen können nur unvollständig empfinden und leiden darunter. Sie reagieren in ihren gegenwärtigen Beziehungen und Situationen auf vergangene Ereignisse ihres Lebens und verursachen dadurch häufig Unverständnis und Verwirrung. Sie reagieren unangemessen, zu stark oder gar nicht.

Die Primärtherapie ist einer der Wege, den Menschen zu helfen, wieder fühlen zu können, ihr vollständiges Gefühl wiederzuerlangen, um ohne Spannung und Abwehr aus einem tieferen Empfinden heraus innere Maßstäbe kennenzulernen und daraus zu handeln. Schmerzen und Spannungen können wir nur loswerden, indem wir sie zu unserer Erfahrung machen. Zum vollständigen Erleben gehört, daß wir unsere Gefühle voll empfinden, ausdrücken und sie in ihrem ursprünglichen Zusammenhang und Bedeutung verstehen. Für diesen Prozeß brauchen wir einen geschützten Rahmen und Menschen, die denselben Weg gehen, wie es in der Therapie der Fall ist.

Anwendungsbereiche
Die Primärtherapie wird bei sehr unterschiedlichen Störungen, die ihren Ursprung in ganz frühen oder auch späteren Entwicklungsstadien haben können, angewendet. Die Frage, für wen die Primärtherapie geeignet ist, hängt eng mit der Frage zusammen, wer sie anbietet. In unser Zentrum kommen Menschen, die selbstverantwortlich sind und keine Hilfe im klinischen Sinn suchen. Sie ahnen, daß durch das ›Sich-wieder-Öffnen‹ (fühlen) ihr Leben sinnvoller und einfacher wird. Sie haben gemerkt, daß es in ihrem Leben sinnlose Wiederholungen gibt, und sie haben genug von ihrem Kampf.

Ablauf der Therapie
Nach einem Interview sind eine zwei- bis dreiwöchige Intensivphase, fortlaufende Einzelsitzungen oder blockweise Sitzungen in größeren Abständen möglich. Die Bedingungen sind Volljäh-

57

rigkeit und Selbstverantwortlichkeit. Der Zeitplan wird den Möglichkeiten und Bedürfnissen des Klienten angepaßt. Die Kosten für drei Wochen Intensivphase betragen 2700, – DM. Einzelsitzungen (zwei Stunden) kosten 132, – DM. Die Kosten werden nicht durch die Kassen übernommen.

Behandlungsmethoden

Von der gegenwärtigen Situation, dem Problem und der Befindlichkeit des Klienten über das Erleben der Abwehr, deren Zusammenbruch, Aufweichen bzw. Verzicht darauf, den Ausdruck von Gefühlen und dem Erleiden der Primärschmerzen bis hin zur Reintegration in das jetzige Leben des Klienten, stehen dem Therapeuten verschiedene Methoden zur Verfügung. Diese methodischen Hilfen können schon für sich allein eine Erfahrung auslösen, gewinnen ihren Wert aber erst im Zusammenhang mit dem Gefühlszustand, in dem sich der Klient gerade befindet.

Fallbeispiel

Manfred, 36, seit sechs Jahren verheiratet, hat Schwierigkeiten mit seiner Partnerin. Er fühlt sich in der Beziehung nicht genügend beachtet, ist oft aggressiv gegen seine Frau, was ihm nachträglich leid tut. Manchmal denkt er an Selbstmord, von dem er erwartet, daß dann seine Frau die Zeit mit ihm wertschätzen würde. Es kommen ihm immer wieder Gedanken, daß er seine Frau verlassen möchte.

Der Therapeut konfrontiert ihn mit der Widersprüchlichkeit seiner Gefühle und fordert ihn auf, den Zorn gegenüber seiner Frau auszudrücken. Er tut dies, indem er schreit, beleidigende Sätze ausspricht und um sich schlägt. Nach einiger Zeit unterbricht der Therapeut ihn, um ihn nach seinen Körperwahrnehmungen zu fragen. Er beschreibt körperliche Schmerzen in der Brust, Verkrampfungen im Gesicht, und sein Hals fühlt sich trotz Schreien wie zugeschnürt an. Der Therapeut fordert ihn auf, alle Körperempfindungen gleichzeitig wahrzunehmen und tief aus- und einzuatmen. Er legt seine Hände auf den Hals und übt auf die leicht erröteten Stellen einen leichten Druck aus. Der Klient atmet tief und langsam. Sein Gesicht verfärbt sich, nach

15 Minuten bricht er in Weinen aus. Er sagt, er fühle sich verlassen. Erinnerungen an das Krankenhaus, in das er mit zwei Jahren wegen einer Augenoperation eingeliefert worden war, tauchen auf. Er erinnert sich, wie oft und lange er auf seine Eltern gewartet hat und wie verzweifelt und verlassen er sich fühlte. Er bricht erneut in Weinen aus. Als seine Eltern damals endlich kamen, konnte er sich nicht mehr freuen, er sagte nichts, fühlte aber, daß sie zu spät kamen.

Im nachfolgenden Gespräch erkennt er den Zusammenhang zwischen dem damaligen Verlassenheitsgefühl und dem Verlassenheitsgefühl, das in Beziehung zu seiner Frau immer wieder auftaucht. Er erkennt das ursprüngliche Bedürfnis, daß seine Eltern bei ihm und für ihn erreichbar sind und er weiß, daß seine Gefühle von Verlassenheit in seiner Ehe eigentlich seine Eltern betreffen. Der Therapeut regt ihn an, Phantasien zu entwickeln, was er in Zukunft unternehmen kann, wenn dieses Verlassenheitsgefühl in seiner Beziehung auftaucht. Im Laufe der Therapie werden mehrere solcher Szenen aufgearbeitet.

Verbindungen zu anderen therapeutischen Schulen
Durch die Beschäftigung mit dem irrealen Selbst und mit der Abwehr von Bedürfnissen und frühen Schmerzen besteht die Verbindung zu vielen anderen therapeutischen Richtungen, die sich mit der Aufarbeitung derselben Probleme auseinandersetzen (z. B. Transaktionsanalyse, Psychodrama). In der Phase der Reintegration besteht eine wichtige Verbindung zur Systemischen Verstehensweise und zu den zielorientierten Verfahren (NLP, Hypnose nach M. Erikson, Meditation).

Zusammenfassung
Die Primärtherapie erkennt die Bedeutung der frühkindlichen Erfahrung in der Entwicklung der Persönlichkeit des Menschen an. Sie sieht, daß Neurose und andere Abwehrformen eine natürliche und gesellschaftlich bedingte Reaktion des Individuums auf die Versagung seiner Bedürfnisse und Schmerzen sind. Sie erkennt, daß der weitere Kampf um Anerkennung und Liebe hoffnungslos ist. Sie bedient sich vieler Erkenntnisse und Methoden, um den Menschen seine grundlegenden Bedürfnisse

wieder fühlen und wahrnehmen zu lassen und hilft ihm, voll in der Gegenwart zu sein, um aus seiner vollen Anwesenheit heraus handeln zu können.

Literatur
Arthur Janov: Der Urschrei, Frankfurt, Fischer-Verlag 1973
R. S. Wood: Das ist Primärtherapie, Frankfurt, Fachbuchhandlung für Psychologie 1979
Dirk Revenstorf: Psychotherapeutische Verfahren, Stuttgart, Kohlhammer-Verlag 1982

Adressen von Ausbildungsinstituten
Fortbildung in Integrativer Primärtherapie:
Zentrum Coloman
Augustenstraße 46
8000 München 2
Telefon: 089/522181

Angaben zum Autor
Laszlo Mattyasovszky, geb. 1942, Ausbildung in Atemtherapie, Integrativer Primärtherapie, Fortbildung in verschiedenen Methoden der Humanistischen Psychotherapie. Seit 1974 Mitarbeiter des Zentrums Coloman, seit 1982 Vorstandsvorsitzender der Vereinigung für Primärbehandlung und Sozialtherapie e.V.
Frimberg 164
8091 Au am Inn
Telefon: 08073/1365

1.7 Katathymes Bilderleben

Geschichtliche Entwicklung und gegenwärtiger Stand
Professor Hanscarl Leuner, der Begründer des Katathymen Bilderlebens (KB), wurde im Jahre 1948 durch eine Schrift von Happich angeregt, gedankliche Vorstellungsbilder bei der psychotherapeutischen Behandlung einzusetzen. Leuner unternahm daraufhin sechs Jahre lang systematische Experimente mit dem

›Tagtraum‹ – wie er es nannte – und gab diesem Verfahren 1954 die wissenschaftliche Bezeichnung ›Experimentelles Katathymes Bilderleben‹. Seit 1964 verwendete Leuner den Begriff ›Katathymes Bilderleben‹ oder ›Symboldrama‹, was darauf hinweist, daß die im Tagtraum vorgestellten Bilder meist symbolische Inhalte haben. Seit 1955 ist das KB als ein tiefenpsychologisches Verfahren in die psychotherapeutische Praxis eingeführt und hat sich seither über ganz Europa und die USA ausgebreitet.

Menschen- und Weltbild

Der Psychoanalytiker Ehebald hat das KB 1979 als ein ›legitimes Kind der Psychoanalyse‹ bezeichnet. Die Verbindung zur Psychoanalyse ist hier aber nur im gleichen theoretischen Hintergrund begründet; die Praxis des KB sieht dagegen ganz anders aus.

Die hauptsächliche Zielsetzung des KB liegt darin, die selbstregulierenden Tendenzen im Menschen anzuregen und ihm Wege aufzuzeigen, wie er seine Psyche und damit manchmal auch seine körperlichen, nicht organisch erklärbaren, Beschwerden selbst heilen kann.

Das Selbstverständnis des Therapeuten besteht darin, den Patienten auf seinem Weg zu begleiten und ihm letztlich zu vermitteln, daß die Natur sich selbst helfen kann. Der Therapeut sieht seine Arbeit hier nicht im Sinne der Erteilung von Ratschlägen und konkreten Hilfestellungen, sondern darin, den Patienten zu unterstützen und ihm Mut zu machen, Eigenverantwortung für sein Denken und Handeln zu übernehmen.

Anwendungsbereiche

Das KB ist bei einer Vielzahl von Störungen geeignet.

Spezielle Erfahrungen mit günstigen Ergebnissen liegen u. a. für folgende Indikationen vor:

Krisenintervention, charakterneurotische Anpassungsstörungen, Zwangsneurosen, narzißtische Störungen, Herzneurosen, Magersucht, psychogene Organstörungen, Paar- und Familientherapie.

Ablauf der Therapie

Die Grundbedingung für einen erfolgreichen Ablauf der Therapie ist die Herstellung eines guten Arbeitsbündnisses, d. h., daß sich Patient und Therapeut darüber klarwerden müssen, ob sie miteinander arbeiten können und wollen. Ebenso ist ein gewisser Leidensdruck bzw. eine gute Motivation, an sich zu arbeiten, von seiten des Klienten unerläßlich.

Für die Therapie sind zwischen 10 und 60 Behandlungsstunden (in besonders schwierigen Fällen auch mehr) erforderlich. Es ist üblich, anfangs ein bis zwei Behandlungsstunden pro Woche durchzuführen, später eine, dann eventuell alle 14 Tage eine Sitzung.

Die Kostenübernahme der Therapie durch die Krankenkassen ist an die Therapieausbildung in Psychoanalyse des Arztes gebunden. Diese ist auch bei Dipl.-Psychologen notwendig, wenn sie über ein Delegationsverfahren mit einem Arzt eine Therapie mit dem Katathymen Bilderleben abrechnen wollen.

Behandlungsmethoden

Nach einer ausführlichen Anamnese folgen die ersten Stunden, in denen das KB angewandt wird. Der Patient wird dazu gebeten, sich entspannt hinzusetzen oder hinzulegen. Daraufhin gibt ihm der Therapeut allgemeine Entspannungsanweisungen, ähnlich wie beim Erlernen des Autogenen Trainings. Anschließend wird der Patient gebeten, sich ein bestimmtes Motiv, z. B. eine Wiese, in der Phantasie vorzustellen. Der Patient berichtet dann seinem Therapeuten, was er in seinen Bildern sieht und erlebt nun, daß bei zunehmender Entspannung diese Bilder wie ein innerer Film vor seinen Augen ablaufen – ähnlich dem Nachttraum. Im Gegensatz dazu ist der Patient jetzt aber geistig voll ›anwesend‹. Er ist sein eigener Regisseur, der Therapeut sein lenkender Begleiter, wobei die Entscheidung, welchen der vom Therapeuten vorgeschlagenen Wege der Patient gehen will, bei diesem selbst liegt. Auf dieser Tagtraum-Bühne kann der Patient nun z. B. Konflikte, die er hat, auf einer symbolischen Ebene zu lösen versuchen, oder z. B. alte, bisher unbefriedigte Bedürfnisse nachholen, einen abgebrochenen Nachttraum ›weiterträumen‹, neues Verhalten auf der Symbolebene ausprobieren usw. Anschließend werden diese Bilder je nach Entwicklungsstand der Therapie gemeinsam durchgesprochen und später werden auch deren Inhalte, Hinweise und deren Problematik durchgearbeitet.

KB kann auch als Gruppentherapiemethode durchgeführt werden. Das Motiv wird dann von der Gruppe gemeinsam erarbeitet. Durch das gegenseitige Mitteilen der Bilder und des Erlebens dabei entsteht ein gruppendynamischer Prozeß.

Fallbeispiel

Eine 29jährige Patientin kommt wegen einer psychisch bedingten Eßstörung, neurotischer Depression, Hautekzemen sowie einem Erschöpfungs- und Überforderungssyndrom in die Therapie. Die Patientin hatte auch schon früher ständig diverse Krankheiten. Sie wurde seit langer Zeit von verschiedenen Ärzten, Homöopathen und Heilpraktikern behandelt, ohne daß dies zu einem dauerhaften Erfolg geführt hätte.

Die Patientin hat eine depressive Stimmungslage. Sie wirkt antriebslos und zeigt zwischendurch häufig Züge von kleinkindlichem Trotzverhalten. Ihre Stimme klingt dann wie die eines kleinen Kindes, das sich beleidigt, trotzig und schließlich wieder kleinlaut verhält.

Bei der Erhebung der tiefenpsychologischen Anamnese zeigen sich folgende Besonderheiten:

Die Patientin bekam von Kindheit an offensichtlich nur dann Zuwendung von der Mutter, wenn sie krank war. Der Vater, ein vielbeschäftigter Architekt, ist selten zu Hause. Die Mutter wäre gern Ärztin geworden, konnte aber wegen schlechter finanzieller Verhältnisse nicht einmal das Abitur machen. Sie hat dann ohne besonderen Schulabschluß jahrelang im Büro gearbeitet. Die Patientin selbst machte ohne Probleme ihr Abitur und studierte dann an der Musikhochschule Harfe. Mittlerweile unterrichtet sie dieses Fach und gibt viele Konzerte. Dabei bürdet sie sich ständig zuviel Arbeit auf. Dies dient offensichtlich dazu, ihre depressiven Gefühle nicht so zu spüren. Besondere Probleme zeigen sich bei ihr, wenn sie mit ihren sie ständig bevormundenden Eltern oder mit Arbeitskollegen und Freundinnen in Konflikte gerät. Die Patientin gibt an, daß sie sich dann jedesmal schnell unterdrückt und übergangen fühlt, aber ihre dabei auftretenden Aggressionen in keiner Weise äußern kann. Sie zieht sich zurück, reagiert mit Depressionen, Hautekzemen und Eßstörungen. Durch das ständige Zurückhalten der Aggressionen entsteht ein starker Energieverlust, der häufig zu einem psychischen Erschöpfungszustand führt, dem dann wieder diverse Krankheiten folgen.

Die Therapie dauerte insgesamt 42 Stunden, die in einem Zeitraum von eineinviertel Jahren stattfanden. Dabei wurden mit der Patientin 31 verschiedene Bilder, die auf Grund vorgegebener Motive in der Tiefenentspannung entstanden sind, bearbeitet. Dabei zeigte die Patientin in der ersten Phase (die ersten neun Stunden) ein enormes Bedürfnis nach Ruhe und Erholung (z. B. sich auf einer Wiese im hohen Gras in die Sonne zu legen, sich auf einer Bank auszuruhen, sich am Meer in den Sand zu legen usw.). Ferner hatte sie innerhalb der Bilder ein starkes Bedürfnis, ihren Körper mit Wasser in Berührung zu bringen, indem sie z. B. bei einer Quelle ihr Gesicht mehrfach mit Wasser benetzte oder ihre Füße erst mit Wonne in das eiskalte Wasser eines Baches steckte, um anschließend dem Flußlauf entlang im Wasser auf den Steinen zu laufen. Im Meer gab es die Möglichkeit, ausgiebig im warmen Wasser zu schwimmen und anschließend zu spüren, wie die Sonne die Haut wieder trocknet.

In einer zweiten Phase entstanden bei den Bildern Auseinandersetzungen mit den Eltern, Arbeitskollegen und Freunden. Anfangs verhielt sie sich dort ängstlich und zaghaft, dann aber zunehmend mutiger und durchsetzungsbereiter. Dabei zeigte sich z. B. bei der Mutter — die anfangs eine drachenartige Gestalt annahm — eine zunehmende Veränderung der äußeren Gestalt bis hin zum verschrumpelten alten Weiblein, das keiner Fliege mehr etwas zuleide tun kann.

Äußerlich ergab sich in dieser Zeit, daß die Patientin nach vielen Ängsten und Skrupeln von zu Hause auszog und sich eine eigene Wohnung nahm, während die beiden Geschwister mit 35 und 32 Jahren immer noch zu Hause wohnen blieben.

In der dritten und letzten Phase der Therapie erlebte die Patientin in ihren Bildern einen starken Tatendrang, der nun nicht mehr die Vermeidung der Aggression im Hintergrund hatte, sondern das Einsetzen freigewordener Energien in Richtung kreativer Tätigkeiten war. Dadurch erlebte sie in der Realität mehr Lebensfreude.

Äußerlich wurde die Patientin im Laufe der Therapie normalgewichtig und kann nun besser zu ihrer Weiblichkeit stehen. Die Hautekzeme sind restlos verschwunden. Die Stimmungslage hat sich deutlich gebessert. Der Klang der Stimme entspricht durchwegs dem einer erwachsenen Frau.

Auch eineinhalb Jahre nach Abschluß der Therapie zeigt die Patientin keinen Rückfall, sondern Beschwerdefreiheit und offensichtlich freudige Aktivität in ihrem Leben.

Verbindungen zu anderen therapeutischen Schulen

Das KB ist eine sehr eigenständige Methode, die mit der Psychoanalyse lediglich das tiefenpsychologische Grundkonzept gemeinsam hat, sonst aber von der Vorgehensweise und vom allgemeinen Setting grundverschieden ist. Leichte Annäherungen gibt es noch bei verschiedenen Imaginationsverfahren wie die von C. G. Jung, Dessoille, Shorr und Simonton.

Zusammenfassung

»Vom Katathymen Bilderleben, das die Darstellung unbewußten Seelenlebens so unmittelbar freigibt, geht für viele eine eigentümliche Faszination aus« (Leuner 1985).

Das KB wird bei Kindern, Jugendlichen und Erwachsenen mit großem Erfolg angewandt. Der Patient produziert bei vollem Bewußtsein nach vorangegangenen Entspannungsübungen gedankliche Vorstellungsbilder, die häufig symbolischen Charakter haben — ähnlich wie der Nachttraum. Der Therapeut lenkt diese Bilder in bestimmter Form, ohne dem Patienten etwas aufzuzwingen oder ihm die Entscheidung für eigenes Handeln abzunehmen. Der Patient kann seine Probleme über das ›Bildern‹ lösen. Außerdem deutet er seine ›Träume‹ mit Hilfe des Therapeuten selbst, wenn er es will und dazu bereit ist. Heilung ist häufig auch ohne den Prozeß des Deutens möglich.

Literatur

H. Leuner: Katathymes Bilderleben — Grundstufe, Stuttgart, Thieme-Verlag 1981

H. Leuner: Katathymes Bilderleben — Ergebnisse in Theorie und Praxis, Bern, Hans Huber-Verlag 1980

H. Leuner, G. Horn, E. Klessmann: Katathymes Bilderleben mit Kindern und Jugendlichen, München, Ernst Reinhardt-Verlag 1977

Ausbildungsinstitute
Arbeitsgemeinschaft für Katathymes Bilderleben und Imaginative Verfahren in der Psychotherapie (AGKB)
Friedländer Weg 30 D
3400 Göttingen
Telefon: 0551/46754

Angaben zum Autor
Gabriela Bunz-Schlösser, geb. 1946, Dipl.-Psychologin, Therapeutin für Katathymes Bilderleben, Psychodramatherapeutin und -ausbilderin, Verhaltenstherapeutin. Fast 10 Jahre klinische Tätigkeit an einer großen Rehabilitationsklinik mit hirngeschädigten Erwachsenen, seit 3 Jahren Praxistätigkeit.

2 Verhaltenstherapeutische Verfahren

2.1 Verhaltenstherapie (allgemein)

Geschichtliche Entwicklung und gegenwärtiger Stand

Die Verhaltenstherapie (VT) gilt heute als eines der wichtigsten psychotherapeutischen Verfahren. Der Begriff Verhaltenstherapie beschreibt nicht eine einheitliche oder mehrere verschiedene Methoden, sondern kann als Überbegriff gelten für bestimmte Bedingungen, die dieser Therapieform eigen sind.

1. Die Grundlagen der VT sind in der experimentellen Psychologie, besonders in der Lerntheorie und der Sozialpsychologie zu finden. Wichtigste Basis ist die naturwissenschaftlich erfahrungsorientierte Psychologie.

2. VT beinhaltet verschiedene therapeutische Vorgehensweisen, die zum Teil standardisiert, zum Teil ganz individuell auf den Patienten abgestimmt, dargeboten werden können.

3. Das verhaltenstherapeutische Vorgehen ist definiert durch eine Strategie, d. h. nach einer Problemanalyse wird – meistens zusammen mit dem Patienten – ein Therapieplan erarbeitet und durchgeführt, um die vorher definierten Therapieziele zu erreichen.

In Deutschland wird VT seit ca. 20 Jahren angeboten. Ursprünglich hat sie sich sehr stark an Wissen und Erfahrungen, die aus den USA kamen, orientiert. Für die VT als Ganzes läßt sich nicht wie bei einzelnen Techniken oder Methoden der VT ein bestimmter Name als ›Erfinder‹ benennen, da das Wissen, das in die verhaltenstherapeutische Arbeit eingeht, aus der wissenschaftlich-psychologischen Forschung kommt. Somit gilt die VT auch als die am meisten an der Psychologie orientierte Therapieform. Während die VT zunächst sehr symptomorientiert war, veränderte sie sich im Laufe der Zeit dahingehend, daß sie sich mehr am Patienten orientierte. Dabei werden sowohl die Therapeut-Patient-Beziehung, Motivierungsprobleme und vor allem auch Kognitionen, d. h. die Wahrnehmungen und Gedankengänge, mit denen Probleme erzeugt und aufrechterhalten werden, stärker betont.

Menschen- und Weltbild

Der Verhaltenstherapeut geht davon aus, daß die meisten Verhaltensweisen – auch die Problemverhaltensweisen – gelernt, d. h. durch Erfahrung erworben sind. Unter dem Begriff ›Verhalten‹ werden dabei nicht nur beobachtbare Verhaltensweisen verstanden, sondern auch sogenannte ›verdeckte‹ Reaktionen wie physiologische Reaktionen des Körpers oder auch Gedanken, die sich jemand macht. Im Bereich der Krankenbehandlung werden die psychologischen Zusammenhänge der Symptomatik mit den Erfahrungen des Patienten erforscht. Damit wird die Symptomatik als Problemverhalten im Zusammenhang mit der gesamten Lerngeschichte des Patienten und seinen aktuellen Bedingungen gesehen. Häufig geht es dann um überflüssigerweise zuviel gelernte Reaktionen, wie z. B. eine für den Patienten unerwünschte Angstreaktion in einer Situation, in der er eigentlich weiß, daß er sich nicht ängstigen müßte. Es geht aber auch um Verhaltensdefizite, wenn z. B. ein Patient bestimmte Bewältigungsstrategien niemals gelernt hat, die aber erforderlich sind, um sein Leben adäquat bewältigen zu können. Der Verhaltenstherapeut wird immer versuchen, dem Patienten zu helfen, neue Verhaltensweisen als Alternative zu störenden Verhaltensweisen oder zur Erweiterung seines Verhaltensrepertoires aufzubauen. Während noch zu den Anfangszeiten der VT ein sogenanntes mechanistisches Menschenbild zugrunde gelegt wurde, ist die Sichtweise heute eher ganzheitlich, so daß biologische, verhaltensmäßige, kognitive, emotionale und psychologische Bedingungen und deren Zusammenwirken von Bedeutung sind.

Anwendungsbereiche

Hier zeigt sich in den vergangenen Jahren eine zunehmende Erweiterung. Nach wie vor gültig und am wichtigsten ist die Anwendung der VT bei den psychiatrischen Erkrankungen wie

Neurosen, Depressionen, Phobien, Abhängigkeiten – und eingeschränkt – auch bei psychotischen Erkrankungen. Stark an Bedeutung hat der Bereich der psychosomatischen Erkrankungen gewonnen, beispielsweise psychisch bedingte Störungen der Herzfunktion, des Magen-Darm-Traktes usw. Immer mehr Bedeutung erhält die VT im Bereich der allgemeinen Medizin, da die psychologisch behandelbaren sekundären Anteile von organischen Erkrankungen (z. B. Schmerzen bei Krebserkrankungen oder soziale Unsicherheit aufgrund einer Krankheit) mit verhaltenstherapeutischen Verfahren erfolgreich behandelt werden können.

Ablauf der Therapie

Am Anfang der VT steht die Erstellung einer Verhaltensanalyse, bei der der Therapeut die Lerngeschichte und die aktuellen Bedingungen des Patienten genau erkundet, um sich Hypothesen über die Entstehung und Aufrechterhaltung der Symptomatik bilden zu können. Zusammen mit dem Patienten werden die Ziele der Behandlung, die der Patient erreichen will, definiert. Der eigentliche Therapieprozeß besteht in der Anwendung verschiedener therapeutischer Komponenten und Methoden. So kann es z. B. sein, daß bei einem Patienten mit einer Phobie sowohl eine systematische Desensibilisierung (siehe Kap. 2.2) als auch ein Kommunikationstraining zur Bewältigung der Schwierigkeiten in der Partnerschaft notwendig sind, wenn sich in der Verhaltensanalyse ergibt, daß die Bedingungen in der Partnerschaft im Zusammenhang mit der Symptomatik stehen.

Die meisten Verhaltenstherapeuten führen eine Therapiestunde pro Woche durch. Die Therapiedauer ist abhängig von der Symptomatik und Problematik des Patienten. Bei einfacheren Störungen läßt sich die Therapie oft schon mit wenigen Sitzungen abschließen. Als Richtwert kann jedoch eine Dauer von ca. 40 Sitzungen angegeben werden.

Wenn die VT im Rahmen einer Krankenbehandlung durchgeführt wird, werden die gesamten Kosten von allen Krankenkassen getragen. Dazu muß der behandelnde Diplom-Psychologe eine verhaltenstherapeutische Weiterbildung nachweisen können und mit einem Arzt zusammenarbeiten.

Behandlungsmethoden

Innerhalb der VT werden verschiedene Verfahren angewendet. Die wichtigsten Verfahren werden in den folgenden Kapiteln ausführlich dargestellt.

Die eingesetzten Methoden werden dabei an den Therapiezielen orientiert. Um eine strategisch gut geplante Therapie erfolgreich durchzuführen, werden meist verschiedene therapeutische Methoden kombiniert.

Fallbeispiel

Ein Patient begab sich auf Anraten seines behandelnden Arztes in verhaltenstherapeutische Behandlung. Er hatte im Alter von 40 Jahren einen Herzinfarkt. Während der medizinischen Rehabilitationsmaßnahmen wurde er sich über die Ursachen dieses Herzinfarktes bewußt, und weiß, daß er bestimmte Verhaltensweisen verändern muß, um einen zweiten Herzinfarkt zu vermeiden. Der Patient befand sich in einer beruflich sehr fordernden Position, die er selbst als sehr streßintensiv erlebte. Er rauchte ca. 40 Zigaretten am Tag, hatte Übergewicht und wenig Bewegung. Zusätzliche psychologische Faktoren waren, daß er nicht in der Lage war, seine Gefühle ausdrücken zu können. Er fraß seinen Ärger in sich hinein, fühlte sich unfähig, sich zu entspannen, litt teilweise unter Schlafstörungen, neigte zu Grübelgedanken und entwickelte vor verschiedensten Situationen im Zusammenhang mit der Wiederaufnahme seines Berufs massive Ängste.

Trotz der vorhandenen Einsicht des Patienten fühlte er sich nicht in der Lage, bestimmte Verhaltensweisen, etwa sich das Rauchen abzugewöhnen, allein zu erreichen. Folgende Therapieziele können formuliert werden:

1. Abbau des Rauchverhaltens
2. Erlernen einer Entspannungsmethode
3. Erlernen des angemessenen Ausdrucks von Gefühlen (Ausdrücken von Ärger, aber auch von angenehmen Gefühlen)
4. Erlernen von Selbstinstruktionen zur Verringerung des wahrgenommenen Stresses im Beruf
5. Erlernen von Bewältigungsreaktionen in bezug auf die angstauslösenden Situationen. Dabei werden die angstauslösen-

den Reize definiert und individuell angemessene neue Reaktionsmuster eingeübt.

6. Aufbau von gesundheitsförderlichen Verhaltensweisen wie z. B. kontrolliertes Eß- und Trinkverhalten, systematisches Bewegungstraining.

Die Therapieziele können jeweils mit verschiedenen therapeutischen Bausteinen behandelt werden, z. B. mit progressiver Muskelentspannung, der Einübung von positiven Selbstinstruktionen, dem Aufbau von Selbstsicherheit durch Rollenspiele o. ä. Meist werden die einzelnen Bausteine nicht hintereinander, sondern kombiniert angewendet, wobei der strategische Therapieplan für jeden Patienten individuell erarbeitet wird.

Verschiedene wissenschaftliche Untersuchungen belegten die hohe Erfolgsquote der VT. Dabei zeigte sich gegenüber anderen Verfahren eine zusätzliche ökonomische Überlegenheit, d. h. in kürzerer Zeit und mit weniger Therapiesitzungen wurden dieselben Ziele erreicht.

Verbindungen zu anderen therapeutischen Schulen
Diplom-Psychologen, die verhaltenstherapeutisch tätig sind, haben häufig neben der verhaltenstherapeutischen Grundausbildung auch Erfahrungen in anderen therapeutischen Methoden, so z. B. in Gesprächspsychotherapie, Transaktionsanalyse, Gestalt- oder Hypnosetherapie, manchmal auch in der Psychoanalyse. Aber nicht jedes Wissen oder Können aus anderen Therapieformen kann in ein verhaltenstherapeutisches Vorgehen eingebaut werden. Bestimmte einzelne Techniken lassen sich jedoch theoretisch sinnvoll und praktisch wirksam in eine VT eingliedern. So arbeiten Verhaltenstherapeuten zunehmend mit Hypnose, um damit die Wirksamkeit der verhaltenstherapeutischen Strategie zu erhöhen. Auch Hypnosetherapeuten verwenden häufig verhaltenstherapeutisches Denken und Vorgehen bei ihrer Therapieplanung. Elemente der systematischen Familientherapie können gut in die verhaltenstherapeutische Familientherapie integriert werden. Auch körperorientierte Verfahren wie z. B. die Feldenkrais-Methode haben in jüngster Zeit Beachtung gefunden.

Entscheidend ist jedoch, daß die empirischen Grundlagen der

VT gewahrt bleiben, d. h. die verwendeten Techniken müssen wissenschaftlich überprüft werden bzw. überprüfbar sein und das strategische Vorgehen des Therapieprozesses muß verhaltenstheoretisch erklärbar sein.

Zusammenfassung

Die VT basiert auf den Grundlagen der experimentellen Psychologie und beinhaltet verschiedene therapeutische Vorgehensweisen. Neben dem beobachtbaren Verhalten werden auch biologische, kognitive, emotionale und psychologische Bedingungen und deren Zusammenwirken berücksichtigt. Die verhaltenstherapeutische Strategie umfaßt die Problemanalyse und die Erarbeitung und Durchführung eines Therapieplans, in dem die definierten Therapieziele festgelegt werden. Die VT ist – im Vergleich zu anderen Therapieformen – eine ökonomische Therapieform mit einer hohen Erfolgsquote.

Literatur

Angela Schorr: Die Verhaltenstherapie: Ihre Geschichte von den Anfängen bis zur Gegenwart, Weinheim, Beltz-Verlag 1984
    Margit Reiss; Peter Fiedler; Regina Krause; Dirk Zimmer: Verhaltenstherapie in der Praxis, Stuttgart, Kohlhammer-Verlag 1976
    Iver Hand: Verhaltenstherapie und Kognitive Therapie in der Psychiatrie. In: K. P. Kisker et al. (Hrsg.): Psychiatrie der Gegenwart, Band 1: Neurosen, Psychosomatische Erkrankungen, Psychotherapie, Berlin, Springer-Verlag 1986

Adressen von Ausbildungsinstituten

Ausbildungsinstitute für VT gibt es in ganz Deutschland. Übergeordnete wichtige Dachorganisationen sind:
Berufsverband Deutscher Psychologen (BDP)
Geschäftsstelle: Heilsbacherstraße 22
5300 Bonn 1
Telefon: 0228/641054-55

Vereinigung der Kassenpsychologen e. V.
Geschäftsstelle: Peter-Lenne-Straße 36
1000 Berlin 33
Telefon: 030/8312078

Durch beide können die Adressen von niedergelassenen Verhaltenstherapeuten sowie Ausbildungsinstituten erfragt werden.

Angaben zum Autor
Toni Forster, Dipl.-Psych., Klinischer Psychologe BDP, 1971/72 Tätigkeit am Max-Planck-Institut für Psychiatrie in München, anschließend Tätigkeit am Institut für Therapieforschung in München, seit 1974 in privater Praxis in Dachau niedergelassen. Veröffentlichungen im Bereich der klinischen Psychologie und Verhaltenstherapie, seit 1981 Kassenzulassung, seit 1983 Lehrtherapeut für Verhaltenstherapie und Supervisor für Hypnosetherapie.
Münchnerstraße 44
8060 Dachau
Telefon: 08131/4158

2.2 Systematische Desensibilisierung

Geschichtliche Entwicklung und gegenwärtiger Stand
Die Systematische Desensibilisierung (SD) ist eine der ältesten Methoden der Verhaltenstherapie. Sie wurde in den 50er Jahren von Joseph Wolpe entwickelt und hat sich bis heute nicht wesentlich verändert. Die SD ist eines der wirksamsten Mittel, um krankhafte Angstzustände zu reduzieren bzw. zu beseitigen.

Menschen- und Weltbild
Wolpe entwickelte die SD aus seinen experimentellen Versuchen, wobei es ihm darum ging, Angstzustände, die an bestimmte Situationen oder Dinge gekoppelt waren, wieder von diesen zu lösen. Dabei ging er von der Annahme aus, daß man das, was man irgendwann einmal gelernt hat, auch wieder verlernen kann. Dieser Prozeß des Verlernens von Angst bildet die Grundlage der SD. Ziel ist die Verminderung oder Beseitigung von Angstzuständen.

Anwendungsbereiche

Die SD wird vor allem bei der Behandlung von Phobien, d.h. krankhaften Angstzuständen, eingesetzt. Die häufigsten Phobien sind die Klaustrophobie (Angst vor geschlossenen Räumen), die Agoraphobie (Angst vor offenen Plätzen), Tierphobien (z.B. Angst vor Spinnen), Krankheitsphobien (z.B. Angst, sich anzustecken) und Sexualphobien (z.B. Angst vor intimen Kontakten).

Die SD kann als alleinige Methode zur Beseitigung einer Phobie oder als Teil einer umfassenderen verhaltenstherapeutischen Therapie eingesetzt werden. Das Prinzip der SD kommt innerhalb einer Verhaltenstherapie häufig verdeckt zur Anwendung und hilft dem Klienten, seine Ängste schneller abzubauen. Voraussetzung für eine erfolgreiche SD ist die Fähigkeit, eine Entspannungsmethode zu erlernen.

Ablauf der Therapie

Wie in der Verhaltenstherapie üblich, wird über die Anwendung dieses Verfahrens erst nach einer ausführlichen Problemanalyse entschieden. Der Therapeut erklärt dem Klienten die Methode und schließt mit ihm einen Therapievertrag, in dem der Ablauf und die Ziele der Therapie festgelegt sind.

Die Dauer einer SD richtet sich danach, ob es sich um eine eng umgrenzte Angstsituation handelt (z.B. Angst vor Spinnen) oder wie im Fall einer Sozialphobie (Angst in sozialen Situationen), um eine große Anzahl von angstauslösenden Situationen. Entscheidend ist weiter die Stärke der Angst, die der Klient erlebt bzw. wie stark er die kritische Situation vermeidet. Im allgemeinen dauert die SD, wenn sie als alleinige Technik angewendet wird, ca. ein bis drei Monate. Dabei finden in der Regel zwei Sitzungen pro Woche statt. Die Kosten für eine SD werden im Rahmen einer Verhaltenstherapie von den Krankenkassen übernommen.

Behandlungsmethoden

Das Vorgehen bei der SD besteht aus drei Schritten:
  1. Erlernen der progressiven Muskelentspannung
  2. Aufstellen einer Angsthierarchie

74

Auf einer Skala von 0 (= keine Angst) bis 100 (= größte Angst) werden alle Situationen eingeordnet, die angsterzeugend sind. Zusätzlich wird eine Ruheszene eingebaut.

Die Abstände zwischen den einzelnen Stufen sollen etwa gleich groß sein. Jede Hierarchie ist speziell auf den jeweiligen Klienten zugeschnitten und enthält genaue Beschreibungen der Situationen.

3. Durchführung der SD

Zu Beginn der Sitzung entspannt sich der Klient und der Therapeut bittet ihn, sich die erste (nur geringe Angst auslösende) Situation der Angsthierarchie etwa 10 bis 20 Sekunden vorzustellen. Danach entspannt sich der Klient wieder. Dieser Vorgang wird bei jeder Situation insgesamt zweimal wiederholt. Anschließend wird mit der nächstschwierigeren Situation gearbeitet. Pro Sitzung werden zwei bis drei Situationen behandelt. War eine Situation zu schwer, d.h. angstauslösend, gibt der Therapeut die Ruheszene vor und geht wieder eine Stufe in der Hierarchie zurück.

Parallel zum Durchgehen der Hierarchie in der Vorstellung wird die Konfrontation in der realen Situation angestrebt. So geht der Klient z.B. nach der Sitzung in den Zoo und besichtigt dort, wie vorgegeben, die Spinne.

Die Wirkung der SD beruht u.a. darauf, daß durch die allmähliche, gleichmäßige Steigerung der vormals angsterzeugenden Vorstellungen eine Art Gewöhnungsprozeß stattfindet, der durch die gleichzeitige Entspannung gefördert wird. Der Klient lernt so, daß er sich die ehemals angsterzeugende Situation angstfrei vorstellen kann und sie schließlich auch in der realen Situation angstfrei erleben kann.

Die SD ist eine ökonomische und äußerst wirksame Methode innerhalb der Verhaltenstherapie. Da dem Klienten durch die erlebte Veränderung die der Angst zugrunde liegenden Störungen bewußt werden, ist es manchmal notwendig, eine weiterführende Verhaltenstherapie anzuschließen.

Fallbeispiel

Eine junge Frau wird wegen starker Angstreaktionen zum Psychologen überwiesen. Auslösendes Erlebnis war eine schwarze

Spinne, die ihr beim Gang zur Mülltonne vor dem Haus ins Haar gefallen war. Seitdem wagt sie sich kaum noch aus der Wohnung, besonders nicht nachts, da sie befürchtet, sie könnte mit weiteren, noch ekelerregenderen Spinnen in Berührung kommen. Im Laufe der Zeit wurde jede dunkle Ecke, auch in der Wohnung, zu einer möglichen Gefahrenquelle und zur Ursache für eine ständige Angst und die Einschränkung ihrer Bewegungsmöglichkeiten. Bei der Therapieplanung werden die bisherige Lebenssituation der Klientin, sowie angstauslösende und angstverstärkende Situationen und Faktoren berücksichtigt. Nach der Erklärung der SD wird eine Angsthierarchie aufgestellt. Parallel dazu lernt die Klientin die progressive Muskelentspannung. Bereits nach einigen Sitzungen traut sich die Klientin zu, eine tote Spinne aus ca. zwei Metern Entfernung zu betrachten. Nach zehn Sitzungen kann sie angstfrei abends an der Mülltonne vorbeigehen. Nach weiteren zehn Sitzungen ist sie in der Lage, eine kleine lebendige Spinne über ihre Hand laufen zu lassen, ohne Angst zu verspüren. Sie vermeidet keine Situationen mehr und bleibt auch beim Anblick einer Spinne ruhig. Nach der Therapie fühlt sie sich nicht nur in bezug auf Spinnen und Insekten sicherer, sondern auch allgemein befreiter und selbstsicherer.

Verbindungen zu anderen therapeutischen Schulen

Das Prinzip der SD kann immer dann zur Anwendung kommen, wenn es darum geht, jemanden langsam mit neuen Situationen zu konfrontieren. Dabei wird die SD außerhalb der Verhaltenstherapie aber selten systematisch eingesetzt, sondern dient eher der Unterstützung des Gewöhnungsprozesses.

Zusammenfassung

Die SD zeichnet sich als eine der am besten erforschten Therapiemethoden der Verhaltenstherapie durch ihren klaren Aufbau, ihre Systematik und ihre Wirksamkeit aus. Sie wird besonders bei Phobien eingesetzt und bietet dem Klienten eine schnelle und effektive Hilfe. Als Bestandteil einer komplexen Verhaltenstherapie zählt sie zu den Grundlagen verhaltenstherapeutischer Arbeit.

Literatur
J. Florin: Entspannung – Desensibilisierung, Stuttgart, Kohlhammer-Verlag 1978
S. Rachman; J. B. Bergold: Verhaltenstherapie bei Phobien, München, Verlag Urban und Schwarzenberg 1976

Ausbildungsinstitute
Die SD wird im Rahmen einer Verhaltenstherapie vermittelt und von qualifizierten Verhaltenstherapeuten durchgeführt. Adressen siehe 2.1. (Verhaltenstherapie allgemein)

Angaben zum Autor
Wolfgang Hoffmann, Dipl.-Psych., Klinischer Psychologe (BDP), Kassenzulassung in Verhaltenstherapie. 1984 – 1985 tätig am Max-Planck-Institut für Psychiatrie in München, seit 1982 Mitarbeiter am Institut für Sozialtraining in München. Lehrauftrag an der Fachhochschule München. Trainer für Kommunikations- und Verhaltensstrategien.
Oberländerstraße 10
8000 München 70
Telefon: 089/7254757

2.3 Reizüberflutung

Geschichtliche Entwicklung und gegenwärtiger Stand
Unter dem Begriff Reizüberflutung versteht man folgende vier Verfahren, deren Ziel wie bei der Systematischen Desensibilisierung die Angstverminderung ist:
   – die Implosionstherapie, als erste von Stampfl (1970) eingeführte Technik, arbeitet mit übersteigerten Angstvorstellungen
   – das Flooding als Konfrontation mit extrem angstbesetzten Situationen in der realen Situation
   – die Reizüberflutung (als Einzelverfahren) als eine Kombination von vorgestellten und real erlebten Situationen, ähnlich der SD
   – das Habituationstraining, das sich durch eine besonders lange Trainingsphase in der realen Situation auszeichnet.

Menschen- und Weltbild

Die Reizüberflutung ist eine Methode der Verhaltenstherapie. Sie basiert auf der Annahme, daß erlerntes Vermeidungsverhalten (z.B. nicht U-Bahn-fahren) durch ständige, lang andauernde Konfrontation mit der angsterzeugenden Situation gelöscht bzw. beseitigt wird. Sie hilft dem Klienten, angsterzeugende Situationen realistisch zu bewerten und seine unbegründete Angst zu verlieren.

Anwendungsbereiche

Ähnlich wie die SD wird die Reizüberflutung bei allen Arten von Phobien (Angstzuständen) eingesetzt. Bei der Anwendung der Reizüberflutung liegt beim Klienten oft eine spezielle, extrem angsterzeugende Situation vor, die er unter allen Umständen vermeidet. So fährt er z.B. auf keinen Fall mit der U-Bahn und nimmt dabei in Kauf, Unsummen für Taxis zu zahlen oder seinen Arbeitsplatz durch ständiges Zu-spät-Kommen zu verlieren. Oft ist damit das alltägliche Handeln des Klienten extrem eingeschränkt, so daß eine schnelle Hilfe notwendig ist.

Ablauf der Therapie

Voraussetzung für die Therapie ist eine gute körperliche Verfassung des Klienten. Zur Vorbereitung gehört die Problemanalyse, das Erlernen eines Entspannungsverfahrens, sowie eine ausführliche Aufklärung über die Wirkungsweise der Therapie-Methode. Vor der Therapie wird ein Therapievertrag geschlossen, in dem u.a. genau geregelt ist, wie lange das Training dauert, welche Funktion der Therapeut dabei übernimmt (z.B. den Klienten am Weglaufen aus der angsterzeugenden Situation zu hindern) und welche Konsequenzen ein Therapieabbruch haben kann. Es folgt wie bei der SD die Aufstellung einer Angsthierarchie.

Die eigentliche Therapiedauer variiert je nach gewählter Methode (beim Habituationstraining liegt sie bei ca. zwei Wochen mit täglich acht Stunden Trainingszeit).

Wenn der Klient zu dieser Form der Therapie bereit ist und aktiv mitarbeitet, kann er in kurzer Zeit von extrem starken Ängsten befreit werden.

Ein Habituationstraining wird im Rahmen einer Verhaltenstherapie von den Krankenkassen bezahlt.

Behandlungsmethoden

Folgende Methoden kommen in der Reizüberflutung zur Anwendung:

– die Konfrontation mit der am meisten angstauslösenden Situation im Beisein des Therapeuten

– die genaue Planung und Durchführung des Teils der Therapie, der ohne Therapeuten durchgeführt wird

– die Modellfunktion des Therapeuten, der angstfreies Verhalten demonstriert

– der körperliche Ermüdungsprozeß beim Klienten durch die lange Konfrontation mit der angstauslösenden Situation, der die Gewöhnung unterstützt.

Fallbeispiel

Ein Geschäftsmann leidet unter starker Höhenangst. In Gebäuden hat er Angst, höher als zwei Stockwerke zu fahren. Türme, Hochhäuser, Bergbahnen und Flugzeuge stellen unüberwindbare Hindernisse für ihn dar. Allein schon der Gedanke an den Aufenthalt auf einem Fernsehturm verursacht bei ihm Übelkeit und feuchte Hände. An Geschäftsbesprechungen, die in oberen Stockwerken stattfinden, kann er nicht mehr teilnehmen. Seine berufliche Zukunft ist ernsthaft gefährdet. Unter dem extremen Leidensdruck entschließt er sich zu einem Flooding.

Nach einer ärztlichen Untersuchung, bei der dem Klienten ein stabiler Kreislauf bestätigt wird, wird eine Angsthierarchie aufgestellt. Es werden Extremsituationen gesammelt und schließlich wird die schwierigste Situation (Aufenthalt auf dem Fernsehturm) ausgewählt. Nach der ausführlichen Einweisung in den Therapieablauf und der Unterzeichnung des Therapievertrages begeben sich Klient und Therapeut auf den Fernsehturm. Der Klient bleibt nun solange auf dem Fernsehturm, bis er ein Nachlassen der Anspannung verspürt. Der Therapeut verhindert Vermeidungsreaktionen, wie nicht hinunterzuschauen oder sich anderweitig abzulenken. Der Klient wird aufgefordert, sich gedanklich voll auf die Situation einzulassen und seine Körperreaktionen, wie weiche Knie, Schwitzen, schnelles Atmen, verkrampfte Hände etc. bewußt wahrzunehmen und die Veränderungen zu beobachten.

Der Therapeut unterstützt ihn dabei, indem er wiederholt danach fragt und den Klienten auch seine Katastrophengedanken aussprechen läßt. Da sich die befürchteten Reaktionen, wie z. B. Herzschlag oder Ersticken, beim Klienten nicht einstellen, gewinnt dieser zunehmend Sicherheit über sich und seine Fähigkeit, die Situation zu überstehen. Dazu sind ca. ein bis zwei Stunden notwendig. Spätestens dann sinkt das Erregungsniveau des Klienten und er kann allein weitertrainieren. Er begibt sich dann allein in die zweitschwierigste Situation, z. B. auf eine hohe Brücke, und bleibt dort, bis die Anspannung nachläßt.

Am Abend treffen sich Klient und Therapeut zu einer Nachbesprechung und zur Planung des nächsten Tages. Nach ein bis zwei Wochen ist beim Klienten praktisch keine Höhenangst mehr vorhanden und er traut sich sogar schon einen kurzen Flug zu.

Verbindungen zu anderen therapeutischen Schulen
Die Methode der Konfrontation mit angsterzeugenden Situationen wird eher unsystematisch und daher zum Teil unkontrolliert in verschiedenen Formen der humanistischen Psychotherapien eingesetzt. In die Reizüberflutung werden teilweise Elemente der kognitiven Umstrukturierung und Selbstkontrolltechniken integriert.

Zusammenfassung
Die Methoden der Reizüberflutung werden zur schnellen und effektiven Beseitigung von schweren Situationsängsten eingesetzt. Sie basieren auf der Annahme, daß erlerntes Vermeidungsverhalten durch ständige lang andauernde Konfrontation mit der angsterzeugenden Situation beseitigt wird. Durch das aktive Handeln werden die Erwartungsängste abgebaut und eine neue positive Sichtweise ermöglicht.

Literatur
G. Bartling; W. Fliegenbaum; R. Krause: Reizüberflutung – Theorie und Praxis, Stuttgart, Kohlhammer-Verlag 1980

C. Kraiker (Hrsg.): Handbuch der Verhaltenstherapie, München, Kindler-Verlag 1974

Ausbildungsinstitute
Die Reizüberflutung wird im Rahmen einer Verhaltenstherapie vermittelt und von qualifizierten Verhaltenstherapeuten durchgeführt. Adressen siehe 2.1 (Verhaltenstherapie allgemein)

Angaben zum Autor
Wolfgang Hoffmann, Dipl.-Psych.
siehe 2.2 Systematische Desensibilisierung

2.4 Selbstsicherheitstraining

Geschichtliche Entwicklung und gegenwärtiger Stand
Das Selbstsicherheitstraining (SST) ist ein Therapieprogramm aus dem Bereich der Verhaltenstherapie, das eine Vielzahl von verhaltenstherapeutischen Techniken in sich vereint.

Die Entwicklung des SST begann in den 50er Jahren in den USA (Salter 1949), wurde in den 70er Jahren in Deutschland aufgegriffen und weiterentwickelt (Lazarus 1971, Wolpe 1972, Ullrich u. Ullrich de Mynck 1971, Feldhege und Krauthan 1979). Die Grundannahme war dabei, daß es sich bei einem Menschen mit mangelnder Selbstsicherheit um ein gehemmtes Individuum handelt, d.h. um einen Menschen, der von Angst, besonders in zwischenmenschlichen Beziehungen, belastet wird. Die Behandlung dieser Ängste und die damit verbundene Stärkung des Selbstwertgefühls sind das Ziel dieser Therapieform.

Das SST wird heute in psychiatrischen und psychosomatischen Kliniken und in der psychologischen Praxis bevorzugt als Gruppentherapie durchgeführt. Es ist mittlerweile fester Bestandteil der Therapie sozialer Störungen und wird bei unterschiedlichen Therapieprogrammen mit einbezogen.

Menschen- und Weltbild

Ziel des SST ist es, dem Menschen zu helfen, mit weniger Ängsten und unter Ausnutzung seiner Fähigkeiten entsprechend seinen Ansprüchen zu leben. Dabei steht das Erlernen neuer positiver Verhaltensweisen und das Ablegen alter negativer Verhaltensweisen im Vordergrund. Im SST soll die positive Selbsteinschätzung gefördert werden (z. B. Abbau von Minderwertigkeitsgefühlen, extremen Schuldgefühlen, hohem Leistungsdruck). Einstellungen wie »Das kann ich ja sowieso nicht« oder »Die anderen können das besser als ich« sollen zugunsten einer Haltung des Sich-Zutrauens und Etwas-Riskierens verändert werden. Eine gedankliche Umgestaltung zu Selbstvertrauen und Selbstakzeptanz wird angestrebt. Auf dieser Grundlage können soziale Fertigkeiten wie z. B. Wünsche offen äußern oder etwas ablehnen, effektiver erlernt und eingesetzt werden.

Das SST benützt Methoden und Techniken der Verhaltensänderung, die auf den Lerngesetzen basieren. Diese besagen, daß negatives, also schädigendes Verhalten im Laufe der persönlichen Entwicklung erlernt wird und somit auch wieder verlernt werden kann. Neben der Veränderung von Verhaltensweisen wird auch die Veränderung von Einstellungen, Haltungen und Emotionen, die sich schädlich auf das Leben des Klienten auswirken, angestrebt.

Anwendungsbereiche

Das SST ist für alle Personen mit Schwierigkeiten im sozialen Bereich geeignet. Diese Störungen können im Arbeitsbereich, im Umgang mit Vorgesetzten oder Behörden, in der Partnerschaft oder in täglichen Kontakten (auf der Straße, beim Einkaufen etc.) auftreten.

Als wichtige Merkmale für mangelnde Selbstsicherheit haben sich insbesondere Probleme in den Bereichen: Nicht Nein-sagen-können, Umgang mit Kritik, Forderungen stellen, Kontakte herstellen, sich öffentlicher Beachtung aussetzen und sich Fehler erlauben und eingestehen, herauskristallisiert. Das SST kann auch bei mangelnden Kommunikationsfähigkeiten und zwischenmenschlichen Problemen auf dem Hintergrund einer selbstunsicheren Persönlichkeit eingesetzt werden.

Obwohl das SST vorzugsweise in Gruppen durchgeführt wird, ist auch eine Einzeltherapie möglich. Ferner kann das SST parallel zu einer Einzeltherapie (Verhaltenstherapie) als Ergänzung durchgeführt werden, z. B. Einzeltherapie: Behandlung einer depressiven Reaktion; in der Gruppe: SST mit besonderer Betonung auf die Förderung von Kontakten.

Ablauf der Therapie
Wer sich für das SST entscheidet, sollte bereit sein, ca. ½ – 1 Jahr regelmäßig die Therapiegruppe und eventuell begleitende Einzelsitzungen zu besuchen. Es ist wichtig, sich darüber klar zu sein, daß die Anwesenheit und Mitarbeit in den Therapiesitzungen nicht ausreichen, um die Ziele der Therapie zu erreichen. Darüber hinaus muß annähernd noch einmal soviel Zeit für die Durchführung der ›Hausaufgaben‹ aufgebracht werden. Es handelt sich dabei um dieselben oder ähnliche Übungen, wie sie mit dem Therapeuten eingeübt werden, die danach in realen Situationen (z. B. am Arbeitsplatz) ausgeführt werden.

Die Anmeldung zur Therapie kann direkt bei einem ausgebildeten Psychologen oder durch die Überweisung von einem Arzt erfolgen.

Das SST wird im Rahmen der Verhaltenstherapie als Einzeltherapie von den Krankenkassen bezahlt. Bei einer Gruppentherapie ist häufig eine zusätzliche private Eigenleistung notwendig.

Behandlungsmethoden
Der Behandlungsplan im SST ist durch ein festgelegtes Programm vorgegeben, kann im Einzeltraining aber individuell variiert werden. Vor Beginn der Therapie werden die Problembereiche mit Hilfe verschiedener Fragebögen zur Messung der sozialen Angst und einer ausführlichen Anamnese abgeklärt.

Das SST besteht aus einer Vielzahl therapeutischer Techniken, von denen die wichtigste das verhaltenstherapeutische Rollenspiel sein dürfte. Daneben kommen die Prinzipien der schrittweisen Annäherung, das Lernen durch positive Verstärkung (Lob), der Einsatz von Video und ›live‹-Modellen und die Rückmeldung durch den Therapeuten, Verhaltenstraining in der natürlichen Umgebung, Selbstinstruktion und Gruppentherapie zum Einsatz. Das Programm des SST ist so aufgebaut, daß die Schwierigkeit der Übungen mit dem Fortschreiten der Therapie systematisch zunimmt. Dadurch wird eine Überforderung des Klienten vermieden und die Anzahl der Erfolgserlebnisse erhöht. Durch die Bestätigung (Lob) der neu erlernten, selbstsicheren Verhaltensweisen durch den Therapeuten und die Gruppenmitglieder wird das Verhalten gefestigt. Das Wiederholen dieser Verhaltensweisen in der realen Umgebung führt zur Gewöhnung und damit zu einer zunehmenden Verringerung der Angst (z. B. vor dem Ansprechen fremder Personen). Im Verlauf der Therapie werden die Übungen immer komplexer und stärker auf die Erfordernisse des einzelnen abgestimmt.

Fallbeispiel

Eine 35jährige Frau klagt über depressive Verstimmungen und Niedergeschlagenheit. Besonders in der Arbeit hat sie häufig Kopfschmerzen und fühlt sich zunehmend gereizt und überlastet. Aus Angst vor einer Kündigung übernimmt sie ständig Mehrarbeit. Im Kontakt zu ihren Kollegen ist sie gehemmt. Ihrem Partner gegenüber fühlt sie sich unterlegen, er geht nicht besonders auf sie ein. Aus Angst, er würde sie ablehnen, wagt sie nicht, ihre Wünsche ihm gegenüber zu äußern. Sie hat kaum Bekannte und fühlt sich isoliert.

Aus dem Unsicherheits-Fragebogen ergeben sich bei der Klientin erhöhte Werte in den Bereichen: Allgemeine Fehlschlagangst, Kontaktangst, Nicht-Nein-Sagen-Können, sowie negative Werte bei dem Bereich Fordern-Können.

Es wurde folgender Behandlungsplan aufgestellt:

1. Erlernen von Entspannungsmethoden (Muskelentspannung nach Jacobson und Autogenes Training).

2. Erlernen von Möglichkeiten, den Streß in Beruf und Partnerschaft zu vermindern (Selbstinstruktion, gezielte Strukturierung des Tagesablaufs etc.).

3. Training von selbstsicheren Verhaltensweisen im Rollenspiel und in der realen Situation (nach einem vorstrukturierten Programm).

4. Verbesserung der Kommunikations- und Kontaktfähigkeit.
5. Entwicklung einer positiven Zukunftsperspektive.
Die Klientin lernte, Probleme ruhiger anzugehen, ihre Interessen besser durchzusetzen, sich selbst positiver zu erleben und ihre zwischenmenschlichen Kontakte zu verbessern und zu erweitern. Durch eine kurzfristige Einbeziehung des Partners in die Therapie wurden auch die Probleme in der Partnerschaft erheblich vermindert.

Verbindungen zu anderen Schulen
Im SST finden Elemente aus der Kommunikationstheorie, der kognitiven Therapie und der Gruppen- und Paartherapie ihre Anwendung. Im Einzelfall gibt es Verbindungen zu der Gestalttherapie und der rational-emotiven Therapie.

Zusammenfassung
Das SST ist eine zuverlässige und erprobte Therapieform zur Behandlung von Störungen im sozialen Bereich. Es wird bevorzugt in Gruppen durchgeführt und besteht aus einer Vielzahl unterschiedlicher verhaltenstherapeutischer Methoden. Die Wirkung des SST zeigt sich in der Verbesserung des Selbstwertgefühls, größerer Selbstsicherheit und der verbesserten Fähigkeit, mit den Problemen, die sich im sozialen Umfeld ergeben, fertig zu werden.

Literatur
Rita und Rüdiger Ullrich: Das Assertiveness-Training-Programm ATP: Einübung von Selbstvertrauen und sozialer Kompetenz, München, J. Pfeiffer-Verlag 1980
F.-J. Feldhege; G. Krauthan: Verhaltenstrainingsprogramm zum Aufbau sozialer Kompetenz, Berlin, Springer-Verlag 1979

Ausbildungsinstitute
siehe 2.1 (Verhaltenstherapie allgemein)

Angaben zum Autor
Wolfgang Hoffmann, Dipl.-Psych.
siehe 2.2 Systematische Desensibilisierung

2.5. Selbstkontrolle

Geschichtliche Entwicklung und gegenwärtiger Stand
Unter Selbstkontrolle, häufig auch Selbstmanagement genannt, versteht man Methoden, mit denen eine Person bei sich selbst – ohne direkte Beeinflussung von außen – Veränderungen in ihrem Verhalten, ihren Gedanken oder ihren Gefühlen bewirken kann. Das Erlernen bestimmter Selbstkontrolltechniken ermöglicht dem Menschen, eigene Konflikte besser zu lösen oder unerwünschte Handlungen zu unterlassen bzw. angemessene Aktivitäten an deren Stelle zu entwickeln (z. B. Sport zu treiben, statt zu rauchen).

Die ersten Selbstkontrollprogramme wurden in den 70er Jahren von Skinner und Kanfer in den USA entwickelt. In den letzten Jahren gewann die Selbstkontrolle auch bei uns – als weitgehend eigenständige Therapieform oder als Element einer umfassenden Verhaltenstherapie – an Bedeutung.

In neuerer Zeit wird (besonders in der Bundesrepublik) dem kognitiven Anteil der Selbstkontrolle zunehmend größere Bedeutung zugemessen.

Menschen- und Weltbild
Die Methode der Selbstkontrolle beinhaltet die Annahme, daß jeder Mensch in der Lage ist, sein eigener Therapeut zu werden, d. h. sich selbst zu helfen. Selbstkontrolle basiert als eine weiterführende Methode der Verhaltenstherapie auf den Lerngesetzen, wobei aber auch kognitive Prozesse mit einbezogen werden.

Anwendungsbereiche
Selbstkontrolle findet Anwendung bei Leistungsstörungen, Abhängigkeitsproblemen, Eßstörungen, Beziehungskonflikten und Angstzuständen. Sie kann zur Behandlung eines Teilaspektes einer umfassenden Störung in Kombination mit anderen Techniken der Verhaltenstherapie eingesetzt werden (z. B. zur Kontrolle des Trinkverhaltens in der Alkoholikertherapie). Selbstkontrolltechniken setzen beim Klienten eine relativ hohe Motivation sowie die Bereitschaft, Eigenverantwortung zu übernehmen, voraus.

Besonders geeignet ist diese Form der Therapie für Klienten, die ihre Schwierigkeiten – zumindest schon teilweise – erkannt haben und nun Mittel zu deren Beseitigung erlernen wollen.

Ablauf der Therapie

Therapeut und Klient erarbeiten gemeinsam ein individuelles Selbstkontrollprogramm, das vom Klienten in der Praxis erprobt wird.

Die Dauer der Therapie variiert je nach Art und Umfang der Therapieziele. Die Kosten werden im Rahmen einer Verhaltenstherapie von der Krankenkasse übernommen.

Das Therapieziel ist dann erreicht, wenn der Klient in der Lage ist, dauerhafte Kontrolle über das problematische Verhalten zu haben, d. h. unangemessene Verhaltensweisen (z. B. Rauchen) zu unterlassen.

Behandlungsmethoden

Der erste Schritt ist eine genaue Analyse der problematischen Situationen, in denen das unerwünschte Verhalten auftritt. Häufig hat man es auch mit einer Abfolge verschiedener miteinander verknüpfter Verhaltensweisen zu tun (z. B. immer wenn er Streit hat, trinkt er Alkohol. Das erzeugt Schuldgefühle, die er wiederum mit Alkohol bekämpft. Damit kommt er in den Teufelskreis der Abhängigkeit). Das Erkennen dieser Abläufe stellt bereits den ersten Teilerfolg dar und bildet die Voraussetzung für eine gezielte Änderung. In einem Vertrag zwischen Therapeut und Klient wird genau festgelegt, wann, wie lange und welches Verhalten der Klient zeigen soll und welche Konsequenzen das Nicht-Einhalten des Vertrages hat (z. B. eine Zigarette pro Stunde, bei höherem Konsum muß er 5, – DM in eine Kasse einzahlen). Bei dem systematischen Training der Selbstkontrolltechniken steigert der Klient allmählich die Anforderungen an sich und gibt dem Therapeuten Rückmeldung über seine Fortschritte und eventuellen Rückschläge. Wenn der Klient die Selbstkontrolltechniken selbständig einsetzen kann, ist das Therapieziel erreicht.

Beispiele für Selbstkontrolltechniken sind:

– Stimuluskontrolle: Das unerwünschte Verhalten (z. B. Rauchen) wird *nicht* mit angenehmen Situationen (z. B. sich gut

mit anderen unterhalten) verbunden oder darf nur in unangenehmen Situationen durchgeführt werden (z. B. rauchen, nur wenn man allein in einem ungemütlichen Raum ist)
  – Selbstverstärkung: Der Klient belohnt sich für seine Leistung z. B. durch einen Kinobesuch
  – Entspannungsübungen in den kritischen Situationen
  – Gedankliche Strategien, bei denen z. B. durch innere Dialoge eine veränderte Sichtweise des Problems erreicht wird (siehe auch Rational-Emotive Therapie nach Ellis)
  Im allgemeinen werden vom Klienten mehrere Techniken erlernt. Die für ihn effektivste wird er verstärkt einsetzen und damit eine hohe Selbstkontrollfähigkeit erreichen.

Fallbeispiel
Ein Klient hat Probleme mit Alkohol. Die Folge sind vermehrte Fehlzeiten am Arbeitsplatz und häufige Streitereien in der Familie. Da der Klient eine stationäre Behandlung vermeiden will, noch nicht lange trinkt, und hoch motiviert ist, wird vereinbart, ein Selbstkontrollprogramm zu beginnen. Zunächst protokolliert der Klient detailliert sein Trinkverhalten (Mengen, auslösende Situationen, begleitende Gedanken und Gefühle). Gemeinsam mit dem Therapeuten werden die Zusammenhänge zwischen dem Alkoholkonsum und belastenden Situationen am Arbeitsplatz besprochen und der Klient erkennt die Funktion seines Trinkens (u. a. scheinbare Vermeidung von Streß). Im Therapievertrag werden die Menge des Alkohols und die Situationen, in denen kontrolliert Alkohol getrunken werden darf, festgelegt.
  Der Klient lernt nun verschiedene Selbstkontrolltechniken einschließlich einer Entspannungsmethode. Gleichzeitig entfernt er in seinem Büro alle vorhandenen alkoholischen Getränke und trinkt nur noch zu ganz bestimmten genau definierten Anlässen Alkohol. Dabei wird die Alkoholmenge stetig reduziert. Für jedes Glas Bier, das er weniger trinkt, belohnt er sich mit einem kleinen Geschenk. Wichtige Hilfe ist auch die Unterstützung durch seine Frau, die zunehmend weniger kritisiert und seine Fortschritte lobt.
  Auf diese Weise schafft der Klient es, seinen Alkoholkonsum

zu reduzieren und wird schließlich völlig abstinent. Die ständige Anwendung dieser Selbstkontrolltechniken und die Sensibilität für die eigene Gefährdung sind wirksame Mittel gegen einen Rückfall. Begleitend zum Selbstkontrollprogramm wurden zur Stabilisierung Partnersitzungen durchgeführt. In einem weiterführenden Therapieschritt setzte sich der Klient mit den Ursachen seines übermäßigen Alkoholkonsums auseinander.

Verbindungen zu anderen therapeutischen Schulen
Die Selbstkontrolle beruht auf der Systematik und den Prinzipien der Verhaltenstherapie. Es gibt daher verschiedene Überschneidungen und Ähnlichkeiten mit der Systematischen Desensibilisierung, der Rational-Emotiven Therapie und kognitiven verhaltenstherapeutischen Therapieansätzen (z. B. Beck, Meichenbaum).

Zusammenfassung
Selbstkontrolle oder Selbstmanagement ist eine Form der Verhaltenstherapie, bei welcher der Klient lernt, die Funktionen des Therapeuten selbst zu übernehmen. Ziel ist es, dem Klienten sein Verhalten in Bezug zur Umwelt zu verdeutlichen und ein konsequentes Verhalten zu ermöglichen. Selbstkontrolle erfordert ein relativ hohes Maß an Einsichtsfähigkeit beim Klienten.

Literatur
F. H. Kanfer: Selbstmanagement-Methoden. In: F. H. Kanfer; A. P. Goldstein (Hrsg.): Möglichkeiten der Verhaltensänderung, München, Verlag Urban und Schwarzenberg 1977
F. Teegen; A. Grundmann; A. Röhrs: Sich ändern lernen, Reinbek bei Hamburg, Rowohlt-Verlag 1975

Ausbildungsinstitute
siehe 2.1 (Verhaltenstherapie allgemein)

Angaben zum Autor
Wolfgang Hoffmann, Dipl.-Psych.
siehe 2.2 Systematische Desensibilisierung

2.6 Kognitive Verhaltenstherapie

Geschichtliche Entwicklung und gegenwärtiger Stand

Die Kognitive Verhaltenstherapie (KVT) entstand durch die Integration von zwei psychotherapeutischen Ansätzen, der Verhaltenstherapie und der kognitiven Therapie. Die kognitive Therapie beschäftigt sich insbesondere mit dem Einfluß, den unsere Gedanken, Phantasien und Einstellungen auf die Gefühle und das Verhalten haben.

In den fünfziger Jahren erkannten die amerikanischen Psychotherapeuten Albert Ellis und Aaron T. Beck, daß äußere Ereignisse nicht zwangsläufig zu bestimmten emotionalen Reaktionen führen, sondern daß die Emotionen durch die individuelle Bewertung der Ereignisse bestimmt werden. Eine Veränderung dieser Bewertungen führt dementsprechend zu veränderten Gefühlen.

Diese Grundgedanken wurden in den siebziger Jahren von verhaltenstherapeutisch arbeitenden Forschern und Praktikern aufgegriffen (z. B. Michael Mahoney und Donald Meichenbaum). Sie hatten erkannt, daß die ursprünglichen theoretischen Konzepte der Verhaltenstherapie zu begrenzt waren, um das komplexe menschliche Verhalten angemessen erklären zu können. Man spricht auch von einer ›kognitiven Wende‹ in der Verhaltenstherapie. In einer großen Anzahl von wissenschaftlichen Untersuchungen konnte inzwischen gezeigt werden, daß durch die Kombination von einstellungsändernden und verhaltenstherapeutischen Methoden in relativ kurzer Zeit bedeutsame Besserungen bei psychischen Problemen wie z. B. Depressionen, Ängsten, sozialen Hemmungen, Ärger oder Selbstwertproblemen erzielt werden können. Etwa seit Mitte der siebziger Jahre wurden die Konzepte und Methoden der KVT auch im deutschsprachigen Bereich bekannt; sie wurden seitdem in bedeutsamem Umfang in die Theorie und Praxis der Verhaltenstherapie integriert.

Menschen- und Weltbild

Der kognitive Therapieansatz geht davon aus, daß der Mensch nicht ein passives Opfer seiner Vergangenheit oder seiner Umweltbedingungen ist. Menschliche Gefühle und Verhaltensweisen werden vielmehr bedeutsam durch die Einstellung der Person zu sich selbst und zu ihrer Umgebung bestimmt. Diesen Grundgedanken findet man schon in der Antike bei den griechischen Stoikern und bei modernen Philosophen wie Bertrand Russell.

In der Kindheit und Jugend werden bestimmte Grundeinstellungen erworben (z. B.:»Ich werde nur dann akzeptiert, wenn ich mich der Meinung anderer anpasse«). Als Erwachsener kann man sich von selbstschädigenden Grundannahmen befreien, wenn man sich entschieden und mit emotionalem Engagement auf zwei Ebenen damit auseinandersetzt: 1. Die bisherigen Gedanken werden in Frage gestellt und sinnvolle Alternativen ausgearbeitet (z. B.: »Ich habe genauso wie andere das Recht, meine Meinung zu äußern; wenn mich andere dann ablehnen sollten, nehme ich das in Kauf«). 2. Die Person handelt den neuen Einsichten entsprechend und hat dadurch die Möglichkeit, neue Erfahrungen zu machen (z. B. äußert sie absichtlich bei verschiedenen Gelegenheiten eine abweichende Meinung).

Die KVT hat das Ziel, dem Patienten bei der Überwindung starrer Denk- und Verhaltensmuster zu helfen und den flexiblen Umgang mit anderen Menschen und Lebensproblemen zu fördern. Weiterhin wird angestrebt, daß der Patient sich mit seinen eigenen Fehlern und Schwächen akzeptiert und die eigenen Stärken erkennt und ausbaut.

Anwendungsbereiche

Kognitive Verhaltenstherapie ist geeignet für Personen, die unter Selbstwertproblemen, Depressionen, Ängsten, sozialen Hemmungen, Partner-, Erziehungs- und Trennungsproblemen, Lern- und Leistungsstörungen, psychosomatischen Krankheiten oder Suchtproblemen leiden.

Ablauf der Therapie

Im allgemeinen wird nach einem diagnostischen Gespräch und einer Abklärung der Therapieziele von Therapeut und Patient gemeinsam entschieden, ob eine Behandlung mit Methoden der Kognitiven Verhaltenstherapie sinnvoll ist. Die Dauer der Therapie liegt in der Regel zwischen 10 und 40 Stunden. Die Sitzungen finden normalerweise einmal wöchentlich statt. Bei akuten Krisen können aber auch häufigere Termine vereinbart werden. Im Verlauf der Therapie werden oft die Abstände zwischen den Sitzungen vergrößert, um die therapeutische Unterstützung bei Erfolgen des Patienten allmählich ›auszublenden‹.

Die Kosten der Therapie und die Frage, ob die Krankenkasse die Kosten ganz oder teilweise übernimmt, müssen im Einzelfall mit dem Therapeuten abgeklärt werden.

Behandlungsmethoden

Eine vertrauensvolle Beziehung zwischen Therapeut und Patient und die Bereitschaft des Patienten zur aktiven Mitarbeit sind wichtige Voraussetzungen für eine erfolgreiche Therapie. Zu Beginn wird in der ›diagnostischen Phase‹ der Therapie herausgearbeitet, welche emotionalen und Verhaltensprobleme der Patient hat, unter welchen Bedingungen sie auftreten und welche Einstellungen ihnen zugrunde liegen. In der ›therapeutischen Phase‹ werden kognitive und verhaltensorientierte Methoden eingesetzt. Die folgenden *kognitiven Methoden* werden häufig verwendet:

– Sokratischer Dialog: Durch gezielte Fragen regt der Therapeut den Patienten dazu an, gedankliche Verzerrungen und problematische Einstellungen in Frage zu stellen.

– Alternativen entwickeln: Konstruktive Alternativen zu den bisherigen Denkweisen werden ausgearbeitet und aufgeschrieben.

– Positive Selbstinstruktionen: Der Patient lernt, in schwierigen Situationen prägnante positive Selbstinstruktionen einzusetzen, um sich zu ermutigen und sein Verhalten zu steuern.

– Bewältigungsphantasie: Der Patient übt in der Vorstellung, mit der kritischen Situation und den dabei auftretenden negativen Gefühlen angemessen umzugehen.

– Gleichnisse: Der Therapeut benutzt Gleichnisse, Metapher und bildhafte Vorstellungen, um auf indirekte Weise neue Lösungswege aufzuzeigen.

– Humoristische Übertreibung: Der Therapeut benutzt manchmal das Mittel der humoristischen Übertreibung, um bestimmte Gedanken ad absurdum zu führen; er ermöglicht damit dem Patienten, über sich selbst und sein Problem zu lachen.

Zu den *verhaltensorientierten Methoden* gehören Vereinbarungen über Aufgaben, die der Patient im Alltag ausführen will. Dazu gehört das Erproben neuer Verhaltensweisen und das Aufsuchen bisher vermiedener Situationen. Neue Verhaltensweisen können zunächst im Rollenspiel eingeübt werden. Bei extrem starken Ängsten kann der Therapeut den Patienten zunächst persönlich in der Realsituation begleiten.

Fallbeispiel

Ein 26jähriger Referendar im Schuldienst litt wegen einer bevorstehenden Prüfung unter massiven Ängsten, die zu Konzentrationsstörungen beim Lernen, Verspannungen, Kopfschmerzen und Schlafstörungen führten. Ein weiteres Problem, das anfangs nicht so stark im Vordergrund stand, waren die Konflikte in der Beziehung zu seiner Partnerin.

Der Patient erhielt zunächst die Aufgabe, alle ›Katastrophengedanken‹ über die Prüfung aufzuschreiben, z. B.: »Ich bin viel zu aufgeregt, mir wird nichts einfallen.« In der Therapie wurden zunächst die negativen Voraussagen des Patienten in Frage gestellt (»Gibt es Beweise dafür, daß Sie mit hundertprozentiger Sicherheit versagen werden?«). Der Patient lernte, positive Alternativen zu entwickeln (»Ich kann mich durch meine Gedanken verrückt machen, also kann ich es auch lernen, gelassener zu werden.«). Nach dem Einüben einer Entspannungsmethode wurde in der Vorstellung die erfolgreiche Bewältigung der Prüfungssituation durchgespielt. Mögliche kritische Situationen im Verlauf der Prüfung wurden besprochen und angemessene Reaktionen des Patienten im Rollenspiel vorbereitet. Diese Übungen ermöglichten dem Patienten, die Prüfung erfolgreich (wenn auch mit leichten Ängsten) zu bestehen. Er berichtete, daß er auch im Kontakt mit Kollegen und im Bekanntenkreis selbstbewußter auftreten würde. Die körperlichen Symptome und die Konzentrationsstörungen wurden im Laufe der Therapie deutlich geringer und verschwanden nach der bestandenen Prüfung ganz.

In weiteren Therapiesitzungen wurden die Konflikte mit der Freundin bearbeitet. Der Patient lernte, seinen Ärger zu vermindern, indem er sich bei Meinungsverschiedenheiten bemühte, die Sichtweise seiner Freundin zu verstehen. Gleichzeitig wurde besprochen und im Rollenspiel geübt, wie er seine Wünsche deutlicher und klarer äußern konnte. Die Therapie dauerte insgesamt 17 Stunden.

Verbindungen zu anderen therapeutischen Schulen
Die Kognitive Verhaltenstherapie ist in vielen Punkten mit der Rational-Emotiven Therapie von Ellis verwandt. In bezug auf die verhaltensorientierten Methoden gibt es viele Gemeinsamkeiten mit der klassischen Verhaltenstherapie.

Zusammenfassung
Die Kognitive Verhaltenstherapie ist ein Ansatz der Psychotherapie, der davon ausgeht, daß psychische Störungen durch die Wechselwirkung von belastenden äußeren Bedingungen und problematischen inneren Einstellungen bedingt sind. Im Verlauf der Therapie werden selbstschädigende Gedanken, Phantasien und Einstellungen bewußt gemacht und durch konstruktive Alternativen ersetzt. Parallel dazu verhilft der Therapeut dem Patienten, aktiv neue Verhaltensweisen zu erproben und seine Einsichten in konkretes Handeln umzusetzen.

Literatur
A. T. Beck: Wahrnehmung der Wirklichkeit und Neurose, München, Pfeiffer-Verlag 1979

    C. T. Eschenröder: Selbstsicher in die Prüfung (Buch und Tonkassette), Bremen, PLS-Verlag 1984

    D. Wolf; R. Merkle: Gefühle verstehen, Probleme bewältigen, Mannheim, PAL-Verlag 1984

Ausbildungsinstitute
Gesellschaft für Kognitive Verhaltenstherapie & RET e. V.
Orchideenstieg 9
2000 Hamburg 60
Telefon: 040/5117851

94

Angaben zum Autor
Christof T. Eschenröder, geb. 1949, Studium der Psychologie.
Ausbildung in Kognitiver Verhaltenstherapie und RET u. a. bei
Ellis und Meichenbaum. Arbeitet freiberuflich in psychologi-
scher Praxis in Bremen und leitet Fortbildungsveranstaltungen
zur Kognitiven Verhaltenstherapie.
Christof T. Eschenröder, Dipl.-Psych.
Treseburger Straße 15
2800 Bremen 1
Tel.: 0421-4989828

2.7 Rational-Emotive Therapie

Geschichtliche Entwicklung und gegenwärtiger Stand

In den 50er Jahren entwickelte der amerikanische Psychologe
Albert Ellis, unzufrieden mit der geringen Effizienz seiner psychoanalytischen Arbeit, die Rational-Emotive Therapie (RET)
als eine Psychotherapieform, in der Gedankengut unterschiedlicher philosophischer Traditionen (Zen-Buddhismus, Taois-
mus, Stoizismus, Existentialismus und Phänomenologismus)
und bedeutender neoanalytischer Theoretiker (vor allem Alfred
Adler und Karen Horney) auf dem Hintergrund eines lerntheo-
retisch-erfahrungswissenschaftlich orientierten Modells integriert wurde.

Formulierte Ellis in ersten Veröffentlichungen noch 12 sogenannte ›irrationale‹ Ideen, d. h. Einstellungen, die in Zusammenhang mit seelischem Leiden auftreten, so finden sich in der
neueren Literatur vor allem zwei grundlegende Überzeugungs-
merkmale, die mit psychischen Problemen verbunden sind: die
Abwertung oder Geringschätzung der eigenen Person (des ›Ich‹,
›Selbst‹) oder anderer Personen sowie das Nicht-Annehmen negativer Lebensereignisse. Das Denken zeichnet sich in solchen
Fällen durch dogmatische, absolutistische Haltungen aus.

Im Verlaufe der 30jährigen Entwicklung des Therapiemodells

formulierten viele Theoretiker und Praktiker der RET ergänzende Gesichtspunkte, dennoch blieben die grundlegenden Aussagen unverändert. In neuerer Zeit wird ausführlicher die Anwendung der RET bei speziellen Problemen (z. B. Phobien, Depressionen, Abhängigkeiten, Ängsten und physischen Schmerzen) und Zielgruppen (Anwendung in der Therapie mit Kindern und Jugendlichen oder alten Menschen) in den Mittelpunkt von Veröffentlichungen gestellt.

Die angesehene amerikanische Fachzeitschrift ›American Psychologist‹ veröffentlichte 1982 eine Untersuchung, nach der der Einfluß von Albert Ellis auf die Arbeit von Psychotherapeuten und Beratern in den USA bereits den von Sigmund Freud, dem Begründer der Psychoanalyse, übersteigt. In der Bundesrepublik gewinnt dieser Ansatz seit etwa zehn Jahren zunehmend an Bedeutung und gehört heute zum festen Lehrangebot an vielen Universitäten.

Zu den wichtigsten Vertretern gehören in Deutschland vor allem die Trainer und Supervisoren des DIRET, des Deutschen Instituts für Rational-Emotive Therapie, die meist in den USA bei Albert Ellis ausgebildet wurden, aber auch Absolventen dieses und anderer Ausbildungsinstitute, die in unterschiedlichen Einrichtungen (Kliniken, Beratungsstellen, Praxen und Universitäten) die RET anwenden, lehren und weiterentwickeln.

Menschen- und Weltbild

Menschen leiden deshalb, weil sie sich aufgrund blockierender Einstellungen, Lebensphilosophien und Überzeugungen selbst daran hindern, ihre selbstgesteckten Ziele zu erreichen. Demzufolge steht das Individuum im Mittelpunkt. Wenn auch das Schicksal in Form einer Krankheit oder eines Unglücks, die Lebensumwelt durch mißliche Bedingungen wie Arbeitslosigkeit, Partnerprobleme oder andere negative Ereignisse nur schwer oder gar nicht änderbare Rahmenbedingungen bilden, so sind Verzweiflung, Ängste, Depressionen, Schuld- und Schamgefühle nicht notwendigerweise unabwendbare Konsequenzen, denen der Mensch hilflos ausgeliefert sein muß. Letztlich ist er kraft seines Geistes Meister seiner Gefühle und seines Tuns und kann lernen, Handelnder statt ›Behandelter‹ zu sein. In den meisten

Fällen werden tiefverwurzelte Schemata aus der Kindheit und Jugend wiederholt und tradiert, unabhängig von ihrer Gültigkeit in der Gegenwart. Sie sind nicht zuletzt als Teil des Selbstbildes und der Identität verankert und deshalb schwer zu ändern. Dennoch: Die prinzipielle Flexibilität jedes Menschen läßt immer Platz für Hoffnung. Diese Haltung findet ihren Niederschlag in der Therapie, indem der Klient lernt, sich selbst zu akzeptieren, sich ernst zu nehmen und sich zu der Verantwortung für seine Ziele zu bekennen.

Anwendungsbereiche

Die RET kann für das ganze Spektrum der leiderzeugenden Gefühle wie Depressionen, Ängste, Phobien, Schuld und Scham zu Rate gezogen werden, für Partnerschafts- und Trennungsprobleme, sexuelle Probleme, für den psychotherapeutischen Teil der Behandlung psychosomatisch bedingter Krankheitsbilder wie Asthma, Magen- und Darmgeschwüre, Kopf- und Rückenschmerzen, Herzrhythmusstörungen, Schwindelgefühle u. a. Nicht zuletzt wird die RET in zunehmendem Maße bei Eßstörungen (Anorexie und Bulimie) sowie Abhängigkeitsproblemen wie Alkohol- und Medikamentenabhängigkeit und Spielsucht angewandt. Die Altersspanne der Klienten reicht von 5 bis 70 Jahre, wobei die Notwendigkeits- und Erfolgseinschätzung für den Einzelfall erfolgen muß.

Ablauf der Therapie

Die RET zählt zu den eher kürzeren Therapien, wobei die Spanne jedoch von etwa fünf Sitzungen bis 80 Sitzungen sehr weit gestreckt sein kann. In der Regel erfolgt eine Sitzung pro Woche, jedoch können auch hier individuelle Erfordernisse abweichende Vereinbarungen sinnvoll machen.

Die RET ist als Methode der ›kognitiven Umstrukturierung‹ innerhalb der Verhaltenstherapie nach den Psychotherapierichtlinien vom 1. 10. 1987 ausdrücklich durch die gesetzlichen Krankenkassen wie auch über die meisten Privatversicherer abrechnungs- bzw. erstattungsfähig. In solchen Fällen wende man sich an niedergelassene Verhaltenstherapeuten (Diplom-Psychologen oder Ärzte) und erfrage ausdrücklich, ob der jeweilige Therapeut die RET vertritt. (Eine Liste der Therapeuten kann vom DIRET in Köln angefordert werden.) Vielfach wird die RET auch von Psychotherapeuten in Beratungsstellen und Kliniken angewandt.

Behandlungsmethoden

Aus dem bisher Gesagten wird deutlich, daß die Aufdeckung und kritische Hinterfragung grundlegender Einstellungen und Lebensphilosophien zentrale Bedeutung im therapeutischen Prozeß einnimmt. Einsicht allein verändert jedoch nicht automatisch Verhalten und Erleben: Hier sind Techniken und Übungen hilfreich, um Erkenntnisse ›vom Kopf in den Bauch‹ zu bringen. Dazu wird das gesamte Spektrum der Interventionen benutzt, um Klienten zu helfen, in unmittelbarer Weise ihre Gefühle zu erleben und zu verändern. Von besonderem Interesse ist dabei die Veränderung auf der Verhaltensebene: sie ist letztlich Prüfstein für die Echtheit des emotionalen und einstellungsbezogenen Wachstums. Deshalb gehören ›Hausaufgaben‹ zwischen den Sitzungen zum Standard in der RET, sucht der Therapeut gegebenenfalls zusammen mit dem Klienten kritische Situationen auf, um an ›Ort und Stelle‹ anderes Verhalten etablieren zu helfen.

Fallbeispiel

Frau B. (28 Jahre) wurde von ihrem Hausarzt überwiesen wegen ihrer seit Jahren anhaltenden, beinahe täglich auftretenden heftigen Kopfschmerzen, die sie mit bis zu acht Schmerztabletten pro Tag ›bekämpfte‹. Medizinische Untersuchungen hatten keinen Anhaltspunkt für eine körperliche Verursachung erbracht. Obwohl anfangs sehr skeptisch und zurückhaltend gegenüber einer seelischen Ursprungsvermutung, berichtete sie doch bald über ihren Streß im Beruf und in ihrer Beziehung zum Freund. Im Verlauf der Therapie lernte sie, sich selbst und andere als Menschen mit Fehlern zu akzeptieren, wenn es Anlaß zu Kritik gab, sich sachlich damit auseinanderzusetzen, ohne in verurteilende Anklagen zu verfallen, was vorher zur Verfestigung der Probleme geführt hatte. Es gelang ihr, ohne Streß die gleiche Leistung zu erbringen und sich dabei weder verspannt noch unter Druck zu fühlen. Gegen Therapiemitte benötigte sie auch keinerlei Medikamente mehr. Ihre Partnerbeziehung erlebte überdies einen neuen Aufschwung.

Nicht alle Therapien verlaufen so glatt und erfolgreich, dennoch können in über 90% der Fälle zumindest Linderungen, wenn nicht gar dramatische Änderungen im Sinne auch eines Persönlichkeitswachstums erreicht werden.

Verbindungen zu anderen therapeutischen Schulen

Die RET war ein Wegbereiter für die modernen Formen der Verhaltenstherapie, der sogenannten ›kognitiven Verhaltenstherapie‹, bei der unter ›Verhalten‹ auch Denken und Fühlen verstanden wird. Da in der RET immer auch die Bedeutung des äußeren Verhaltens unterstrichen wurde, ist die Nähe zur Verhaltenstherapie außerordentlich groß; von einigen Autoren wird die RET gar mit dem Begriff ›kognitive Verhaltenstherapie‹ gleichgesetzt (siehe auch die Beiträge zu Verhaltenstherapie und kognitive Verhaltenstherapie).

In bezug auf das Menschenbild bestehen Ähnlichkeiten zur Individualtherapie Alfred Adlers, bei den Techniken macht die RET Anleihen bei erlebnisbezogenen Therapieformen wie Gestalttherapie und Psychodrama.

Zusammenfassung

Die RET wurde in den 50er Jahren von dem amerikanischen Psychologen Albert Ellis entwickelt und knüpft an philosophische Traditionen an, die einen engen Zusammenhang zwischen Einstellungen des Individuums zu sich selbst und seiner Umwelt einerseits sowie seinem Verhalten, Erleben und Fühlen andererseits postulieren.

Die Therapie psychischer Probleme besteht in der Veränderung sogenannter ›irrationaler‹ Überzeugungen und Einstellungen als auch problematischer Emotionen und Verhaltensweisen. Diese Veränderung erfolgt sowohl mit Hilfe kognitiver, emotionsbezogener sowie verhaltensorientierter Techniken. Mittlerweile nimmt die RET im Rahmen der zunehmend kognitiven Orientierung der modernen Verhaltenstherapie eine dominante Position ein.

Literatur

Rolf Merkle; Doris Wolf: Gefühle verstehen – Probleme bewältigen, Mannheim, PAL-Verlag 1984

Maxie C. Maultsby; J. P. Klärner: Praxis der Selbstberatung bei seelischen Problemen, Freiburg, Herder-Verlag 1984

Albert Ellis: Die Rational-Emotive Therapie – Das innere Selbstgespräch und seine Veränderung, München, Pfeiffer-Verlag 1982

Ausbildungsinstitute

DIRET, Deutsches Institut für Rational-Emotive Therapie (Deutsche Tochterorganisation des von Albert Ellis gegründeten und geleiteten ›Institute for Rational-Emotive Therapy‹ in New York, USA)
Kölner Straße 1
4048 Grevenbroich 1
Telefon: 02181/3027

Angaben zum Autor

Horst Zimmermann (Jahrgang 1948), Diplom-Psychologe und Diplom-Betriebswirt FH. Nach Grundausbildungen in Gesprächspsychotherapie und klassischer Verhaltenstherapie mehrjährige Ausbildung in Rational-Emotiver Therapie u. a. bei Albert Ellis, graduierter Supervisor in RET. Mitbegründer des DIRET Institutes. Tätigkeit als wissenschaftlicher Mitarbeiter am Psychologischen Institut der Universität Mainz, seit mehreren Jahren tätig als niedergelassener Psychotherapeut, Lehraufträge in Psychologie an mehreren Universitäten, Referent beim Bildungswerk des Berufsverbandes Deutscher Psychologen und psychologischer Unternehmensberater im Bereich Personalentwicklung und Streß-Management.

3 Humanistische Psychotherapien

3.1 Klientenzentrierte Psychotherapie

Geschichtliche Entwicklung und gegenwärtiger Stand

In Untersuchungen zum Thema ›Wie gut ist Psychotherapie?‹ zeigt sich, daß die Beziehung zwischen Klient und Therapeut von entscheidender Bedeutung für den Therapieerfolg ist. Repräsentative Befragungen von Personen, die eine Psychotherapie abgeschlossen haben, ergeben: »Vertrauen zum Therapeuten ist ausschlaggebend für den Erfolg der Therapie«, und: »Je besser sich der Therapeut auf den Klienten einstellen kann, desto erfolgreicher ist die Therapie« (Psychologie heute, 9/82).

Bereits 1942 fand der amerikanische Psychologe Carl Rogers auf der Grundlage damals sensationeller Untersuchungen heraus, was die Grundhaltung eines effektiven Therapeuten ausmacht und wie sie dazu beiträgt, daß der Klient sich konstruktiv weiterentwickelt.

Mit seinen Mitarbeitern an der Ohio State University und an der Universität von Chicago erforschte er diese Einstellungen und Fertigkeiten des Therapeuten und ihre positiven Wirkungen auf den therapeutischen Prozeß:

1. Der personzentrierte Therapeut nimmt seinen Klienten als Person an — mit ihren eigenen Rechten und mit ihrer eigenen Verantwortung. Er respektiert nicht nur ihre persönlichen Wahrnehmungen und Empfindungen, ihre individuellen Werte und Ausdrucksweisen, sondern er nutzt all dies als Grundlage für ein vertieftes gemeinsames Verständnis und als Basis und Antrieb einer Veränderung, die den Bedürfnissen der Person entspricht. Dieses grundlegende Akzeptieren und Wertschätzen der Person (Akzeptanz) schafft eine zwischenmenschliche Bezie-

hung, in der ruhiger und genauer wahrgenommen, zutreffender verstanden und konstruktiv gelernt werden kann.

2. Wann immer es dem Therapeuten gelingt, sich ganz auf die Person einzustellen und sich in ihre Realität hineinzuversetzen, kann er miterleben, wie sie ihre persönliche Welt wahrnimmt und sich selbst darin erlebt. Er lernt zu verstehen, wie die Person dazu kommt, gerade *so* zu handeln, zu bewerten und zu fühlen. Einengende Konzepte können jetzt anhand neuer Erfahrungen überprüft und erweitert werden. Was zuvor verleugnet oder nur verzerrt wahrgenommen wurde, das kann von der Person nun integriert werden – in ein Bild von der Welt und von sich selbst, in dem ihre Gedanken, Gefühle und Handlungen sinnvoll zueinanderpassen.

Der Therapeut achtet bei diesem Prozeß der Selbsterkundung des Klienten darauf, daß er sein einfühlendes Verstehen (Empathie) am Klienten orientiert und es ständig überprüft – damit sich keine Vermischung der Realität des Therapeuten mit der des Klienten ergibt und die notwendige Eigenständigkeit einer jeden Person gewahrt bleibt.

3. Wenn der Therapeut sich selbst mit seinen Möglichkeiten und Grenzen und mit seinen Bedürfnissen voll akzeptiert, dann braucht er nichts zu verleugnen. Er benötigt keine ›Experten‹-Fassade, sondern ist einfach der, der er ist (Selbst-Kongruenz). Ein solcher Mensch wird als echt erlebt; er braucht sich und anderen nichts vorzumachen. An diesem Gesprächspartner kann sich ein Klient wirklich orientieren, kann Unsicherheiten abbauen und persönliches Vertrauen entwickeln.

Wie schon sein Therapeut kann auch er sich freier fühlen, ganz er selbst zu sein – in einer Beziehung zwischen zwei wirklichen Menschen, von denen keiner perfekt ist.

In einer so gearteten Therapeut-Klient-Beziehung können die Potentiale erkundet und wirksam werden (Selbstexploration und Selbst-Aktualisierung), die eine Person hat, um eigenverantwortlich und wirklich befriedigend zu handeln.

Sie kommt somit in die Lage, ihre Beziehung zu sich selbst und zur Umwelt stimmiger zu gestalten. Damit wird ihr Leben frei von unnötigen Ängsten, und sie kann – für den Umgang mit den unvermeidlichen Schwierigkeiten des Lebens – Kraft und Unterstützung aus sich selbst und aus ihrer Umwelt beziehen.

Zahlreiche wissenschaftliche Untersuchungen (gerade auch in Deutschland, z. B. von R. Tausch und Mitarbeitern) haben die Grundannahmen von C. Rogers weiter bestätigt. Sie erbrachten darüber hinaus wertvolle Erkenntnisse, wie − je nach persönlicher Eigenart des Klienten − das therapeutische Handeln sich an dieser konkreten, einzigartigen Person und ihrem augenblicklichen Entwicklungsstand im Verlauf der Therapie zu orientieren hat. Im klientenzentrierten Ansatz, der vom Wesen her undogmatisch ist, ist es dem Therapeuten möglich, sein ganzes Wissen uneingeschränkt für die Therapie zu nutzen. Bei zunehmender Erfahrung und ständiger eigener Weiterbildung lernt er, eine Vielfalt therapeutischer Möglichkeiten so in sein Repertoire zu integrieren, daß das, was er als Fachmann und als Person in die therapeutische Arbeit einbringt, voll übereinstimmt.

Menschen- und Weltbild

Es handelt sich bei der klientenzentrierten Therapie also nicht um die ›Behandlung‹ eines ›Falles‹; vielmehr geht es darum, dabei behilflich zu sein, daß ein Mensch mit sich wahrhaftig in Kontakt kommt. Es erfolgt in wesentlichen Bereichen eine Erweiterung und Neuorganisation des Wissens, das die Person über sich selbst hat. Sie lernt sich umfassender und ganzheitlicher wahrzunehmen und ganz sie selbst zu sein. Das Denken, Fühlen über sich selbst wird stimmiger und harmonischer; das Bild, das man von sich selbst hat, und die Erlebnisse, die man hat, passen zueinander. Es entwickelt sich eine neue Balance aller Kräfte und Konzepte der Person, mit der sie sicher, besser und gesünder leben kann. Dadurch, daß sie zuvor hinderliche innere Konflikte lösen konnte, ist sie in der Lage, sich selbst und die Außenwelt präziser und zutreffender wahrzunehmen − und entsprechend befriedigender zu handeln.

Das Menschen- und Weltbild des klientenzentrierten Ansatzes wurde in den letzten Jahrzehnten durch die Ergebnisse der modernen Physik, Biologie und Informationswissenschaft bestätigt. Das ›neue‹ ganzheitlich-ökologische Denken, mit dem wir den komplexen Zusammenhängen in lebenden Systemen erst gerecht werden können, wird bereits seit einem halben Jahrhundert im klientenzentrierten Ansatz praktiziert.

Anwendungsbereiche
Diese Therapie erweist sich besonders für jene Personen als hilfreich, deren seelisches Leid und/oder deren Verhaltenseinengung auf ungelöste innere Konflikte zurückzuführen ist, wenn z. B. Unruhe, Spannung, Angst oder psychosomatisches Leiden auftreten, weil eine Person ›unerwünschte‹ eigene Gefühle, Gedanken, Strebungen verleugnet, unterdrückt oder nur in verzerrter Form bei sich zuläßt.

Dies kann beim ›verhaltensgestörten‹ oder ›problematischen‹ Kind der Fall sein. Es trifft auf die meisten Probleme von Jugendlichen und Erwachsenen zu, die den Übergang zu einem neuen Lebensabschnitt (noch) nicht bewältigt haben. Das Leiden an der eigenen Person und am anderen kann sich auch in Erziehungsschwierigkeiten, Partnerproblemen und Familienkrisen äußern. Auch vielen ›Verhaltens‹-Problemen, die mit Unsicherheit und Entscheidungsschwäche einhergehen, liegen innere Konflikte zugrunde, für die klientenzentrierte Beratung oder Therapie indiziert sind.

Ablauf der Therapie
In Abstimmung mit der hilfesuchenden Person werden Therapiebedingungen bereitgestellt, die ausreichend Geborgenheit und Anregung für den Prozeß der Selbstentdeckung und Selbstentfaltung gewährleisten.

Es erweist sich häufig als sinnvoll, zu einem geeigneten Zeitpunkt auch nahe Bezugspersonen des Klienten einzubeziehen oder in einer therapeutischen Gruppe weitere Erfahrungen zu machen.

Eine Therapiedauer von 25 – 60 Stunden, im wöchentlichen Abstand, scheint für erfolgreiche Therapien typisch zu sein. Die Stundenhonorare bewegen sich zwischen 70, – DM und 120, – DM, wobei die Frage einer Kostenübernahme durch die Krankenkassen im Einzelfall mit dem betreffenden Therapeuten zu klären ist.

Behandlungsmethoden

Ausgangssituation einer Therapie ist das erkundende und abklärende Gespräch, das dann immer mehr zum engagierten Dialog wird, bei dem persönliches Handeln, Denken und Fühlen gleichermaßen beachtet und aufeinander bezogen werden. Das In-Kontakt-Kommen mit der ganzen eigenen Person wird dadurch systematisch gefördert, daß beim Klienten der Prozeß der Selbstexploration in Gang gesetzt wird. Das geschieht einmal dadurch, daß der Therapeut der Person mitteilt, was er – sich in ihr Erleben hineinversetzend – verstanden hat, als ein teilnehmend beobachtender Begleiter der Person auf ihrem Weg zu sich selbst. Nachfragen zum Zweck des ›Dranhaltens‹ und präziseren Verstehens und Hinweise auf manche Erlebnisinhalte, die erst ›am Rande des Gewahrwerdens‹ auftauchen, unterstützen die Person in diesem Prozeß der Selbsterkundung. Schließlich kann es sich auch förderlich auswirken, wenn der Therapeut – bei stereotyp sich wiederholenden Verhaltensweisen der Person – auf diese Muster hinweist und mitteilt, was sie bei ihm als Gesprächspartner auslösen (Feedback).

Dies skizziert nur einen bestimmten Teil des konkreten therapeutischen Handelns, wie es angemessen sein mag, wenn der Klient bereit und in der Lage ist, ein inneres konflikthaftes oder unvertrautes Erleben zu erkunden. In anderen Situationen ist natürlich ein anderes Handeln angezeigt (vgl. Geschichtliche Entwicklung und gegenwärtiger Stand).

Fallbeispiel

Ein 35jähriger Lehrer, verheiratet, eine Tochter, hat Angst, beruflich zu versagen und als unfähig ertappt zu werden. Er hat depressive Verstimmungen, die mit Unzufriedenheit in der Ehe begründet werden und leidet seit Jahren an Neurodermitis. Die Therapie erstreckt sich über zwei Jahre mit insgesamt 34 Sitzungen im ca. dreiwöchigen Abstand. Zur Klärung seiner Ängste und seines Mangels an direkten (auch aggressiven) Wunschäußerungen aktiviert der Klient Erinnerungen an bestimmte Situationen seiner Kindheit, in denen sein Selbstkonzept (›feiner Junge‹) geprägt wurde. Nach und nach nimmt er auch jene Erlebnisweisen und Gefühle an, die er bisher bei sich nicht akzeptiert hat.

Mittlerweile übt er seine Tätigkeit mit Freude und Erfolg aus. Er ist nochmals Vater geworden und hat ein Haus gebaut. Er fühlt sich wohl in seiner jetzt gesunden Haut.

Verbindungen zu anderen therapeutischen Schulen

Die klientenzentrierte Therapie ist der Hauptvertreter des ›dritten Weges‹ in der Psychotherapie (in Unterscheidung zu psychoanalytischen und verhaltenstherapeutischen Verfahren). Zu dieser Richtung gehören u. a. auch die Gestalttherapie, die Transaktionsanalyse und verschiedene körperintegrative Methoden (vgl. Focusing nach E. Gendlin). Die von Rogers herausgearbeiteten Grundhaltungen des Therapeuten dürften für alle Psychotherapierichtungen gelten.

Zusammenfassung

Die klientenzentrierte Psychotherapie ist wachstumsorientiert (im Unterschied zu problemzentriert) und vertritt eine ganzheitliche (holistische) Sicht des Menschen.

Die Aspekte der menschlichen Natur werden positiv betrachtet; die Autonomie der Person wird betont. Symptome werden im größeren Zusammenhang betrachtet als Ausdruck eines (oft mißverstandenen) Strebens und als ein Beitrag zum Funktionieren des lebendigen Systems (d. h. der Person, Partnerschaft, Familie) gewürdigt. So wird eine befriedigendere Lösungsalternative ermöglicht. Dabei steht das persönliche Erleben hier und jetzt und seine Bedeutung für das gegenwärtige Handeln im Zentrum der Aufmerksamkeit. Der Therapeut ist Dialogpartner und für den Klienten als Person real für ihn da. Er ist aktiv um das Verständnis des Klientenerlebens und um die Klärung des Beziehungsgeschehens bemüht. Er unterstützt seine Klienten im Prozeß der Selbsterkundung und bei der Lösung innerer Konflikte (dies gilt für Einzelpersonen, Paare, Familien und Gruppen).

Literatur

Carl Rogers: Therapeut und Klient, München, Kindler-Verlag 1977

E. Gendlin: Focusing, Salzburg, Müller-Verlag 1981

W. Gerl: Klientenzentrierte Psychotherapie. In: C. Kraiker; B. Peter (Hrsg.): Psychotherapieführer, München, Beck-Verlag 1980

Ausbildungsinstitute
In Deutschland wird die klientenzentrierte Therapie durch die Gesellschaft für wissenschaftliche Gesprächspsychotherapie (GwG) vertreten, die mit fast 8000 Mitgliedern der größte Therapieverband überhaupt ist. Die GwG fördert mannigfaltige Aktivitäten in den Bereichen Gesundheits- und Friedenspolitik, der Weiterbildung von Therapeuten und Beratern und der Therapieforschung. Informationen können angefordert werden bei der Geschäftsstelle der GwG
Richard-Wagner-Straße 12
5000 Köln 1
Telefon: 0221/252917

Angaben zum Autor
Wilhelm Gerl, Diplom-Psychologe, Klinischer Psychologe BDP und Ausbilder in der GwG. In seiner Tätigkeit als Ausbildungsleiter für klientenzentrierte Therapie und Beratung und als Lehrbeauftragter an der Universität München hat er Psychologen, Ärzte und andere Personen, die in der psychosozialen Versorgung tätig sind, im klientenzentrierten Ansatz ausgebildet. Gleichzeitig ist er Ausbilder in der Milton Erickson Gesellschaft für Klinische Hypnose (M.E.G.) und arbeitet an neueren Konzepten, welche die Ansätze von C. Rogers und M. Erickson umfassen.
8000 München 40
Konradstraße 16
(Institut für Integrierte Therapie)
Telefon: 089/336255
(nur mittwochs von 9.30 – 11.00 Uhr)

3.2 Gestalttherapie

Geschichtliche Entwicklung und gegenwärtiger Stand

Die Gestalttherapie wurde von dem Psychiater Friedrich Perls und der Psychologin Laura Perls über einen Zeitraum von ca. 25 Jahren entwickelt und später von dem Sozialphilosophen Paul Goodman als theoretisch umfassendes Konzept formuliert. Die Entwicklung begann Ende der 20er Jahre in Deutschland, wo beide Perls als Psychoanalytiker (u. a. bei K. Horney, Wilhelm Reich und O. Fenichel) ausgebildet wurden und sich gleichzeitig dem Studium des Existentialismus, der Gestaltpsychologie, Feldtheorie und Phänomenologie widmeten.

Zu Beginn des 3. Reichs emigrierten die Perls zuerst nach Holland, dann nach Südafrika, wo sie das erste Psychoanalytische Institut Südafrikas gründeten.

Unzufrieden mit der klassischen Psychoanalyse, arbeiteten sie in den folgenden Jahren neben ihrer praktisch therapeutischen Tätigkeit an einer Revision der Psychoanalyse. Später hatte sich ihr theoretisches und praktisches Verständnis von Psychotherapie so weit von der klassischen Psychoanalyse entfernt, daß sie ein eigenständiges Therapiesystem, die Gestalttherapie, begründeten.

Während der nächsten 20 Jahre fand die Gestalttherapie besonders durch die ›Human Potential‹-Bewegung, in deren Zentrum Esalen (Kalifornien) Fritz Perls einige Jahre lebte und lehrte, weite Verbreitung.

Die Theorie und Praxis der Gestalttherapie wurde in den USA von den Schülern von Fritz und Laura Perls verschiedentlich weiterentwickelt, verfeinert und erweitert.

Anfang der 70er Jahre kam die Gestalttherapie nach Deutschland. Anfangs wurde sie hauptsächlich in der Drogenarbeit eingesetzt und hat heute in fast allen Bereichen des öffentlichen Gesundheitswesens Einzug gehalten.

Menschen- und Weltbild

Das Menschen- und Weltbild der Gestalttherapie leitet sich aus ihren theoretischen und philosophischen Grundlagen ab (Gestaltpsychologie, Existentialismus, Phänomenologie, Feldtheorie, Holismus und später auch Zen-Buddhismus). Sie geht von einem ganzheitlichen holistischen Konzept der menschlichen Natur aus, in dem Körper, Geist und Psyche eine zusammenhängende Einheit darstellen. Ebenso wird die Natur, das Universum als zusammenhängendes Ganzes verstanden, in dem alle Elemente sich in einem sich ständig verändernden Prozeß von Austausch und koordinierter Aktivität befinden.

Leben wird als eine Folge von ständig neu auftauchenden Gestalten begriffen, die danach drängen, geschlossen zu werden. Weiterhin wird davon ausgegangen, daß alle Lebewesen von einer organismischen Selbstregulierung gesteuert sind, die bei den in der Psychotherapie Hilfesuchenden gestört ist. Eine adäquate Selbstregulierung ist nur durch den Kontakt des Organismus mit seinem Umfeld möglich. Nach dieser Theorie sind Störungen immer Störungen im Kontaktprozeß von Organismus und Umwelt. So konzentriert sich die Therapie darauf, wie der Kontaktprozeß gegenwärtig (im Hier und Jetzt) unterbrochen und damit die organismische Selbstregulierung und der Gestaltbildungsprozeß behindert wird. Hierbei ist auch die These von Bedeutung, daß der Mensch sich nicht an eine fest vorgegebene Realität anpassen muß, sondern sie im Kontaktprozeß mittels kreativer Anpassung verändern kann. Einhergehend mit organismischer Selbstregulation ist die Fähigkeit des Menschen, auf die jeweiligen organismischen Bedürfnisse und die Herausforderungen der Umwelt adäquat antworten zu können. Dies setzt jedoch Bewußtheit, das Wissen und Erkennen von Wahlmöglichkeiten voraus. Die Wahlmöglichkeiten eines Menschen innerhalb einer gegebenen Situation zu erkennen, ist ebenfalls Ziel der Gestalttherapie.

Anwendungsbereiche
Die Gestalttherapie ist vielfältig anwendbar: bei psychischen und psychosomatischen Störungen wie z. B. Neurosen, Persönlichkeitsstörungen, Psychosen, Eßstörungen und Drogenabhängigkeit, in der Arbeit mit Kindern, Jugendlichen, Erwachsenen und alten Menschen.

Die Begrenzungen ihrer Anwendung hängen von der Ausbildung, dem Arbeitsgebiet und der beruflichen und therapeutischen Erfahrung des jeweiligen Gestalttherapeuten ab.

Die Einzeltherapie findet in der Regel in 45 – 60minütigen Sitzungen einmal pro Woche statt. Die Gesamtdauer der Therapie hängt von der jeweiligen Störung ab und kann zwischen 20 Stunden bis zu fünf Jahren dauern.

Die Kosten betragen ca. 60 – 120, – DM pro Sitzung.

Eine Kostenübernahme durch die gesetzlichen Krankenkassen ist bisher noch nicht möglich.

Eine Gruppentherapie findet meist einmal pro Woche (zwei bis drei Stunden) statt. Die Dauer liegt zwischen sechs Monaten und drei Jahren. (Kosten ca. 40, – DM pro Gruppensitzung.)

In der Gestaltgruppentherapie besteht ein dynamisches Wechselspiel zwischen der Gruppe als ganzer Gestalt – wobei die Interaktionen und Beziehungen der einzelnen Gruppenmitglieder in den Vordergrund treten – und dem einzelnen Gruppenmitglied, das mit seiner eigenen Dynamik zum Vordergrund wird. Gestaltgruppenarbeit ist besonders geeignet für Personen, die vom Kontakt, der Auseinandersetzung mit und dem Feedback von anderen sowie dem Lernen und Erleben in einer Gemeinschaft profitieren können.

Behandlungsmethoden

In der Gestalttherapie sind Techniken nachgeordnete Hilfsmittel, die den Prozeß des Klienten fördern, aber nicht steuern sollen.

Viel wichtiger als alle Techniken ist die dialogische Beziehung zwischen Therapeut und Klient, in der sich der Therapeut engagiert, authentisch und mit selektiver Offenheit einbringt.

Grundlegende Techniken, die gelegentlich situationsgerecht benutzt werden, sind: Bewußtseins-Kontinuum, Traumarbeit, Körperwahrnehmung, Kongruenz von Ausdruck und Inhalt, Übertreibung, Dialog mit abgespaltenen Teilen oder imaginären Personen, Rollenspiel, paradoxe Intervention, geleitete Fantasie, Konfrontation, absichtliche Projektion u. a.

Fallbeispiel

Die wichtigste Voraussetzung für eine Veränderung ist in der Gestalttherapie die Bewußtheit. Zur Auflösung eines neurotischen Symptoms bedarf es nach Perls der Bewußtheit über das Symptom, nicht Erklärungen.

In dem Maße, wie sich die Bewußtheit des Organismus erweitert, stellt sich die gesunde organismische Selbstregulation wieder her. Die Hauptwerkzeuge eines Gestalttherapeuten sind Bewußtheit, Experiment und Begegnung, wobei er vornehmlich mit dem Offensichtlichen, mit dem, was er sieht und hört, arbeitet. Als authentischer Partner ist der Therapeut unterstützend und zeitweise frustrierend, um Bewußtheit zu stimulieren. Wichtig ist jedoch, daß der Klient seine eigenen Antworten findet.

Fallbeispiel einer Frau, die wegen großer Unzufriedenheit und Depression in die Therapie kommt:

Klientin: Ich habe Schwierigkeiten, mich auf die Traumszenen zu konzentrieren, die ich gerade beschrieben habe. (Der Traum handelte von ihrer Beziehung zu ihrer toten Mutter.)

Therapeut: Können Sie mehr zu Ihren Schwierigkeiten sagen?

Kl.: Ich fühle mich abgelenkt, die Szenen scheinen weit weg. Ich merke, daß ich flach und schnell atme und ich halte meine Hände zusammen.

Th.: Bleiben Sie weiter bei diesem Erleben und sagen Sie mir, was Sie dabei empfinden.

Kl.: Ich fühle mich aufgewühlt. Meine Schultern sind verspannt, und meine Augen tun ein wenig weh, so, als wollte ich weinen.

Th.: Wollen Sie denn weinen?

Kl.: Ja, aber ich kann nicht.

Th.: Sind Sie sich bewußt, wie Sie sich am Weinen hindern?

Kl.: Ja, meine Wangen sind sehr hart, als ob meine Kiefer festgeschraubt wären. Und die Spannung in meiner Brust hält mich auch zurück.

Der Therapeut schlägt ihr eine Veränderung ihrer Position vor, sodaß sie tiefer atmen kann, sowie Entspannungsübungen für ihre Kiefer. Sobald sie seinem Vorschlag nachkommt, beginnt sie in heftiges Weinen auszubrechen. Sie erkennt, daß sie mit dem Weinen endlich um ihre tote Mutter trauert, wozu sie nicht in der Lage war, als ihre Mutter starb.

Wie dieses Beispiel zeigt, manifestieren sich Widerstände gegen bestimmte Emotionen, Konflikte usw. meist in körperlichen Ausdruckssymptomen.

Verbindungen zu anderen therapeutischen Schulen

Die Gestalttherapie gehört zu den Verfahren der humanistischen Psychologie. Ihnen gemeinsam ist die Auffassung, daß der Mensch von Geburt an mit den Potentialen für Liebe, Freude, Befriedigung, Gesundheit und Kreativität ausgestattet ist. Die Verwirklichung dieser Potentiale entspricht seinem natürlichen, ihm innewohnenden Wachstumswunsch. Gestalttherapie ist daher keine Psychotherapie, die nur Symptome beseitigt, sondern den ganzen Menschen berücksichtigt.

Methodische Verbindungen zu anderen therapeutischen Schulen gibt es u. a. zum Psychodrama, zur Gesprächstherapie, Körperarbeit, Gruppendynamik, Familientherapie, Psychoanalyse und Hypnosetherapie nach M. Erickson.

Zusammenfassung

Gestalttherapie ist ein tiefenpsychologisch fundiertes Psychotherapieverfahren, das gekennzeichnet ist durch eine ganzheitliche, gegenwartsbezogene Betrachtungs- und Vorgehensweise, die den ganzen Menschen, mit seinen kognitiven, seelischen und körperlichen Aspekten, sowie mit seinem lebensgeschichtlichen Kontext in das Therapiegeschehen einbezieht. Ziel des Verfahrens ist es, die abgespaltenen Teile des Selbst zu reintegrieren, die Kontaktgrenzstörungen zur Umwelt und die Blockierungen im Erleben, Wahrnehmen und Handeln bewußt zu machen, die vorhandenen Selbstheilungspotentiale freizusetzen und somit die organismische Selbstregulierung und die Fähigkeit, für sein Leben Verantwortung zu übernehmen, wiederherzustellen.

Literatur

Fritz Perls: Grundlagen der Gestalttherapie − Einführungen und Sitzungsprotokolle, München, Pfeiffer-Verlag 1976

Erving u. Miriam Polster: Gestalttherapie − Theorie und Praxis der integrativen Gestalttherapie, München, Kindler-Verlag 1975

Joseph Zinker: Gestalttherapie als kreativer Prozeß, Paderborn, Junfermann-Verlag 1982

Ausbildungsinstitute
Fachverbände:
Deutsche Vereinigung für Gestalttherapie e. V. (DVP)
Melemstraße 10
6000 Frankfurt 1
Telefon: 069/5975990

Deutsche Gesellschaft für Gestalttherapie
und Kreativitätsförderung e. V. (DGGK)
Jungfrauenthal 16
2000 Hamburg 13
Telefon: 040/483393

Angaben zum Autor
Dr. Gerald Kogan, gestalttherapeutische Ausbildung bei Fritz
Perls, Eugene Sagan und am Gestalt Institute of San Francisco,
Ausbildung in klientenzentrierter Gesprächstherapie, weiteres
Training in Familienthcrapie (bei D. Jackson, G. Bateson und
V. Satir), Körpertherapie (bei Moshe Feldenkrais), Mitglied des
Gestalt Institute of San Francisco, Lehrtätigkeit an verschiedenen Universitäten. Tätig als Psychologe, Therapeut und Ausbilder in freier Praxis.
    Autor verschiedener Artikel über Gestalttherapie.
    Wiltrud Krauss-Kogan, Dipl.-Pädagogin, Ausbildung am Ge-
stalt Institute of San Francisco und assoziiertes Mitglied des Institutes, familientherapeutische Fortbildung (Dr. M. Kirschenbaum). Tätig in freier Praxis im Rahmen kirchlicher und staatli-
cher Fortbildung. Autorin des Artikels ›Entstehungsgeschichte
der Gestaltpädagogik‹.
    Beide sind Co-Leiter von GENI und Mitbegründer der DVG.
GENI (Gestalt Education Network International)
Melemstraße 10
6000 Frankfurt 1
Telefon: 069/559867

3.3 Transaktions-Analyse

Geschichtliche Entwicklung und gegenwärtiger Stand

Die Transaktions-Analyse (TA) wurde von dem aus Kanada stammenden und in die USA emigrierten Psychiater Eric Berne (1910 – 1970) ursprünglich als sozialpsychiatrische Therapiemethode entwickelt, um auch bei schwereren psychischen Störungen schnellere und wirksamere Behandlungserfolge zu erzielen. Er entwickelte eine einfache, an Alltagsbegriffe angelehnte Sprache sowie anschauliche Diagramme, durch die die Klienten eigene Probleme verstehend begreifen sowie eigenverantwortlich in der Therapie mitarbeiten konnten. Beides sind auch heute noch wesentliche Ziele transaktions-analytischer Theorie und Praxis.

Berne integrierte in der TA sehr vielschichtige, zum Teil auch widersprüchlich erscheinende Ansätze zu einer neuen, eigenständigen psychodiagnostischen und psychotherapeutischen Methode, die sich leicht mit anderen beratenden und therapeutischen Verfahren kombinieren läßt. Heute hat sich die TA in Theorie und Praxis zu einer Bewegung entwickelt, die mit einer zunehmenden Ausdifferenzierung der ursprünglich stark kognitiv ausgelegten Praxis zugunsten erlebnisaktivierender Methoden den ganzen Menschen mit seinem Fühlen, Denken, Hoffen und Verhalten einbezieht.

Alle Ansätze und Richtungen der TA basieren auf Grundkonzepten wie dem Therapeutischen Vertrag, dem Persönlichkeitsmodell, den Transaktionen und ›psychologischen Spielen‹ sowie der Zuwendung und Erlaubnis als Mittel der therapeutischen Veränderung.

Menschen- und Weltbild

Die tragende Grundannahme des Menschenbildes der TA ist, daß wir alle o.k. sind. Diese oft als o.k.-Kürzel mißbrauchte, vom Glauben an die positive Natur der Menschen getragene Grundannahme beinhaltet mehrere Grundüberzeugungen: Danach wird der Mensch bereits ›o-k.‹ geboren und kommt mit konstruktiven Anlagen und einem liebenswerten inneren Kern auf die Welt, fähig und aus sich selbst bereit, zu wachsen und sich als Person zu verwirklichen; gewillt und fähig aber auch, mit sich selbst, jedem anderen und der Natur in Harmonie zu leben. Obwohl von Geburt und Entwicklung keineswegs gleichartig, sind alle Menschen gleichwertig und gleichberechtigt im Hinblick auf ein würdiges und glückliches Leben.

Jede Person kann nur für sich selbst und über ihre Art zu leben entscheiden. Nur sie selbst besitzt das notwendige Wissen über sich selbst und die Kraft, diese Entscheidungen in Realität umzusetzen. Eng damit verbunden ist ihre Verantwortlichkeit für sich selbst, ihre sozialen und gesellschaftlichen Beziehungen sowie ihre Pflicht, ihre Rechte in Anspruch zu nehmen und sie zu verwirklichen.

Die zuvor genannten Grundannahmen verdichten sich in dem als Idealvorstellung gekennzeichneten Bild der ›Autonomen Person‹, wie sie von Berne und anderen beschrieben wird. Sie besitzt Bewußtheit im Sinne einer unmittelbaren sinnlichen Offenheit für Wahrnehmungen im Hier und Jetzt sowie ungehemmter Intensität der gegenwärtigen Empfindungen und Gefühle, Spontaneität als Freiheit und Fähigkeit, diese Gefühle und Empfindungen unmittelbar auszudrücken und schließlich Intimität als Möglichkeit, offene, aufrichtige, liebevolle und gleichwertige Beziehungen zu ihren Mitmenschen einzugehen. In dem von diesen Grundannahmen gekennzeichneten Menschenbild ist der Mensch als Ganzheit von Denken, Fühlen und Verhalten konzipiert, der auf Informationsfluß und -verarbeitung in sich und in Bezug zur Außenwelt angewiesen ist.

Die psychologische Theorie der TA basiert auf dem Persönlichkeitsmodell der Ich-Zustände (Eltern-Ich, Erwachsenen-Ich, Kind-Ich), die als organisierte Einheiten verstanden werden, mit deren Hilfe wir Realität definieren, Informationen über uns und andere gewinnen und verarbeiten und auf die Umwelt reagieren. Aus ihrem seit der Geburt erworbenen Inhalt kann die Individualität (Persönlichkeit) konkreter Personen erklärt werden. Aus ihrer Verwendung in sozialen Interaktionen (hier: Transaktionen) lassen sich persönliche und zwischenmenschliche Merkmale und Regeln sozialer Beziehungen einschließlich ihrer Störungen ableiten.

115

Zentraler Begriff der Entwicklungspsychologie der TA ist der bis zum Alter von ca. sechs Jahren beschlossene und in der Regel vorbewußte Lebensplan eines Menschen, ›Skript‹ genannt, in dem der Selbstwert und die soziale Stellung einer Person – die sog. Grundposition – ebenso enthalten sind wie die aufgrund der frühen Erfahrungen bei der Suche nach Zuwendung und Entdeckung der Umwelt getroffenen Grundentscheidungen, die letztlich die Art und Weise festlegen, wie wir im späteren Leben denken, fühlen und handeln. Dabei werden wir unser Leben so ausrichten, daß die alten – möglicherweise später dysfunktional gewordenen – Entscheidungen über unseren Wert, unser Wohlbefinden und unseren Erfolg im Leben solange erneut verstärkt werden, bis wir neue, diese Grundlagen verändernde Entscheidungen – sog. Neuentscheidungen – getroffen haben.

In der TA gibt es keine exakte Grenzziehung, wann und unter welchen Umständen Beeinträchtigungen oder Störungen als ›gesund‹ oder ›normal‹ bzw. ›krank‹ oder ›unnormal‹ zu nennen sind. Statt dessen nimmt sie fließende Übergänge an und betont die Fähigkeit des Menschen zu Wachstum und Selbstverwirklichung. Beeinträchtigungen wertet sie als Überlebensstrategien, die jedoch durch persönliches Wachstum, wie es vor allem die Therapie ermöglicht, aufgehoben werden können. Therapieziel der TA ist dementsprechend die Befreiung von Beeinträchtigungen zum Zwecke größerer Autonomie des einzelnen. Ausdruck dafür ist der ›Therapeutische Vertrag‹ als Basis gleichberechtigter Zusammenarbeit von Klient und Therapeut.

Anwendungsbereiche
Das Menschenbild der TA ermöglicht breitgefächerte Zielvorstellungen therapeutischen Handelns. Allgemeine Ziele sind Veränderungen des Verhaltens, des Fühlens und Denkens, und psychosomatischer Symptome. Die konkreten Ziele, die von Orientierung in Wachstumsprozessen bis zur Heilung von schweren Beeinträchtigungen (z. B. Psychosen) reichen, ergeben sich aus den Vorstellungen, Wünschen und Bedürfnissen der Klienten. Dabei gilt immer, daß die Ziele der Behandlung der Klient definiert und der Therapeut entscheidet, ob er willens

und fähig ist, an ihrer Verwirklichung mitzuwirken. Behandelt werden Kinder, Jugendliche und Erwachsene jeder Altersstufe.

Gegenwärtig kommt TA als Einzel-, Gruppen-, Paar- und Familientherapie sowohl im ambulanten als auch im stationären und teilstationären Bereich zur Anwendung, wobei sich die Gruppentherapie als hilfreiche und ökonomische Form erwiesen hat.

Entsprechend ihres breiten theoretischen und methodischen Angebots und ihrer Kombinationsfähigkeit mit anderen Methoden wird die TA zur Behandlung von Störungen verwendet, die von akuten krisenhaften Reaktionen (z. B. Eheproblemen), Neurosen (z. B. Phobien), Charakterstörungen (z. B. Alkoholismus) bis hin zu den schweren Beeinträchtigungen der Psychosen (z. B. manisch-depressive Psychosen) reichen. Darüber hinaus hat sich die TA als geeignete Beratungs- und Interventionsmethode in all jenen Berufsfeldern profiliert, in denen wesentliche Aspekte der angestrebten Leistung durch die Art der Kommunikation und Interaktion erbracht oder miterbracht werden (z. B. Pädagogik, Beratung und Seelsorge, Organisation und Management).

Ablauf der Therapie

Grundlage der therapeutischen Beziehung in der TA ist der Therapievertrag. Ein solcher Vertrag ist kurz, klar, möglichst konkret und positiv zu formulieren, und beinhaltet, welches Verhalten und/oder Erleben und/oder Denken wann und wie verändert werden soll. Der Vertrag beinhaltet zudem die entstehenden Kosten sowie die voraussichtliche Dauer der Therapie.

In aller Regel wird sich die Behandlung auf schnelle und wirksame Veränderungen konzentrieren, die die bereits vorhandene Autonomie der Klienten unterstützen und gleichzeitig zur Quelle neuer Veränderungsmotivation werden.

Die Therapie gilt als abgeschlossen, wenn die im Vertrag festgelegten Ziele erreicht und nach Meinung des Klienten genügend gefestigt sind. Daher schwankt die Dauer transaktions-analytischer Beratung und/oder Therapie zwischen wenigen Monaten und mehreren Jahren. Die Kosten einer Therapie sind, soweit die Therapie nicht ärztlich verordnet wurde und von einem ärztlichen Therapeuten durchgeführt wird, in der Regel vom Klienten selbst zu zahlen. Ausnahmen bilden zur Zeit nur die Techniker-Krankenkasse (TKK) sowie Vereinbarungen mit örtlichen Verbänden anderer Krankenkassen, die auch die Behandlung durch Diplom-Psychologen zahlen.

Behandlungsmethoden

Die Methoden transaktions-analytischer Beratung und Therapie orientieren sich am zuvor beschriebenen Menschenbild der autonomen Person sowie an einer ganzheitlich-systematischen Sichtweise des Menschen. Dabei kann der Prozeß der Klärung und Veränderung, den spezifischen Beeinträchtigungen des Klienten entsprechend, an jeder Ebene des menschlichen Lebens ansetzen: an seiner Körperlichkeit, seinem Verhalten, seinem Denken und Fühlen und seinem Hoffen, Ahnen oder Glauben.

Die Entscheidung darüber fällt in der Regel in der Phase der Vertragsarbeit. Sie stellt insofern bereits ein Stück Therapie dar, als viele Klienten in der Vertragsarbeit erstmals die positive (und modellhaft wirksame) Erfahrung machen, selbst ihre Ziele finden, klären und aktiv bestimmen zu können, wogegen sie sich im Alltag oftmals eher unbestimmt (»Ich weiß nicht, was ich will«) und daher reaktiv handelnd erleben.

Eine weitere Phase kann durch Arbeit auf der Verhaltensebene gekennzeichnet werden. In ihr werden Informationen über das Persönlichkeitsmodell, die Transaktionen sowie Spiele angeboten. Mit Hilfe dieser Theorieanteile werden berichtete und in der Gruppe beobachtbare Ereignisse dahingehend untersucht, welche Persönlichkeitsanteile sich in welcher Weise auswirken und welche Konsequenzen im Erleben, Denken und Handeln dies für die betreffende Person hat. Bevorzugte Techniken in dieser Phase sind z. B. das Egogramm, in dem die Energieverteilung und Häufigkeit des Einsatzes bestimmter Ich-Zustände durch grafische Darstellungen veranschaulicht werden, oder die Doppelstuhltechnik, in der durch die Wiedergabe des Inhalts der verschiedenen Ich-Zustände der ›innere Dialog‹ in unseren Köpfen (beispielsweise: »Ich hab' keine Lust« – gegen – »Auf Lust kommt's nicht an, es wird getan, was ansteht«) sichtbar gemacht werden kann. Dabei wird z. B. auch offenkundig, welche

Ich-Zustände durch die Transaktionen üblicherweise nicht berührt werden. D. h., es werden Verhaltensweisen deutlich, durch die sich eine Person bislang negative Zuwendung geholt und/oder ihre Racketgefühle (›Rackets‹ sind die als Ersatz für ›verbotene‹ Gefühle gezeigten Gefühle, z. B. Traurigkeit statt der situationsangemessenen Wut) aufrechterhalten hat. In der Spielanalyse, die in dieser Phase meist mit Hilfe des Drama-Dreiecks durchgeführt wird, können die psychologischen Manöver (›Spiele‹) sowie die bevorzugten Lebensrollen (Retter, Opfer und Verfolger) dargestellt werden, die das immer erneute Scheitern in sozialen Beziehungen verdeutlichen (z. B. den immer erneut aufflammenden Ehekrach). Hier kann das ›Aussteigen‹ aus solchen Manövern trainiert werden. Häufig bietet gerade die Spielanalyse einen geeigneten Übergang zu einer weiteren Phase der Therapie, der kognitiv-klärenden Arbeit am ›Skript‹, dem vorbewußten Lebensplan. Ziel dieses Arbeitsschrittes ist die durch weitere theoretische Informationen unterstützte Erklärung von schädlichen Erlebens-, Denk- und Verhaltensmustern durch meist nicht bewußte Lebenspläne und -grundsätze, die im ›Skript‹ stehen. Dabei hilft z. B. eine Racket-Analyse, in der die ursprünglichen, der Situation angemessenen Gefühle aufgespürt und wiederbelebt werden. Ebenso kann die Miniskript-Analyse z. B. dazu verhelfen, das eigene von sog. ›Antreibern‹ (z. B. Sei hart gegen dich selbst! Sei perfekt! Mach's anderen recht!) gesteuerte Verhalten zu ändern. Neben Spielen, Rackets und Antreibern sind auch die sogenannten ›Verfügungen‹ und die aus ihnen resultierenden frühen ›Entscheidungen‹ Gegenstand der therapeutischen Arbeit in dieser Phase.

Das führt oftmals zu einer weiteren Phase der Therapie, in der es um das Wiedererleben und Verändern jener frühen Entscheidungen des Klienten geht, die damals durch Anpassung an die Lebenssituation (z. B. Eltern, Geschwister, Lehrer etc.) zum Überleben notwendig waren, sich heute aber im Leben des Erwachsenen als ungeeignet erweisen. Diese Arbeit beinhaltet auch die Analyse des Lebensskripts, des individuellen Lebensplanes, der uns dazu zwingt, immer dieselben Umwege zu gehen (z. B. erst krank zu werden, bevor wir ausruhen dürfen) oder Mißerfolge einzustecken. Dabei können zur gefühlsmäßigen Wiederbelebung alter Erlebnisse neben den zuvor geschilderten Techniken auch zahlreiche methodische Elemente anderer Therapieformen benutzt werden, wie z. B. geleitete Phantasien, bioenergetische Übungen, Rollenspiele, Traumanalysen.

Manchmal wird auch eine Phase der Körperarbeit notwendig, wenn sich besonders die bereits vor dem Spracherwerb entwikkelten Skriptanteile zusätzlich auf der körperlichen Ebene des Menschen (z. B. in starken Muskelverspannungen oder gehemmtem Bewegungsvermögen) widerspiegeln.

Hier sind z. B. Tiefenmassage, Entspannungsübungen oder bioenergetische Bewegungsübungen nützlich.

Ob alle zuvor beschriebenen Phasen in einer Therapie durchlaufen werden oder ob die hier beschriebene Reihenfolge eingehalten wird, ist individuell verschieden.

Fallbeispiel

Herr K., Angestellter in mittlerer Position, arbeitet täglich mehr als zehn Stunden im Geschäft (Antreiber: Arbeite hart! Streng dich an!), ohne jedoch jemals Aufstiegschancen zu haben, da sich immer wieder ›kleine Fehler‹ und Unregelmäßigkeiten einschleichen (frühe Entscheidung über sich selbst: »Ich schaff's nicht! Ich kann sowieso nicht so viel wie die anderen«). Zu Hause spricht K. niemals über seine Arbeit, sondern entzieht sich allen familiären Aktivitäten oder auch Gesprächen durch Erledigung umfangreicher Gartenarbeiten und Rückzug ins Fotohobby (Vermeidung von Nähe und Gefühlen). Lediglich, wenn er bei nicht zu umgehenden gesellschaftlichen Anlässen einmal Alkohol trinkt, taut er nach Stunden auf (Aufhebung seines Verbots ›zu fühlen‹ durch Drogen) und beginnt bruchstückhaft von sich zu reden und zu klagen, wobei er sich diese Ausrutscher am nächsten Tag selber als ›unmöglich‹ vorwirft (innerer Dialog der Selbstbeschuldigung) und sich besonders tief in die Arbeit vergräbt. Nach einiger Zeit bekommt er Magengeschwüre, die nicht abheilen wollen. Er wird deswegen von einem Arzt zur Therapie überwiesen.

In der Therapie lernt er, zwischen real gerechtfertigten Anforderungen, Vorschriften und Normen aus seinem Eltern-Ich zu unterscheiden und Relikte aus seiner Kindheit (z. B. Angst vor

Nähe) nicht als unabänderlich hinzunehmen. Dementsprechend verändert er seine sozialen Verhaltensmuster (Transaktionen) und lernt, für psychologische Manöver (›Spiele‹), die er aufgibt (z. B. ›überlastet sein‹), direkt und spontan Zuwendung zu suchen und Intimität zu erleben. Mit diesem Prozeß einhergehend gewinnt er die Einsicht, daß er sein Symptom (Magengeschwüre) nicht einfach bei Ärzten oder Therapeuten ›zur Reparatur abgeben‹ kann, sondern, daß es Ausdruck zunehmender Autonomie ist, wenn er seinen Therapieprozeß sowie sein weiteres Leben nach eigenen Vorstellungen gestaltet. Er erarbeitet wesentliche Elemente seines Lebensplanes (Skript) und erkennt seine Magengeschwüre als Ausdruck seiner unterdrückten (›heruntergeschluckten‹) Gefühle, d. h. als Resultat einer Überlebensstrategie, die er in früher Kindheit gelernt hat. Er erkennt und erlebt seine Entscheidungsfähigkeit und Verantwortlichkeit gegenüber allen Dimensionen seiner Person (d. h. auch seines Körpers), lernt, Gefühle wieder bei sich wahrzunehmen und auszudrücken und stellt sich seinen Problemen. Nun gelingt es ihm auch, sich das eigene Unwertbewußtsein zu vergegenwärtigen, das er bisher durch viele, aufstiegsorientierte Arbeit zu kompensieren versuchte, und sich in einem manchmal mühsamen und schmerzhaften, oft aber erfreuenden Prozeß für ein neues Selbstbewußtsein und Gefühl des eigenen Wertes zu entscheiden.

Verbindungen zu anderen therapeutischen Schulen

Aufgrund ihres Menschenbildes läßt sich die TA den sog. ›Humanistischen Psychologien‹ zurechnen. Folglich ist sie mit allen beratungs- und therapiebezogenen Theorien und deren Methoden kombinierbar, die das Menschenbild der Humanistischen Psychologie teilen. Aus ihrer von Berne angestoßenen historischen Entwicklung bestehen wurzelhafte Verbindungen vor allem zur Psychoanalyse nach Freud und seinen Schülern sowie zur Individualpsychologie nach Adler. Historisch gewachsene Verbindungen bestehen auch zur Gestalttherapie nach Perls oder zur kognitiven Verhaltenstherapie. Kombinationen gibt es darüber hinaus mit dem Jungschen Analyseverfahren, dem Psychodrama, der Bioenergetik, der Gesprächstherapie und familientherapeutischen Ansätzen.

Zusammenfassung

Die von Eric Berne begründete und von zahlreichen Mitarbeitern weiterentwickelte Transaktions-Analyse (TA) begreift den Menschen als Ganzheit und von Natur aus mit einem Potential an konstruktiven Kräften in Richtung auf Autonomie und Selbstverwirklichung ausgestattet. Aus ihrer Betonung des Rechtes auf Selbstbestimmung und Eigenverantwortlichkeit entwickelt sie eine vertragsorientierte psychotherapeutische und/oder Wachstumsarbeit. Auf dieser Basis stellt sie ein breites Instrumentarium von Interventionsstrategien zur Behandlung kognitiver, psychischer und psychosomatischer Beeinträchtigungen ebenso zur Verfügung wie Methoden und Vorgehensweisen, die das Wachstum von Personen ermöglichen und/oder psychische Beeinträchtigungen zu vermeiden helfen.

Literatur

Berne, E.: Was sagen Sie, nachdem Sie ›Guten Tag‹ gesagt haben? Psychologie des menschlichen Verhaltens, München, Kindler-Verlag 1975

Hagehülsmann, U. & Hagehülsmann, H.: Transaktions-Analyse. In: Corsini, R. J. (Hrsg.): Handbuch der Psychotherapie. Hrsg.: Gerd Wenniger, Weinheim, Basel: Beltz, 1983, 1315 – 1356

M. James; D. Jongeward: Spontan leben: Übungen zur Selbstverwirklichung, Reinbek bei Hamburg, Rowohlt-Verlag 1983

Ausbildungsinstitute

Deutsche Gesellschaft für Transaktions-Analyse e. V. (DGTA)
Samerbergweg 7
8269 Burgkirchen/Alz
Telefon: 08679/4184

Angaben zum Autor

Dr. Heinrich Hagehülsmann, Hochschullehrer für Klinische Psychologie Universität Oldenburg, Lehrberechtigtes Mitglied der Deutschen und Internationalen Gesellschaft für Transaktionsanalyse. Vorstandsmitglied der DGTA, Herausgeber der

›Zeitschrift für Transaktions-Analyse in Theorie und Praxis‹. Wissenschaftlicher Beirat in der ›Werkstatt Psychologie‹, einem von seiner Frau geleiteten Institut für Beratung, Therapie und Ausbildung in Transaktions-Analyse in
2902 Rastede
Wiemkenstraße 25.

3.4 Psychodrama

Geschichtliche Entwicklung und gegenwärtiger Stand

Der Begründer des Psychodramas, Dr. med. Jakob Levy Moreno (geb. 1889) wollte seine Patienten nicht nur in der künstlichen Situation des ärztlichen Sprechzimmers anhören, sondern ihnen am Ort des Konfliktes (in der Familie, am Arbeitsplatz) begegnen. Da aber auch bei Hausbesuchen wichtige Bereiche dem Arzt unzugänglich bleiben, suchte er nach neuen Wegen, wahrhaft ›ins Bild zu kommen‹. Eine Veranschaulichung von Konflikten kannte er nur vom Theater. Schon Aristoteles hatte dargelegt, wie das Schauspiel die Zuschauer ergreift und therapeutisch auf sie wirkt, obgleich die Dramen erdichtet sind und in keiner direkten Beziehung zu Darstellern und Publikum stehen. Wie sollte sich aber ein Patient ohne fremde Hilfe die ihn krankmachende Situation vorstellen und sie vielleicht sogar aus der Vergessenheit holen? Seine Erkenntnis beschrieb Moreno so: »Stegreif läßt das Unbewußte unversehrt durch das Bewußtsein frei steigen.« Damit ermöglichte er durch die Einführung des spontanen Spiels und der Gruppe in die Therapie die szenische Darstellung krankmachender Konflikte wie auch ihrer Bewältigungsmöglichkeiten.

Moreno hatte die grundlegende Bedeutung von Beziehung und Interaktion für die Entstehung sozialer, psychischer, psychosomatischer Störungen und deren Behandlung erkannt und in den 20er Jahren einen diesem Phänomen angemessenen therapeutischen Ansatz entwickelt. Dieser ganzheitliche Ansatz wurde als Ausgangspunkt für die grundsätzlich neue, lebensnahe Praxis des Psychodramas genutzt. So mußte zunächst der

Schritt von der Einzeltherapie zur Gruppentherapie, als deren Begründer Moreno gilt, getan werden.

Während das Psychodrama der Erfassung und Veränderung von Interaktionen dient, entwickelte Moreno die Soziometrie zur Untersuchung und Messung informeller zwischenmenschlicher Beziehungen.

1942 gründete Moreno die amerikanische Gesellschaft für Gruppenpsychotherapie und Psychodrama; seit den 50er Jahren hat eine weltweite Verbreitung der auch ›Triadisches System‹ genannten Methode Psychodrama, Soziometrie und Gruppenpsychotherapie stattgefunden.

In Deutschland hat die Verbreitung der Methode 1970 mit der Sektion Psychodrama im Deutschen Arbeitskreis für Gruppenpsychotherapie und Gruppendynamik (DAGG) begonnen und seit der 1975 erfolgten Gründung der Moreno-Institute in Stuttgart und Überlingen weiteren Aufschwung genommen.

Menschen- und Weltbild

Grundsätzlich bezieht sich die psychodramatische Gruppenpsychotherapie auf die Verbindung einzelner Individuen in zwischenmenschlichen Beziehungsgeflechten und deren Vernetzung zu immer größer werdenden Gemeinschaftsstrukturen. Die kleinste Einheit, das ›Soziale Atom‹, umgibt als unmittelbares Beziehungsgefüge jedes Individuum und ist im Laufe des Lebens immer wieder Veränderungen unterworfen. Die Wechselwirkungen zwischen Individuum und Gruppe beeinflussen nicht nur die Befindlichkeit und Entwicklung eines Menschen, sie ermöglichen ihm auch handelnd, auf sein ›Soziales Atom‹ zurückzuwirken und in dieser Herausforderung an seine Kreativität und Verantwortung Lebenssinn zu finden.

»Psychodrama ist die Methode, welche die Wahrheit der Seele durch Handeln ergründet« (Moreno). Psychodramatisches Handeln erfolgt als spontan szenische Darstellung, die zwischenmenschliche und innerseelische Konflikte und Befindlichkeiten sichtbar, bewußt erlebbar und therapeutisch veränderbar macht. Erfahrungsgemäß fällt es Klienten und Patienten leichter, handelnd zu zeigen als mündlich zu schildern, in welcher Lage sie sich befinden, wann, wie und unter welchen Umständen ihre Beschwerden auftreten bzw. lästiger werden. Neben der Erhebung diagnostisch wichtiger Befunde vermittelt Psychodrama dem Patienten durch Handeln im Kontext seiner Lebenswelt emotionale Neuerfahrungen und Handlungseinsichten, sowie die Möglichkeit, angemessenere Interaktions- und Verhaltensweisen im Spiel zu erproben und zu üben.

Anwendungsbereiche

Die Indikation der psychodramatischen Methode ist so umfangreich, wie ihre Variationsmöglichkeit dank der unterschiedlichen Formen und Techniken des Psychodramas breit ist. Je nach Wahl und Kombination dient das Psychodrama sowohl der Behandlung von Neurosen und Psychosen, narzißtischen Störungen, des Borderline-Syndroms, der Alkoholkrankheit und anderen Suchten, sowie psychosomatischer Erkrankungen und Störungen. Darüber hinaus hat das Psychodrama seinen Platz in der Psychohygiene und Gesundheitserziehung ebenso wie in der Begleitung unheilbar Kranker und in der Rehabilitation.

Ablauf der Therapie

Bestandteile des Psychodramas (PD) sind die Gruppe (mit meist acht bis zehn Teilnehmern), die Bühne, ein von der Gruppe im Halbkreis umschlossener Spielraum, der Protagonist, d.h., der zum Hauptdarsteller eines Psychodramas gewordene Patient, die Mitspieler (Hilfs-Ichs), die vom Protagonisten zur Darstellung seiner Bezugspersonen gewählten Gruppenmitglieder, sowie der Psychodrama-Therapeut, der Hinweise auf ein Problem aufgreift, das szenische Spiel leitet und mit Protagonist und Gruppenteilnehmern die im Psychodrama gewonnenen Handlungseinsichten durcharbeitet.

Psychodrama läßt sich in der Gruppe und − technisch abgewandelt zum Monodrama − auch in der Einzeltherapie einsetzen.

Die Dauer der Psychodrama-Therapie ist je nach therapeutischer Zielsetzung variabel. In Kurkliniken finden z.B. über sechs Wochen eine bis zwei Sitzungen wöchentlich statt. Träger dieser stationären Behandlungen ist die BFA. Ambulante Therapien finden meist einmal pro Woche statt und dauern im Schnitt sechs bis zwölf Monate. Psychodrama ist aber auch als Kurztherapie (sechs bis zehn Sitzungen) oder als stützendes Verfahren in der Rehabilitation geeignet. Die ambulante Psychodramatherapie wird im allgemeinen nicht von den Kassen bezahlt.

Behandlungsmethoden
Die wichtigsten Formen des Psychodramas sind das protagonistenzentrierte PD, bei dem ein Patient unter Mithilfe der Gruppe seine persönliche Problematik bearbeitet; das gruppenzentrierte PD, bei dem mehrere oder alle Gruppenmitglieder Träger des Spiels sind, dessen Thema bewußte oder unbewußte Gruppenkonflikte wie auch Gruppenphantasien sind. Beim Monodrama oder PD in der Einzeltherapie werden Konflikte mangels Mitspieler durch psychodramatische Interaktion des Protagonisten mit symbolischen Repräsentanten seiner Bezugspersonen, z. B. Gegenständen, dargestellt.

Das Rollenspiel dient hauptsächlich der Erlernung und Übung vorgegebener Rollen, beim Soziodrama werden gesellschaftliche Probleme in protagonisten- oder gruppenzentrierter Darstellung behandelt.

Die drei Phasen des Psychodramas sind die Erwärmungs-, die Spiel- oder Aktionsphase, und die Abschlußphase. In der ersten werden die Gruppe und der künftige Protagonist auf die psychodramatische Problembearbeitung eingestimmt, in der zweiten die mündlich angedeuteten Konflikte inszeniert und psychodramatisch erhellt, in der dritten teilen die Gruppenmitglieder im sog. Sharing dem Protagonisten – zu seiner emotionalen Stützung wie auch zu ihrer Entlastung – ähnliche eigene Erlebnisse mit. Im Rollenfeedback geben sie Auskunft über ihr Erleben in den verschiedenen Rollen während des Spiels. In der Prozeßanalyse (processing) werden die Interaktionen im PD sowie die durch das spontane Spiel erlebten, unbewußten Inhalte weiter ergründet.

Die Techniken des PD sind zahlreich und vielseitig. Die drei grundlegenden Techniken des PD sind das Doppeln, das Spiegeln und der Rollentausch.

Fallbeispiel

Die vom Protagonisten für die Rolle seiner Bezugspersonen ausgewählten Mitspieler erhalten außer wenigen Hinweisen auf den Anfang der darzustellenden Situation von ihm keinerlei Anweisungen. Sie stellen die zugewiesene Rolle gemäß diesen spärlichen Hinweisen und ihrer persönlichen Rollenvorstellung dar. Sobald letztere von dem einstigen Verhalten der betreffenden Bezugsperson abweicht, wird der Ablauf der dargestellten Interaktion für den Protagonisten unstimmig und er fällt aus seiner Rolle. Jetzt findet auf Anweisung des Therapeuten ein Rollentausch statt. Der Protagonist steckt nun selbst in der Rolle seiner Bezugsperson und zeigt, wie er sie erlebt hat. Diese spontane Darstellung im Rollentausch erweist sich als wesentlich umfassender als die bewußte Erinnerung. Sie gewährleistet einerseits den wirklichkeitsgetreuen Fortgang des PD und vermittelt andererseits dem Protagonisten eine Erfahrung und Bewußtseinserweiterung, die sein Verständnis für die dargestellte Situation und sich selbst vertiefen.

So kann z. B. im Rollentausch ein gefürchteter Vorgesetzter als freundlich erlebt werden, während − zurück in der eigenen Rolle − dieselbe Interaktion wieder als ängstigend empfunden wird. In solchen Fällen ist die Angst nicht aus der dargestellten Situation zu erklären. Assoziationen des Protagonisten zu diesem Affekt führen meist direkt in eine frühere Situation zurück, die, psychodramatisch dargestellt, das Gefühl als angemessene Reaktion auf die damalige Situation zeigt, z. B. auf die betont süffisante Freundlichkeit, mit der die Mutter schlimmste Strafaktionen einzuleiten pflegte. Der Rollentausch vermittelt dem Protagonisten möglicherweise zum ersten Mal eine bewußte Vorstellung von der damaligen Situation der Mutter. Während er in der Rolle der Mutter süffisant zum kleinen Sohn sagt, »also auch du hast nichts anderes im Sinn, als mich zu plagen«, merkt er, daß die ihm erteilte Strafe für den Ärger der Mutter nur zum geringen Teil ihm selbst gilt. Hat er daher in seiner eigenen Rolle Freundlichkeiten zu Unrecht meist als süffisant erlebt und mit panischer Angst darauf reagiert, so braucht er nach dieser Sitzung auf die Freundlichkeiten von Vorgesetzten nicht mehr automatisch in der Rolle des Geängstigten reagieren, sondern kann neue Antworten auf Situationen mit irritierend freundlichen Interaktionspartnern finden.

Verbindungen zu anderen therapeutischen Schulen

Der Ansatz der Psychodrama-Therapie bei den zwischenmenschlichen Beziehungen und Interaktionen bedingt ihre Nähe zur systemischen Familientherapie.

Parallelen zur Psychoanalyse finden sich im Erinnern und Wiedererleben vergessener Konfliktsituationen und in der Arbeit mit Übertragungen und Regressionen.

In der psychodramatischen Einübung neuer Rollen im szenischen Kontext zeigen sich Beziehungen zur Verhaltenstherapie.

Die szenische Darstellung von Phantasien und Träumen zeigt eine innere Verwandtschaft mit dem Katathymen Bilderleben, die bewußte Wahrnehmung von Körpergefühlen steht der Gestalttherapie nahe.

Zusammenfassung

Im Psychodrama werden durch eine spontane szenische Darstellung zwischenmenschliche und innerseelische Konflikte und Befindlichkeiten sichtbar, bewußt, und damit veränderbar gemacht. Dem Klienten werden so emotionale Neuerfahrungen und Handlungseinsichten vermittelt sowie die Möglichkeit, im Spiel angemessenere Interaktions- und Verhaltensweisen zu erproben und zu üben.

Literatur

J. L. Moreno: Gruppenpsychotherapie und Psychodrama, Stuttgart, Georg Thieme-Verlag 1988, 3. Auflage

Grete A. Leutz; Klaus W. Oberborbeck: Psychodrama, Bd. 15, Heft 3/4, Göttingen, Vandenhoek & Ruprecht-Verlag 1987, 2. Auflage

Grete Leutz: Psychodrama, Theorie und Praxis, Bd. 1, Heidelberg, Springer-Verlag 1986, 2. Auflage

Ausbildungsinstitute

Moreno Institut für Psychodrama, Soziometrie, Psychotherapie und Gruppenpsychotherapie

Leiterin: Dr. med. G. A. Leutz
Uhlandstraße 8
7770 Überlingen-Bodensee
Telefon: 07551/62816

Weitere Ausbildungsinstitute sind über die Sektion Psychodrama im Deutschen Arbeitskreis für Gruppenpsychotherapie und Gruppendynamik e. V. (DAGG) bei obiger Adresse zu erfahren.

Angaben zum Autor

Dr. med. Grete Anna Leutz, Psychotherapeutin. Ausbildung in Psychodrama, Soziometrie, Gruppenpsychotherapie bei J. L. Moreno. Deutsche Übersetzung seines Standardwerkes ›Die Grundlagen der Soziometrie‹, psychiatrisch/psychotherapeutische Tätigkeit am Sanatorium Dr. Binswanger, Schweiz. Analyse am C.G. Jung Institut, Zürich. 1970 Gründungsmitglied der Sektion Psychodrama im DAGG, 1975 Gründung und seither Leitung des Moreno-Instituts in Überlingen. Autorin von Büchern und zahlreichen Aufsätzen über Psychodrama, Soziometrie, Gruppenpsychotherapie, von 1986 – 1989 Präsidentin der Internationalen Gesellschaft für Gruppenpsychotherapie (IAGP).

3.5 Focusing

Geschichtliche Entwicklung und gegenwärtiger Stand

Der Begriff ›Focusing‹ wurde von dem Psychologen Eugene T. Gendlin geprägt. Er erforschte das spezifische Geschehen, das in wirksamen Psychotherapien und − ganz allgemein − in kreativen Prozessen zu beobachten ist. Häufig kennzeichnet das Focusing gerade jene Phasen, in denen der tiefergehende Wandel (Erkenntnis, Umstrukturierung, Integration) in spürbarer Weise erfolgt. Focusing geschieht bei allen Therapiemethoden, aber erst Gendlin hat diesen Prozeß so präzise erfaßt und beschrieben, daß es möglich wurde, ihn gezielt − themenbezogen und persongerecht − in einer systematischen Weise einzuleiten

129

und zu fördern. Damit wurde er auch für die Eigenhilfe und die partnerschaftliche Hilfe erlernbar.

Bei umfangreichen Forschungsstudien, die Gendlin an der University of Chicago (wo er nach langer Zusammenarbeit mit C. Rogers dessen Nachfolger wurde) durchgeführt hat, ergab sich unter anderem: Jene Klienten, die sich in ihrer Therapie weiterentwickelten und im Leben draußen konstruktive Änderungen erfuhren, zeigten schon in den ersten Sitzungen erkennbar eine andere Art, mit sich und ihrem Erleben umzugehen, als jene, die keine therapeutischen Veränderungen erzielten. Die Weise, wie die ›erfolgreichen‹ Klienten mit sich im Kontakt waren, gab diesen offensichtlich mehr Möglichkeiten, auch die therapeutische Situation zu nutzen. Für diesen Unterschied waren weder die Techniken der Therapeuten noch die Inhalte der Klientenäußerungen entscheidend; vielmehr war es die Art, wie die Person sprach, wenn sie etwas von sich oder ihren Gefühlen mitteilte. Dieses Wie des Sprechens aber weist darauf hin, wie die Person innerlich zu sich steht und mit sich umgeht.

Gendlin stellte sich die Aufgabe, diese konstruktive Art begrifflich zu fassen und Wege zu finden, diesen Kontakt mit dem eigenen Erleben gezielt zu entwickeln und zu verbessern. In Zusammenarbeit mit vielen Kollegen entwickelte er eine Anleitung, wie man das gezielt tun kann, was die erfolgreichen Patienten instinktiv richtig machen. Die Informationen für die einzelnen Schritte wurden sorgfältig ausgearbeitet und an einer großen Zahl von Personen getestet.

Menschen- und Weltbild

Dies ist weitgehend identisch mit dem der humanistischen Psychologie, insbesondere der klientenzentrierten Psychotherapie (siehe 3.1). Ein wesentlicher Aspekt des Focusing ist die Ganzheitlichkeit. »Wenn wir den Menschen als Einheit aus Körper, Geist und Seele betrachten (wobei diese Aufteilung wiederum nur ein Zugeständnis an unsere linear arbeitende, ›sprachliche‹ linke Gehirnhälfte ist), so sollte ein ideales psychotherapeutisches Handeln auf einem ganzheitlichen, integrierten Ansatz fußen. Es hat die Interaktion der Erlebensweisen, die wir als

Körper, Geist und Seele begrifflich voneinander unterscheiden, zu berücksichtigen.« (Peter & Gerl in: ›Entspannung‹, 1977).

Beim Focusing gehen wir in Kontakt mit dem ›Ganzen‹. (Wir setzen nicht bei isolierten Gedanken, Gefühlen oder Körperempfindungen an.) So kommt eine Interaktion zustande, die weniger durch die Begrenztheiten des Ichs als durch die tatsächlichen Entwicklungsmöglichkeiten der ganzen lebendigen Person gekennzeichnet ist. Man kann dies sehr unmittelbar erleben, wenn in einer Phase dieses Lernens die Aufmerksamkeit einer Person zwischen der Ebene der gespürten Bedeutung und den von dorther auftauchenden neuen Worten oder Bildern hin- und herpendelt. Es entwickelt sich ein Dialog zwischen der gespürten impliziten Bedeutung und den auftauchenden expliziten Symbolen. Beide Seiten halten sich dabei gegenseitig ›in Schwung‹, bis diese gemeinsame Bewegung in die Entfaltung der vollen Bedeutung mündet: Die Person erlebt in diesem Moment ein deutlich spürbares, inneres ›Ja, das ist es!‹, verbunden mit einer tiefen Erleichterung und neuem Energiefluß.

Neurophysiologische Untersuchungen ergaben, daß es in diesem Moment der ›gefühlten Veränderung‹ zu einer plötzlichen Änderung im Hirnstromwellenbild kommt: Nachdem sich unmittelbar vorher der Alpha- und Theta-Rhythmus des Gehirns ändern, zeigt die darauffolgende elektroenzephalographische Aktivität eine Reorganisation auf einer höheren Integrationsebene (Transformation) an.

D. h., wenn wir lernen, mit Hilfe des Focusing die beiden Seiten unseres Gehirns (die linke ›explizite‹ und die rechte, deren Stärke in der Auseinandersetzung mit dem Neuen und Mehrdeutigen liegt) optimal zusammenwirken zu lassen, dann kommt eine Synthese zustande, die uns eine unendliche Vielfalt neuer Möglichkeiten erschließt. Dies beinhaltet ein Freiwerden von den Meinungen irgendwelcher Autoritäten; denn was eine Person gerade in diesem Moment ihres Daseins zu beachten und zu tun hat, das kann nur sie selbst herausfinden. Es ist dann ganz ihre Antwort, die aus ihrem umfassenden Selbst kommt, aus der ›Weisheit des Ganzen‹.

Anwendungsbereiche

Focusing stellt den Kernbereich eines ganzheitlichen Lernprozesses und damit einer effektiven Psychotherapie dar. Psychotherapeuten jeder Richtung können mit Hilfe des Focusing im Anwendungsbereich ihrer Methoden befriedigender und wirkungsvoller arbeiten.

Focusing kann auch als Methode der Eigenunterstützung genutzt werden, um z. B. mit sich selbst mehr in Einklang zu kommen und Kreativität und Problemlösefähigkeiten zu fördern. So praktizieren z. B. Künstler, Schriftsteller und Meditierende Focusing, um zu ihren Quellen zu gelangen. In manchen Heilverfahren, wie z. B. der Simonton-Methode zur Krebstherapie, ist das Focusing integrierter Bestandteil.

Ablauf der Therapie

Jeder Therapeut, der mit Focusing arbeitet, wird die Fragen der Dauer, des Ablaufs und der Abrechnung anders handhaben, je nachdem, im Rahmen welcher Therapie er Focusing einsetzt. Für die Einübung in die Focusingmethode zur Eigenunterstützung können manchmal schon wenige Stunden ausreichen.

Behandlungsmethoden

Beim Focusing handelt es sich um ein ganz natürliches Geschehen, das dem Organismus innewohnt. Jeder hat es von Zeit zu Zeit schon erlebt, wenn er einen kreativen Lernschritt getan hat oder die Lösung eines Problems fand. Nur wissen wir meist nicht mehr, wie wir dazu gekommen sind; so ist dieses Wissen für neue Problemsituationen nicht verfügbar. Das Wissen über die inneren Schritte des Problemlösungsprozesses ist für die meisten Menschen nicht gezielt abrufbar. Es ist blockiert, sobald man sich bei einem Problem mit den Lösungsversuchen im Kreise dreht. Das ist die Situation, in der sich eine Person befindet, die psychotherapeutische Hilfe sucht.

Das Modell des Focusing beschreibt in sechs Schritten jenen Prozeß, der abläuft, wenn eine Person mit ihrem inneren Erleben so Kontakt aufnimmt, daß es zu einer deutlichen, spürbaren Veränderung kommt. Focusing kann dabei bevorzugt jenen Sinneskanal nützen, der für die jeweilige Person besonders geeignet ist – also auch Focusing von Klängen, Bildern und Bewegungen.

Die sechs Focusing-Schritte seien hier nur kurz erwähnt; wer sie genauer verstehen möchte, kann sich in der angegebenen Literatur weiter orientieren.

1. Raum schaffen
2. Die gefühlte Bedeutung (›felt sense‹), bezogen auf das gewählte Thema, sich bilden lassen
3. Einen passenden Begriff (Symbol) für diesen ›felt sense‹ finden
4. Sicherstellen, daß der gefundene Begriff mit der körperlich gefühlten Bedeutung wirklich verbunden ist
5. Die Entfaltung der gefühlten Bedeutung durch innere Achtsamkeit und durch geeignete, offenlassende Fragen fördern
6. Die erweiterte, veränderte Bezugnahme zum gewählten Thema und alle wahrgenommenen Änderungen (gerade auch in der körperlichen Befindlichkeit) dankbar annehmen – und allem ›einen guten Platz geben‹.

Fallbeispiel

Ein 29jähriger Mediziner, unverheiratet, klagt über Unentschlossenheit in beruflichen Dingen (Doktorarbeit schreiben, sich für eine Spezialisierung entscheiden), über kontaktbehindernde, zwiespältige Empfindungen gegenüber attraktiven Frauen und über mangelndes Durchsetzungsvermögen. Er ist einsam und fürchtet, ein ›Hagestolz‹ zu werden.

Unsere zunächst verhaltensorientierte Arbeit (Aktivierung, Verträge mit sich selbst, Aufbau und Pflege von neuen Kontakten) erbringt zunächst einige beachtliche Ergebnisse (z. B. Entscheidung für eine neue medizinische Fachrichtung, flexibleres Verhalten im Umgang mit Frauen). Der grundlegende Konflikt wird aber nicht gelöst. So fällt der Klient immer wieder in seine pessimistisch-depressive Haltung zurück. Mit seinen eigenen Versuchen, in psychoanalytischer Manier diesen ›Widerstand‹ zu deuten, macht er sich nur noch hilfloser. Er beginnt, sich damit abzufinden, daß ›das Leben halt so ist‹.

In der 25. Sitzung thematisiert der Klient wieder einmal sein

Kontaktproblem – insbesondere sein Problem mit dem Beenden von Beziehungen. Auf meine Einladung hin, das zu focussieren, entwickelt sich bei ihm – aus der gefühlten Bedeutung (›felt sense‹) – spontan ein inneres Bild, über das er sehr überrascht ist. Es ist das Gesicht seiner Mutter, wie sie beim Abschied schaut: mit einem traurig-verzichtenden Ausdruck, ›der sie alt macht‹.

In kürzester Zeit entwickelt sich daraufhin beim Klienten eine neue, auch gefühlshaft stimmige Sicht seiner Dinge.

Nach zwei abrundenden Sitzungen beenden wir die Therapie. Vier Monate später berichtet mir der Klient befriedigt, daß er dabei sei, seine Dissertation fertigzuschreiben und auch seine Beziehungen zu Frauen auf seine Weise zu gestalten.

Verbindungen zu anderen therapeutischen Schulen

Focusing wurde vor dem Hintergrund der Theorien von Carl Rogers und der Praxis der klientenzentrierten Psychotherapie entwickelt (vgl. Kap. 3.1). Die Theorie des Focusing ist prinzipiell undogmatisch und offen für Erweiterungen auf der Basis neuer Erkenntnisse.

Zusammenfassung

Der Focusing-Prozeß ist in allen effektiven Psychotherapiemethoden aufzufinden. Focusing als Methode führt gezielt zum Kontakt mit dem ganzheitlichen Erleben und seiner tieferen Bedeutung für die Person – auf der Ebene in uns, wo sich die wirkliche Änderung und Integration spürbar ereignet.

Literatur

Gendlin, E.: Focusing, Salzburg, Müller-Verlag 1981

Siems, M.: Dein Körper weiß die Antwort, Reinbek, Rowohlt-Verlag (rororo-TB 7968) 1986

Wild-Missong, A.: Neuer Weg zum Unbewußten, Salzburg, Müller-Verlag 1983

Ausbildungsinstitute

In Deutschland wird die Weiterbildung in Focusing seit 1977 am Institut für Integrierte Therapie
Konradstraße 16
8000 München

Telefon: 089/336255
durchgeführt. Im norddeutschen Raum gibt es das
Institut für angewandte Psychologie
Alter Markt 14
2300 Kiel
Telefon: 0431/93450.
Das Internationale Focusing Network (IFN),
Marktstraße 8
8000 München 40
Telefon: 089/393110
informiert über Focusingtherapeuten und Weiterbildungsmög-
lichkeiten.

Angaben zum Autor
Wilhelm Gerl, Diplom-Psychologe
siehe 3.1 Klientenzentrierte Psychotherapie

4 Körperorientierte Verfahren

4.1 Bioenergetik, Biodynamik, Biosynthese

Geschichtliche Entwicklung und gegenwärtiger Stand
Die neuen körperorientierten Psychotherapien gehen auf den
Freud-Schüler Wilhelm Reich und seine in den 30er Jahren entwickelte ›charakteranalytische Vegetotherapie‹ zurück. Reich
trug als erster Psychoanalytiker der Tatsache Rechnung, daß
sich der individuelle Charakter einer Person direkt im Körper
manifestiert. Körper und Seele sind nach Reich funktionell identisch. Die Lebensgeschichte ›fleischt sich ein‹ und drückt sich
über Körperhaltung, Atemmuster, Muskelspannung, unwillkürliche Gestik etc. aus. Diese als ›Charakterpanzer‹ bezeichneten
Spannungsmuster halten ursprüngliche traumatisierende Erfahrungen sowie sexuelle Gefühle in Verdrängung. So schützen sie
den Menschen vor schmerzlichen oder überwältigenden Erfahrungen von innen und außen, schränken aber auch seine Erlebnisfähigkeit ein.

Unzufrieden mit den klinischen Erfolgen der rein verbal
orientierten Psychoanalyse, wollte Reich den therapeutischen
Prozeß intensivieren und verkürzen. Die durch den ›Charakterpanzer‹ gebundenen Gefühlsqualitäten reaktivierte er mittels ex-
pressiver Bewegung, Atembefreiung oder Massage. Die direkte
Arbeit mit den Strukturen und vegetativen Äußerungen des Körpers (daher ›Vegetotherapie‹) ermöglichte affektives und effek-
tives Wiedererleben unverarbeiteten Leids, geleugneter Bedürfnisse und unterdrückter Lust. In seinem Buch ›Charakteranalyse‹ (1933, 1942) führt er wichtige Ergänzungen für die psychoanalytische Technik ein und stellte eine erste körperbezogene
Charakterlehre vor. Klinische Beobachtungen und bio-phy-
sikalische Versuche ließen ihn eine ›Bioenergie‹ postulieren. Ihr

freier und gesunder Fluß findet nach Reich seinen deutlichsten Ausdruck in der Hingabefähigkeit an unwillkürlich pulsierende Lebensäußerungen, wie den Orgasmusreflex. Vitale Ausdrucksfähigkeit im weitesten Sinne war für ihn ein wichtiges Indiz für Gesundheit. Bei der Auflösung der Panzerungen fand Reich drei Schichten, die ihn zum Konzept der ›Widerstands-Analyse‹ führten: die Schicht der ›sozialen Maske‹ scheinbarer Kooperationsbereitschaft, darunter die Schicht der ›sekundären Triebe‹, jene verdrängten Reaktionen auf die traumatischen Erlebnisse und Unterdrückung primärer Bedürfnisse und, zuinnerst, die Schicht der ›primären Bedürfnisse‹ selbst, der Kern der Persönlichkeit.

Dies bildet auch heute noch den Konsens, an den die Neo-Reichianer jeweils anknüpfen.

Die wichtigsten Ansätze sind:

Die Bioenergetische Analyse nach Lowen und Pierrakos:
Alexander Lowen war Reichs Patient, wurde von ihm ausgebildet und gründete 1956 sein Institut für Bioenergetische Analyse in New York. Er und der Reich-Schüler John Pierrakos erarbeiteten eine Methodologie, die sich systematisch mit der Beziehung zwischen Körperausdruck und Persönlichkeit beschäftigt. Mit ihrer detaillierten Beschreibung charaktertypischer Körperstruktur und der systematischen Technik ihrer Veränderung haben sie sicherlich den wichtigsten Beitrag für die therapeutische Praxis in der Nachfolge Reichs geleistet.

Pierrakos gründete ebenfalls ein Institut in New York und leitet auch in Deutschland bioenergetische Fortbildungen unter dem Namen ›Core-Energetic-Therapy‹.

Die folgenden Ansätze schließen die Arbeit von Reich, Lowen und Pierrakos im wesentlichen mit ein und werden daher nur auf ihre ergänzenden Beiträge dargestellt.

Die Biodynamische Therapie nach Boyesen:
Die Biodynamische Therapie der norwegischen Physio- und Psychotherapeutin Gerda Boyesen steht der ursprünglichen Vegetotherapie Reichs am nächsten. Auch sie nimmt Einfluß auf die Dynamik des vegetativen Nervensystems, das Emotionen,

Stoffwechsel, Mimik und viele andere unwillkürliche Prozesse steuert. Sie betont, wie wohl kein anderer Ansatz, die Fähigkeit unseres Organismus zu Selbstheilung und Selbstregulation. Ihr wichtigster Beitrag ist somit auch die Erforschung selbstregulatorischer Funktionen innerer Organsysteme, insbesondere des Verdauungssystems. Sie entwickelte spezielle Massagetechniken, mit der man die Doppelfunktion der Verdauungsorgane unterstützt: die Verdauung der Nahrung sowie auch die Regulierung unausgedrückter Emotionen mit ihren Stoffwechselrückständen. Die peristaltischen Wellen des Verdauungsprozesses treten nämlich auch als Reaktion auf organischen Druck auf, der durch emotionalen Streß bedingt ist. Dies nennt Boyesen ›Psycho-Peristaltik‹. Unter Verwendung eines dem Bauch anliegenden Stethoskops kann nun gezielt an den Körperstellen massiert werden, die die ›Psycho-Peristaltik‹ anregen. Die biodynamischen Massagen können so individuell die Streßmuster aus dem Körper lösen und den Menschen zu seiner ›Primären Persönlichkeit‹ zurückführen. Charakteranalytische Psychotherapie steht hierbei nicht im Vordergrund, wird aber ergänzend mit angewendet.

Die Hinwendung der Biodynamik zu den organismischen Veränderungsprozessen wirkte sich auch auf den Stil der bioenergetischen Arbeit aus. Das vom ehemaligen Sportmediziner Lowen geprägte konfrontierende und strukturbezogene Vorgehen wurde um die eher weiblichen Aspekte des Gewährens, Schmelzens und Annehmens erweitert.

›Bio-Release‹ nennt Gerda Boyesens Tochter Mona Boyesen eine von ihr zusammengestellte Sequenz von Selbsthilfetechniken (Massage, Entspannungs- und Streßbewältigungsübungen) aus dem Fundus der Biodynamischen Therapie.

Biosynthese-Therapie nach Boadella:
David Boadella (London) vereinigte die teilweise rivalisierenden Körpertherapien durch seinen Beitrag. In Anlehnung an Embryologie und Morphologie stellt er die Integration bioenergetischer Erfahrungsebenen in den Mittelpunkt. Während der Embryonalentwicklung teilt sich die eine, ursprüngliche Lebensenergie in die drei Gestaltungsströme des Mesoderm, Endoderm

und Ektoderm. Wenn man Lowens Bioenergetik als ausdrucksorientierte ›mesodermale Therapie‹ bezeichnet, da er hauptsächlich mit den Spannungen der Skelettmuskulatur arbeitet, hat Gerda Boyesen durch das Einbeziehen der selbstregulatorischen Fähigkeiten innerer Organsysteme eine ›endodermale Therapie‹ begründet. Die verbalen Psychotherapien und funktionale Bewegungstherapie könnten analog als einsichtsorientiert oder ›ektodermale Therapie‹ bezeichnet werden.

Boadella bezieht die drei wesentlichen psycho-physischen Funktionen, die Ausdrucksfähigkeit, Empfindungsfähigkeit und Einsicht und damit die meso-, endo- und ektodermale Körperstruktur, über die man gezielt Einfluß auf diese Funktionen nehmen kann, in seine Biosynthese ein.

Der gesunde Mensch lebt diese drei Aspekte in jedem Moment integriert, d. h. sein Ausdruck ist verbunden mit seinem Empfinden und angemessen zum Erreichen einsichtiger Ziele. Eine neurotische Charakterstruktur äußert sich durch abgespaltene Aspekte, wenn z. B. der Volksmund von ›kopflastig‹, dem ›Gefühlsmenschen‹ oder ›Macher‹ spricht. Boadella, der mit vielen Pionieren der Körpertherapie zusammengearbeitet hat, differenzierte die Therapietechniken in bezug auf ihren integrativen Einfluß auf diese drei Aspekte. So wird deutlich, welcher Ansatz den einzelnen fördert oder gar eine Spaltung bestärkt.

Menschen- und Weltbild

Grundannahme und Ziel der körperorientierten Psychotherapien ist die Ganzheitlichkeit des Menschen. Nach dem energetischen Denkmodell sind Körper und Geist keine getrennten Systeme, sondern miteinander verbundene Aspekte desselben Organismus. Verschiedene Blockierungen im Körper, z. B. durch chronische Muskelverspannungen oder Fehlhaltungen, können den Energiefluß an bestimmten Stellen im Körper beeinträchtigen oder sogar unterbrechen und dadurch zu Störungen führen. Der individuelle Energiefluß bzw. seine Blockierungen bestimmen daher die Art und Weise, wie ein Mensch fühlt, denkt und unter welchen Symptomen er leidet.

Durch die gezielte Arbeit mit dem Körper werden Spannungen und Blockierungen gelöst; der Körper, die Verhaltensweisen und Gedanken werden flexibler, die individuelle Realität kann besser bewältigt werden.

Anwendungsbereiche
Für wen eine körperorientierte Psychotherapie in Frage kommt, sagt schon der Titel des Übungsbuches ›Bioenergetik für jedermann‹ (Lowen 1977). Als behandlungsfähig gilt der Mensch mit Psycho- und Charakterneurose ebenso wie der psychosomatisch Kranke, der Psychotiker bis zum unbewußt-unerfüllten Alltagsmenschen unserer Zeit.

Ablauf der Therapie
Die Dauer der Therapie variiert stark. Sie ist abhängig von der Stärke der Störung, von der nötigen Integrationsarbeit für neue Erfahrungen, der Arbeit an einem tragfähigen sozialen Netz im Alltag und vom individuellen Geschick des Therapeuten. Die Behandlung kann sich also über einen Zeitraum von wenigen Stunden bis zu mehreren Jahren erstrecken. Dabei sind entscheidende Fortschritte in wenigen Monaten, manchmal Wochen, nicht selten. Die Behandlungsabstände können variieren von anfangs mehrmals wöchentlich bis später einmal mehrwöchentlich.

Die Therapie kann in Einzelbehandlung oder als Gruppentherapie durchgeführt werden.

Die Kosten betragen zwischen 60, – DM und weit über 100, – DM pro Sitzung, je nach Selbsteinschätzung des Therapeuten. Die Kassen übernehmen keine Kosten, mit Ausnahme der Therapie in bestimmten psychosomatischen Kliniken.

Behandlungsmethoden
Die Hauptaspekte der Bioenergetischen Analyse sind:

1. Körperliche Übungen zur allgemeinen Vitalisierung und Befreiung der Atmung, zur Lösung aus charakteristischer Erstarrung, Befreiung unterdrückten Ausdrucks und Einübung unbekannten Ausdrucks.

Durch ›Grounding‹ (etwa: Erdung, Verwurzelung) lernt der Patient, sein Identitätsgefühl unmittelbar über körperliche Besinnung zu erfahren. Im Kontakt mit der Schwerkraft öffnet er sich seinem inneren Empfinden und erlebt dabei − im Verbundensein mit dem lebendigen Pulsieren seines gegenwärtigen Daseins − seine Beziehungsfähigkeit zu anderen.

Wenn z. B. jemand solche Wahrnehmungen bei sich stereotyp blockiert − etwa auf starren Beinen mit am Körper anliegenden Armen steht −, ist es Aufgabe der Übungen, diesen statischen ›Charakterwiderstand‹ in dynamisches Erleben umzuwandeln. Dies ist möglich mit Hilfe bestimmter Ausdrucksbewegungen, wie Treten, Drücken, Ausbreiten der Arme etc., eventuell unter Einbeziehung der Stimme, bestimmter ›Streßhaltungen‹ oder auch eines helfenden Gegenübers. Dabei zeigen sich charaktertypische Gefühle, Unsicherheiten oder starke Affekte manchmal dramatischen Ausmaßes.

2. In der Analyse dieses körperlich-psychischen Geschehens werden die auftauchenden Erlebnisse und Emotionen den entsprechenden Situationen der Lebensgeschichte zugeordnet, die wesentlichen charakterbildenden Über-Lebensstrategien aufgedeckt und

3. auf ihre einschränkende und unterstützende Funktion hin überprüft und relativiert. Dies leitet die Integration der in der Therapie gewonnenen Erfahrungen in den Alltag ein. Die aus den Charakterhaltungen befreite Kraft führt den Patienten − über eine bloße Wiederanpassung an die äußere Norm hinaus − zum selbstverantwortlichen, lebensbejahenden, liebes- und leidensfähigen Erwachsenen.

Biodynamik und Biosynthese arbeiten mit speziellen Massagetechniken und Körperübungen.

Fallbeispiel
Anne, Anfang zwanzig, nahm an einer fortlaufenden Therapiegruppe teil. Sie achtete stets sorgfältig darauf, daß ihr Körper vollständig durch ihre Kleidung verdeckt war. Ihr sonst freundliches Auftreten wurde bei kleinsten Komplimenten bezüglich ihrer attraktiven Erscheinung jäh unterbrochen. Sie äußerte dann starken Ekel und haßerfüllte Gefühle gegenüber Männern.

Nachdem sie ein wenig Vertrauen gewonnen hatte, erforschten wir in Gesprächen, was aus ihrer Lebensgeschichte mit ihren

Reaktionen, die sie selbst unglücklich machten, zusammenhängen könnte: zweimal hatte sie sich in betäubtem oder alkoholisiertem Zustand mit Männern eingelassen und bittere Erfahrungen gemacht. Ihr Vater, der an einem Hüftschaden litt, erweckte bei ihr zudem oft Schuldgefühle, wenn sie sich lustbetont zeigte. »Du weißt ja nicht, was es heißt, so leben zu müssen«, war dabei sein Tenor. Als kleines Kind war sie einmal von einem Auto erfaßt worden und wurde auf derselben Seite wie ihr Vater am Bein verletzt und operiert.

Das Mitteilen dieser Ereignisse löste zwar Betroffenheit aus, änderte aber nicht ihre Symptomatik. Auch die Zuwendung und das Verstehen einzelner Gruppenteilnehmer brachte nicht viel. Der Ausdruck unerbittlicher Ablehnung umgab sie.

Eine spontane Wendung erfolgte nach einigen Sitzungen während einer atemtherapeutischen Arbeit im Liegen. Sie streckte die Arme aus und ihre Atmung vertiefte sich, wobei allmählich ein starker Ausdruck des Grauens in ihr aufzusteigen begann. Angst und Schmerz standen in ihrem Gesicht und ihr Körper bebte, ohne daß sie schreien konnte.

Als ich sie spontan fest umfaßte, schrie sie und fiel mich mit unglaublicher Wut an. Nur mit aller Kraft und Hilfe der anderen konnte ich sie halten. Dieser Ausbruch dauerte etwa zwei Minuten, bis sie sich etwas entspannte und tränenüberflutet in unseren Armen verweilte. Sie hatte die Szene als kleines Mädchen nach dem Autounfall auf dem Operationstisch wiedererlebt, die sie völlig verdrängt hatte. Damals wurde sie von mehreren Ärzten am offenen Bein operiert, als sie plötzlich aus der Narkose aufwachte und die Ärzte über sich, sie festhaltend, als lebensbedrohende Bande erwachsener Männer erlebte, die sie mit Messern traktierten.

Dieses Trauma lag also all den Situationen zugrunde, die wir verbal erforscht hatten und bestimmte ihre emotionale Dynamik grundlegend. Nun fand der unangemessene Haß gegenüber Männern einen Sinn.

Nach diesem Erlebnis begann Anne, ein deutlich positiveres Verhältnis zu ihrem Körper und ihrer Weiblichkeit zu entwikkeln. Vor allem konnte sie ihre weiche Seite und ihre Trauer annehmen.

142

Sie entschloß sich nach diesem Erlebnis zu einer anschließenden Therapie, um an weiteren Aspekten ihrer Selbstfindung zu arbeiten.

Verbindungen zu anderen therapeutischen Schulen

Bioenergetik, Biodynamik und Biosynthese gehören als körperorientierte Therapieverfahren zu den Verfahren der Humanistischen Psychotherapie, die von der Ganzheitlichkeit des Menschen ausgehen. Im Gegensatz zu den anderen Verfahren wie z. B. der Gestalttherapie, die sich zwar auch für den körperlichen Ausdruck interessieren, wird in der körperorientierten Therapie der Körper des Klienten systematisch und unmittelbar in die therapeutische Arbeit mit einbezogen.

Zusammenfassung

Als körperorientierten Therapieverfahren liegt der Bioenergetik, der Biodynamik und der Biosynthese die Grundannahme der Ganzheitlichkeit des Menschen zugrunde. Körper und Geist sind miteinander verbundene Aspekte des Organismus. Blockierungen im Energiefluß des Körpers führen daher zu verschiedenen Störungen, die sich nicht nur in körperlichen Symptomen, sondern auch in der Art zu denken und zu fühlen ausdrücken. Mit Hilfe verschiedener Methoden und Übungen kann der Klient seine Blockierungen bewußter wahrnehmen, ihre Bedeutung für sich erfassen und eine schrittweise Änderung einleiten.

Literatur

Wilhelm Reich: Funktion des Orgasmus, Frankfurt, Fischer-Verlag 1942

Gerda Boyesen: Über den Körper die Seele heilen, München, Kösel-Verlag 1987

David Boadella: Wilhelm Reich, sein Leben und sein Werk, München, Fischer Verlag 1987

Alexander Lowen: Bioenergetik, Reinbek, Rowohlt-Verlag 1975

Alexander Lowen: Der Verrat am Körper, Reinbek, Rowohlt-Verlag 1967

Ron Kurtz: Körperzentrierte Psychotherapie, Essen, Synthesis-Verlag 1985

Ausbildungsinstitute
Göttinger Zentrum für Biodynamische Körperpsychotherapie
Lotzestraße 5
3400 Göttingen
Telefon: 0551/7059997

Norddeutsches Institut für Bioenergetische Analyse e. V.
Postfach 1422
4973 Vlotho
Telefon: 05733/3815

Zentrum für Biosynthese
Hardeggstraße 23 b
CH-8049 Zürich

Angaben zum Autor
Thomas Tepfer, geb. 1957, Psychotherapeut und Heilpraktiker,
Psychotherapieausbildungen bioenergetischer Orientierung bei
der Boyesen Foundation, Ken Speyer und David Boadella (Bio-
dynamische Therapie, Biosynthese), Ausbildung in Transperso-
naler Psychologie und Holotroper Therapie bei Stanislav Grof;
Hypnotherapie (NLP) bei Thies Stahl. Tätig in privater Praxis
in München.
Praxis für Körper- und Psychotherapie
Nordendstraße 5
8000 München 40
Telefon: 089/2718877

4.2 Core Energetik Therapie

Geschichtliche Entwicklung und gegenwärtiger Stand

Die Core Energetik Therapie steht in der Tradition der tiefen-
psychologischen Therapien. Sie wurde in den USA von Dr. med.
John Pierrakos entwickelt. Aufbauend auf die Arbeiten von
Freud, Jung und Reich begründete er zusammen mit Alexander
Lowen die Bioenergetische Analyse.

Da ihm das medizinische Modell der Bioenergetik zu begrenzt
erschien, entwickelte er in Zusammenarbeit mit seiner Frau Eva

144

eine ganzheitliche therapeutische Methode, in die er auch die spirituelle Seite des Menschen mit einbezieht: Die Core Energetik. Sie ist in erster Linie in Nord- und Südamerika sowie in Europa vertreten. In Deutschland bilden sich immer mehr Psychotherapeuten und Psychologen in dieser Methode weiter.

Menschen- und Weltbild
Die Core Energetik Therapie basiert auf folgenden Prinzipien:

a) Die menschliche Person ist eine psychosomatische Einheit.

b) Die Quelle für Heilung und Heil liegt in uns selbst und nicht bei einer äußeren Instanz, wie Arzt oder Therapeut.

c) Alles, was existiert, bildet eine Einheit, die sich in einem evolutionären Prozeß befindet.

Mit Core (englisch: Kern, Innerstes) wird unser kreativer Wesenskern bezeichnet, der zur Selbstentfaltung und Verwirklichung drängt und eine Quelle von lebens- und liebesbejahender Energie ist. Diese innere Quelle ist jedoch oft von neurotischen Mechanismen wie Angst und Abwehr getrübt. Doch führt uns ein tiefes und intuitives Wissen in unserem ›Core‹ immer wieder in Situationen und Schicksale, die uns eine Chance zum Wachstum und zur Heilung bieten.

Anwendungsbereiche
Die Core Energetische Methode unterscheidet nicht strikt zwischen krank und gesund. Sie ist daher für alle Menschen geeignet, die für sich selbst die Verantwortung übernehmen können, ganz gleich, ob sie an Krankheitssymptomen leiden, in ihrer persönlichen Entwicklung feststecken oder in der Partnerbeziehung in einer Krise sind und sich unglücklich fühlen.

Das Hauptinteresse gilt nicht den Defekten und Abwehrmechanismen, sondern den Selbstheilungskräften (Core qualities) und Mitteln zur Selbsthilfe.

Da die Therapie Körper, Emotionen, Geist und Seele mit in die Arbeit einbezieht, ist sie natürlich besonders bei psychosomatischen Störungen angezeigt.

Ablauf der Therapie
Zu der Therapie kann sich jeder anmelden, der professionelle Hilfe braucht. Sie wird als Einzel- und Gruppentherapie und in

sogenannten ›Intensivphasen‹ von einer bis drei Wochen durchgeführt. Es ist mit einer Gesamtdauer von sechs Monaten bis zu
drei Jahren (bei einer Sitzung pro Woche) zu rechnen. Als tiefenpsychologische Therapie kann sie auch über die Krankenkasse abgerechnet werden.

Behandlungsmethoden
Da der Mensch als eine Einheit von Körper, Gefühl, Geist und
Seele gesehen wird, wird in der Core Energetik auf allen diesen
Ebenen gearbeitet. Die Methoden sind energetische Körperar-
beit, Atemtherapie, Charakteranalyse, Scriptanalyse und thera-
peutische Trance.

Das Typische an der Core Energetik sind die intensiven ka-
thartischen Abreaktionen bei der Gefühlsarbeit, das gesteigerte
körperliche und seelische Wohlbefinden sowie die positive und
lebensbejahende Einstellung bei Therapeuten und Klienten.

Fallbeispiel
Eine 28jährige Frau klagt über sexuelle Unzufriedenheit und to-
tale Orgasmusunfähigkeit mit ihrem Freund, den sie liebt, aber
›körperlich irgendwie ablehnt‹. In der therapeutischen Arbeit
wird gezielt an ihrem tiefsitzenden negativen Männerbild und
den daraus resultierenden Energieblockierungen in ihrem Körper gearbeitet. Es kommt zu starken Aggressionsausbrüchen
und befreienden emotionalen Abreaktionen.

Nach 6 Monaten Einzel- und Gruppentherapie ist sie bereit,
eine Lebensgemeinschaft mit ihrem Freund einzugehen und berichtet von beglückenden sexuellen Erlebnissen.

Verbindungen zu anderen therapeutischen Schulen
Core Energetik steht in der Tradition der tiefenpsychologischen
Schulen. Sie verbindet körper-, gefühls- und bewußtseinsorien-
tierte Verfahren zu einer einzigartigen Synthese.

Zusammenfassung
Die Core Energetik ist eine tiefenpsychologisch fundierte Therapie, die die Gesamtheit der menschlichen Existenz in ihre Arbeit
einbezieht. Als körperorientiertes Verfahren hat sie einen

Schwerpunkt bei der Psychosomatik. Sie ist ein energetisches Verfahren zur Aktivierung der Selbstheilungskräfte.

Literatur
John Pierrakos: Core Energetik, Essen, Synthesis-Verlag 1986
   Albert Pesso: Dramaturgie des Unbewußten, Stuttgart, Klett-Kotta-Verlag 1987

Ausbildungsinstitute
Core Energetik Institut
Grafenhaun 6 1/2
8301 Hohenthann
Telefon: 08784/1219 (12.00 – 19.00 Uhr)

Angaben zum Autor
Lorenz Wiest, geb. 1941 in Ungarn, Diplom-Psychologe, Klinischer Psychologe (BDP). Nach fünfjähriger Industriearbeit Studium der Psychologie. 1971 – 1975 Tätigkeit als Gefängnispsychologe und Dozent an einer Fachschule für Erzieher in Berlin. Hier vierjährige orthodoxe Analyse und analytische Gruppenarbeit. 1976 – 1978 Ausbildung zum Primärtherapeuten in Los Angeles. 1978 – 1986 Mitarbeiter des Zentrums Coloman. Fortbildung in Bioenergetik, Primärtherapie, Psychomotor-Therapie (nach A. Pesso) und Ausbildung zum Core Energetik Therapeuten. Gründer und Leiter des Core Energetik Instituts in Deutschland.

4.3 Rolfing

Geschichtliche Entwicklung und gegenwärtiger Stand
Rolfing ist eine nach Ida Rolf benannte Methode, die in einer Serie von zehn Sitzungen sowohl die sichtbare Körperstruktur ins Lot bringt, als auch auf das innere Gleichgewicht fördernd einwirkt.
   Dr. Ida Rolf, die in den dreißiger Jahren als Biochemikerin am Rockefeller-Institut in New York tätig war, konzentrierte

sich auf die chemischen und physikalischen Eigenschaften des Bindegewebes sowie dessen Veränderbarkeit durch äußere Einflüsse. Gleichzeitig studierte sie manipulative Techniken und Methoden wie Homöopathie und Osteopathie und experimentierte mit Yoga.

Hiervon geprägt war ihre Suche nach einer praktischen Methode, die eine Synthese von östlichem und westlichem Wissen darstellt, um dem Menschen zu einem besseren Gleichgewicht in sich selbst und seiner Umwelt zu verhelfen.

Ein häufig unbeachteter Faktor dieser Umwelt ist die Gravitation (Schwerkraft). Sie wirkt beständig auf uns ein und formt oder verformt uns, je nachdem, wie wir sie zu nutzen wissen.

Ida Rolfs Methode liegen zwei Annahmen zugrunde:

a) Es gibt für jeden Körper eine ideale Struktur, die ihm leichte, freie und mühelose Bewegungen ermöglicht.

b) Diese Struktur ist aufgrund der Eigenschaften des Bindegewebes veränderbar.

Diese Einsichten waren der Schlüssel zu der von ihr entwickelten ›Strukturellen Integration‹, einer manuellen Einwirkung auf das muskuläre Bindegewebe; heute hat sich dafür der Name ›Rolfing‹ eingebürgert.

Ida Rolf hat ein Institut gegründet, das neue ›Rolfer‹ ausbildet, Fortbildungsprogramme veranstaltet und als Dachorganisation 600 Rolfer in aller Welt betreut.

Menschen- und Weltbild

Ziel des Rolfing ist, das verkürzte muskuläre Bindegewebe zu befreien, so daß sich der Körper um die innere aufrechte Achse herum anordnen und in der Schwerkraft ökonomischer funktionieren kann.

Auch emotionaler Streß wirkt sich auf die Position der Körperteile zueinander aus. »Ich fühle mich depressiv – ich lasse den Kopf hängen – ich kriege keine Luft mehr« sind solche Beschreibungen innerer Wahrnehmungen und auch äußerlich sichtbarer Strukturveränderungen des Organismus.

Beim Rolfing geht man davon aus, daß gefühlsmäßige Einstellungen auf die Dauer eine Auswirkung auf die Körperstruktur haben und sich im Bindegewebe ›abbilden‹. Genauso wirken äußere Einflüsse, wie kleinere und größere Verletzungen, Unfälle, Krankheiten, Vererbung und unbewußte Gewohnheiten auf die Körperform und -funktion. Sie prägen also die gesamte ›Gestalt‹ des Menschen und bedingen so die körperliche und emotionale Ausdrucks- und Erlebnisfähigkeit. Mit der Befreiung des Körpers von Fixierungen im Bindegewebe können sich auch emotionale Blockaden und andere ›eingefleischte‹ Muster lösen.

Anwendungsbereiche

Die Methode versteht sich nicht als medizinische Disziplin oder Therapie, da dies einen Krankheitsbegriff voraussetzen würde. Sie will nicht einen ›gesunden‹ Zustand wiederherstellen, sondern beansprucht, neue körperliche Bedingungen zu schaffen, die eine neue Entwicklung einleiten und möglich machen. Die meisten Rolfer sind daher keine Mediziner, Psycho- oder Physiotherapeuten. Es werden keine Diagnosen im eigentlichen Sinn gestellt und keine Krankheiten behandelt. Im Rolfing tendiert man dazu, eine Grundserie von zehn Sitzungen durchzuführen. Dies erlaubt, den Körper in ein neues und besseres Gleichgewicht zu bringen und dort zu stabilisieren. Die verbesserte Struktur führt zu einer besseren Funktion des sogenannten Bewegungsapparates. Daß sich als Folge davon Beschwerden häufig vermindern oder sogar verschwinden, ist eigentlich Nebenwirkung.

Nicht geeignet ist Rolfing für Menschen mit festgestellten entzündlichen oder metastasierenden Leiden, sowie bei psychiatrischen Erkrankungen.

Ablauf der Therapie

Die Behandlung beginnt mit einem Vorgespräch über die individuelle Geschichte des Klienten, das klären soll, welche Faktoren seinen Körper geformt haben könnten. Danach schließt sich meist gleich die erste Sitzung an. Der Preis pro Sitzung (eine Stunde) liegt zwischen 120,– und 150,– DM. Meist finden die zehn Sitzungen in wöchentlichen Abständen statt, so daß sich der Behandlungszeitraum über ungefähr drei Monate erstreckt.

Die Wartezeiten sind sehr unterschiedlich. Bei manchen Rolfern ist ein sofortiger Beginn möglich, bei anderen gibt es eine Wartezeit bis zu zehn Monaten (ortsabhängig).

In der Regel kann man nicht von einer Kostenübernahme durch die Krankenkassen ausgehen.

Behandlungsmethoden

Ida Rolf entwickelte über lange Zeit das jetzt gültige Schema von zehn aufeinanderfolgenden Sitzungen. Weil der Körper ein zusammenhängendes System hat, kann nicht ein Teil verändert werden, ohne daß zugleich im übrigen Körper eine erneute Anpassung nötig wird. Die Sitzungen führen von der Arbeit an der Oberfläche und Peripherie zur Organisation der tiefen Gewebe, von mehr lokaler Arbeit zur Integration größerer Bereiche. Zu Beginn jeder Sitzung betrachtet der Rolfer den Körper des Klienten im Stand und in der Bewegung und stellt fest, wo der Körper verkürzt und undurchlässig ist, wo er länger und aufrechter sein könnte. Danach legt sich der Klient in verschiedenen Positionen auf einen breiten Massagetisch. Der Rolfer benutzt dann Hände, Knöchel und gelegentlich den Ellbogen, um mit vorsichtigem Druck befreiend und ordnend auf das Gewebe einzuwirken. Der Klient unterstützt dies durch gezielte Bewegungen und bewußtes Atmen. Die innere Aufmerksamkeit des Klienten ist eine wichtige Voraussetzung für die Veränderung und dauerhafte Umstrukturierung ›eingefleischter‹ Muster. Das Lösen von chronisch verdichtetem Gewebe kann als schmerzhaft und befreiend zugleich empfunden werden. Auch können Gefühle und Erinnerungen auftauchen, die in die Behandlung integriert werden.

Die Arbeit im Liegen wird durch Manipulationen im Sitzen, Stehen und Gehen ergänzt, so daß neue Haltungs- und Bewegungsmuster ins Bewußtsein gebracht werden.

Die äußerlichen Veränderungen werden durch Vorher/Nacher-Photos vom Klienten dokumentiert.

Fallbeispiel

Rolfing-Sitzungen werden von jedem unterschiedlich erlebt. Die einen durchleben einen sehr wohltuenden Prozeß, andere berichten von einem intensiven, spannungslösenden Schmerz, wieder andere erleben eine meditative Ruhe und Erleichterung.

Herr S., 39 Jahre, kommt zum Rolfing, weil er etwas für seinen Körper tun will, sich ›fremd in ihm fühlt‹. In seiner frühen Jugend hatte er einen schweren Skiunfall, bei dem er sich beide Knöchel brach.

2. Sitzung: Strukturelles Ziel ist es, ein Fundament unter den Menschen zu bringen — die Füße unter den Körper zu stellen. Die Arbeit an den Füßen und Unterschenkeln ist für Herrn S. sehr schmerzhaft. Sehr bald beginnt er wütend zu werden und zu brüllen, obgleich der Therapeut ihn nicht mehr berührt. Nachdem der Therapeut noch eine Weile behutsam weiterarbeitet, wird er sehr still und Tränen rinnen ihm über die Wangen. »Das tut so weh, so hilflos zu sein.« (Er erzählt von dem mehrwöchigen Krankenhausaufenthalt nach seinem Unfall und der Zeit danach, in der er sich ›grund‹-los und gebrochen fühlte.

Seine ersten Schritte nach dem Aufstehen sind leicht schwankend — sie wirken wie die ersten zaghaften Gehversuche eines Kleinkindes.

Beim Abschied sagt Herr S.: »Das ist, als ob das nicht meine Füße wären, und gleichzeitig erinnere ich mich an sie...«

Allgemein wird von der Mehrzahl der Klienten ein Gefühl von Leichtigkeit und besserer Beweglichkeit beschrieben. Viele erleben durch die Rolfing-Sitzungen psychische und emotionale Veränderungen. Sie sprechen von mehr Lebenskraft, von einer differenzierteren und positiveren Selbstwahrnehmung und von einem Gefühl des Ganz-Seins.

Verbindungen zu anderen therapeutischen Schulen
Die Rolfer bemühen sich um ein kollegiales und kooperatives Verhältnis zu allen therapeutischen Richtungen, insbesondere zu Psychotherapeuten und zu Feldenkrais-Praktizierenden. Vor allem aber zu der Rolfing-Movement-Methode, die hervorragend als Ergänzung zum Rolfing, aber auch als eigenständige Arbeit, geeignet ist.

Zusammenfassung

Rolfing wurde von Dr. Ida Rolf (1896 – 1979) in den USA entwickelt und nach ihr benannt. In einer Basisserie von zehn aufeinander abgestimmten Sitzungen wird das Bindegewebe mit langsamem Druck behandelt, um verkürzte und verspannte Gewebe so zu lösen, daß der Mensch sowohl physisch wie psychisch zu einem dynamischen Gleichgewicht kommen kann. Durch die auf die Struktur des Klienten abgestimmten Sitzungen wird die innere Aufrichtung und das Gleichgewicht um eine zentrale Achse erfahrbar und dauerhaft möglich gemacht. Rolfing ist nicht an einzelnen Symptomen orientiert, es ist eine ganzheitliche Behandlungsmethode.

Literatur

Peter Schwind: Rolfing. Alles im Lot. Der Weg zu körperlichem und seelischem Gleichgewicht, München, Goldmann-Verlag, 3. Auflage 1988

Don Johnson: Rolfing und die menschliche Flexibilität, Essen, Synthesis-Verlag 1980

Ida Rolf: Rolfing, München, Hugendubel-Verlag 1989

Ausbildungsinstitute

Rolf-Institut
Herzogstraße 40/III
8000 München 40

Angaben zum Autor

Christopher Sommer, Jahrgang 1962, Ausbildung am von Ida Rolf gegründeten Rolf-Institut, arbeitet seit 1986 als Rolfer in München.
Bayrischzellerstraße 5a
8162 Schliersee 2
Telefon: 08026/7473

4.4 Feldenkrais-Methode

Geschichtliche Entwicklung und gegenwärtiger Stand
Die Feldenkrais-Methode wurde von Dr. Moshe Feldenkrais
(geb. 1904) entwickelt. Feldenkrais studierte Mathematik, Ma-
schinenbau und Elektrotechnik, seinen Doktor machte er in an-
gewandter Physik. Seit seiner Jugend war er begeisterter Sportler und Judoka. Als er wegen einer alten Knieverletzung, die er
sich beim Fußballspielen zugezogen hatte, mehrere Monate
nicht richtig gehen konnte, fing er an, die Mechanismen des eigenen Körpers zu studieren. Er lernte, mit seinem verletzten
Knie umzugehen und dabei wurde ihm bewußt, wie wichtig es
ist, das Lernen zu erlernen.

In der Folge befaßte er sich intensiv mit der Statik und Dynamik des menschlichen Körpers und mit Neuro- und Verhaltensphysiologie und Neuropsychologie.

1949 erschien sein Buch ›Body and Mature Behavior‹, in dem
er seine Entdeckungen über die Beziehungen zwischen menschlicher Entwicklung, Erziehung und Bewegung darstellte.

1950 wurde er als Leiter des wissenschaftlichen Forschungsin-
stitutes der Armee nach Israel gerufen. Daneben hielt er Vorlesungen in Verhaltensphysiologie und erforschte weiter die Lern-
prozesse beim Menschen. Aus seiner langen Erfahrung entwik-
kelte er schließlich die beiden Techniken der nach ihm benannten Methode.

Er gründete in Tel Aviv ein Institut, an dem er Menschen aus
aller Welt anleitete, von sich selbst besseren Gebrauch zu
machen.

Seit seinem Tod (1984) geben seine langjährigen Assistenten
die Feldenkrais-Methode in Seminaren und Ausbildungen weiter. In der BRD haben sich die Vertreter seiner Methode zur
Feldenkrais-Gilde e. V. zusammengeschlossen.

Menschen- und Weltbild
Die meisten Menschen hören auf, sich weiterzuentwickeln,
wenn sie ›erwachsen‹ sind. Nur wenige entwickeln ihre Person
und ihre Fähigkeiten weiter.

Bewegungen werden häufig immer mehr eingeschränkt, die

Haltung wird immer schlechter. Dabei bemühen wir uns, uns so korrekt wie möglich zu benehmen und kümmern uns in erster Linie darum, ›was‹ wir tun, und nicht so sehr darum, ›wie‹ wir es tun.

In seinem Buch ›Die Entdeckung des Selbstverständlichen‹ schreibt Feldenkrais:»Haben Sie gelernt, das zu tun, was Sie von sich aus am liebsten tun möchten – und wie man es tut? Bedauern Sie, nicht tun zu können, was Sie gern täten? Ich bin nämlich der Ansicht, daß Ihre geheimen Wünsche in Wirklichkeit nicht bloß Wunschträume sind, sondern daß jeder von uns so leben könnte, wie er es sich insgeheim wünscht. Was uns daran hindert, ist Unwissenheit: in der Wissenschaft, in unserer Kultur, und Unkenntnis unserer eigenen Person. Wenn wir nicht wissen, was wir tatsächlich tun, dann können wir unmöglich das tun, was wir möchten.«

Wir identifizieren uns so weitgehend mit unserem Verhalten, daß wir glauben, es sei uns eigen und unveränderlich. Dabei ist nur ein geringer Teil unserer Fähigkeiten ererbt, der weitaus größere Teil ist im Wechselspiel mit unserer Umwelt langsam erlernt. Wir lernen zu laufen, zu sprechen und ein Gemälde in der dritten Dimension zu erkennen. Welche Sprache wir erlernen, wie wir uns bewegen und welche Einstellungen wir haben, hängt davon ab, wo und in welcher Umgebung wir geboren werden. Das Bild, das wir uns durch unsere Erfahrungen von uns machen, wird bestimmend für unser Leben. Unser Tun unterliegt zwar unserem Willen, aber die Art und Weise unseres Handelns ist gewohnheitsmäßig unbewußt.

Wir vergessen unsere menschlichste Fähigkeit: die Fähigkeit zu lernen.

Unter Lernen versteht Feldenkrais, daß wir lernen können, alles, was wir wissen oder tun, auf mehrere verschiedene Weisen zu wissen und zu tun. Es geht nicht darum, Verhaltensweisen zu korrigieren oder durch andere zu ersetzen, sondern herauszufinden, ›wie‹ wir etwas machen. Erst indem wir merken, wie wir dieses oder jenes tun, können wir andere Verfahrensweisen finden und haben eine freie Wahl.

Dieses organische Lernen ist die Art und Weise, wie kleine Kinder lernen. Es hat seinen eigenen Rhythmus und kümmert sich nicht um die Bewertung etwaiger Ergebnisse als gut oder schlecht. Es wird einzig von dem Gefühl der Befriedigung gelenkt, das sich einstellt, wenn ein neuer Versuch als weniger ungeschickt empfunden wird als der vorangegangene.

Für Feldenkrais wurde die Bewegung, die eine zentrale Rolle für alles Lebendige spielt, zum Ansatzpunkt des Lernens: »Das Ziel ist ein Körper, der organisiert ist, sich mit einem Minimum von Anstrengung und einem Maximum an Effizienz zu bewegen, nicht durch muskuläre Stärke, sondern durch erhöhtes Bewußtsein davon, wie er arbeitet.«

Durch dieses Lernen gewinnt das Selbstbild an Klarheit, wird Haltung und Atmung verbessert, Sensibilität, Koordinationsfähigkeit, die allgemeine Lernfähigkeit erhöht und die Selbständigkeit und Selbst-Bewußtheit gefördert.

Anwendungsbereiche

Mit der Feldenkrais-Methode kann jeder (der Gesunde wie der tatsächlich Kranke) lernen, seine Fähigkeiten besser einzusetzen.

Die Feldenkrais-Arbeit kann z.B. im pädagogischen, sportlichen, künstlerischen Bereich und in der Erwachsenenbildung eingesetzt werden.

Das Erlernen von organischer Bewegung verändert nicht nur die Kraft und die Flexibilität des Skeletts und der Muskeln, sondern verursacht auch eine Reorganisation des Nervensystems und eine tiefgreifende Veränderung des Selbstbildes. Daraus ergibt sich im weitesten Sinne des Wortes eine verbesserte Lebensqualität.

Ablauf der Therapie

Die Feldenkrais-Methode wird in Gruppen (Bewußtheit durch Bewegung) in der Regel einmal wöchentlich eine bis eineinhalb Stunden und in Wochenendkursen oder mehrtägigen Seminaren unterrichtet.

Einzelstunden in ›Funktionaler Integration‹ können je nach Interesse und Bedürfnis vereinbart werden.

Die Kosten betragen für eine Gruppenstunde zwischen 12,– und 25,– DM, für eine Einzelstunde zwischen 50,– und 180,– DM.

Die Feldenkrais-Arbeit ist eine Lernmethode und kein therapeutisches Konzept, daher keine Krankenkassenleistung.

Behandlungsmethoden
Die Feldenkrais-Methode kennt zwei Lernformen: ›Bewußtheit durch Bewegung‹ und ›Funktionale Integration‹.

›Bewußtheit durch Bewegung‹ wird vorwiegend in Gruppen über verbale Anweisungen unterrichtet. Über das behutsame Spiel mit kleinen und interessanten Bewegungen entdeckt jeder seine ganz persönliche – vielleicht gewohnheitsmäßige – Art und Weise, sich zu bewegen und spürt, was dem eigenen Organismus möglich und angenehm ist. Spielerisch und fast unmerklich werden die eigenen Grenzen überwunden und die Bewegungsmöglichkeiten erweitert.

Bei der ›Funktionalen Integration‹ – einer vorwiegend nichtverbalen Einzelarbeit – führen die Hände des Lehrers sanft zu neuen Möglichkeiten der Bewegung und Körperwahrnehmung. Jede Stunde ist dabei individuell auf die Bedürfnisse des Schülers abgestimmt.

Beide Lernformen fördern die Wahrnehmung und führen über einen Lernprozeß zu der Fähigkeit, sich als Mensch gesünder und ganzheitlich zu organisieren. Die Arbeit erfordert Aufmerksamkeit, aber weder Anstrengung noch Anspannung der Muskelkraft; es geht ja darum, herauszufinden, wie es am leichtesten geht. So durchgeführt, macht das Lernen Freude und läßt die Neugier nach Weiterem wachsen.

Fallbeispiel
Durch die Feldenkrais-Arbeit können Menschen mit und ohne Bewegungseinschränkungen lernen, das eigene Bewegungspotential optimal zu nutzen.

Eine 60jährige Frau, die an Multipler Sklerose erkrankt war, sich seit 5 Jahren nur noch im Rollstuhl fortbewegen konnte und ihren Körper nur noch mit oft unerträglichen Schmerzen spürte, berichtete, welch beglückendes Erlebnis es für sie war, die Bewegungen ihres Körpers wahrzunehmen, indem sie lernte, die Bewegungen gedanklich auszuführen, zu fühlen und zu steuern.

Dadurch gewann sie neuen Lebensmut und konnte durch konsequentes Üben ihren Körper mehr und mehr fühlen. Sie lernte wieder, sich mit Leichtigkeit aufzusetzen, konnte wieder Tasse und Löffel sicher zum Mund führen und sogar einige Meter den Rollstuhl schiebend gehen. Trotz der Schwere ihrer Krankheit erlebt sie es immer wieder als Freude und Hilfe, Bewegungen in Gedanken vorzubereiten, auszuführen und zu steuern.

Verbindungen zu anderen Schulen
Der Feldenkrais-Arbeit nahestehende Richtungen sind die Alexander-Methode, die Eutonie und die Arbeit nach Gindler, die ebenfalls mit Bewegungsbewußtsein arbeiten.

Zusammenfassung
In körperlichen Bewegungen spiegelt sich die innere Haltung wider. Die Feldenkrais-Arbeit führt zu einem bewußteren Wahrnehmen der eigenen Bewegungen und damit zu einem Lernprozeß, der das Selbstbild erweitert und vervollständigt. Dabei werden die Spielräume körperlicher, seelischer und geistiger Beweglichkeit vergrößert.

Literatur
Moshe Feldenkrais: Bewußtheit durch Bewegung, Frankfurt, Suhrkamp-Verlag 1978
  Moshe Feldenkrais: Der Fall Doris — Abenteuer im Dschungel des Gehirns, Frankfurt, Suhrkamp-Verlag 1978
  Moshe Feldenkrais: Die Entdeckung des Selbstverständlichen, Frankfurt, Suhrkamp-Verlag 1985

Ausbildungsinstitute
Informationen zur Ausbildung und Adressenverzeichnis von autorisierten Feldenkrais-Lehrern (gegen Rückporto) bei:
Feldenkrais-Gilde e. V.
Postfach 19 03 41
8000 München 19

Angaben zum Autor
Heike Gattnar
Heilpraktikerin und Feldenkrais-Lehrerin
Vestastraße 9
8000 München 60
Telefon: 089/8142350

Sylvia Keller-Kropp
Therapeutin für Konzentrative Bewegungstherapie und
Feldenkrais-Lehrerin
Memelstraße 4
7910 Neu-Ulm
Telefon: 0731/84790

Angelika Kitt
Dipl.-Sozialpädagogin und Feldenkrais-Lehrerin
Steinstraße 42
8000 München 80
Telefon: 089/4488723

4.5 Posturale Integration

Geschichtliche Entwicklung und gegenwärtiger Stand
Die Posturale Integration (PI) ist eine neue Form der Körperarbeit, die unmittelbar auf die Muskeln, Stellungen, Haltungen und Bewegungen des Körpers wirkt. Sie behandelt jedoch nicht nur die physischen Aspekte der Persönlichkeit, sondern auch die emotionalen und geistigen Haltungen des Menschen.

Jack Painter, damals Professor der Philosophie, machte sich in den 60er Jahren auf die Suche nach einer Heilmethode, die Körper, Seele und Geist umfaßt. Er lernte viele Therapien kennen, die sich entweder mit dem Körper oder den geistig-seelischen Aspekten des Menschen beschäftigen. Aus seinen eigenen Erfahrungen heraus, daß alle Persönlichkeitsaspekte gleichzeitig behandelt werden müssen, entwickelte er die Posturale Integration.

Diese Form der Körper-Bewußtseinsarbeit verbindet westliche und östliche Ansätze wie tiefe Bindegewebsarbeit, Neo-Reichianische Atem- und Körperarbeit, Bioenergetische Übungen, Gestalt- und systematische Therapie, Akupressur und Fünf-Elementen-Lehre. Diese Vielfalt der Methoden ist nicht wahllos zusammengestellt, ihr Wert liegt vielmehr in der Bereitschaft, mit dem Klienten gleichzeitig auf verschiedenen Ebenen zu arbeiten und sich so dem *ganzen* Menschen zu nähern. PI ist somit eine Methode, die bei der Veränderung des Körpers ansetzt, aber auch die geistigen, seelischen und sozialen Lebensbezüge mit einbezieht.

Menschen- und Weltbild

In der ganzheitlichen Körpertherapie ist der Körper ein Hilfsmittel, die Lebensgeschichte eines Menschen zu verstehen. Haltung und Bewegungen des Körpers drücken Bedürfnisse, zentrale Lebensanschauungen, Gefühle und Besonderheiten eines Individuums aus. Die angemessene Bewußtheit des eigenen Körpers und der Wechselbeziehung zwischen Geist und Körper gehören zum grundlegenden Wissen über sich selbst. Besonders die lebensgestaltenden Überzeugungen, die sich aus früheren, oft schmerzhaften Ereignissen herleiten lassen, formen die Körperstruktur als Antwort auf diese Erfahrungen. So kann sich eine lebenslange angstbestimmte Anschauung in hochgezogener, den Kopf schützender Schulterstellung ausdrücken. Langfristige Spannungen verändern die Gebrauchsmuster der Muskulatur, führen zur Verhärtung des Bindegewebes und formen so den Körper nachhaltig. Unsere Muskeln sind von einem geschmeidigen Bindegewebe umgeben, das die Muskulatur gliedert und führt, den gesamten Körper durchdringt und ihm Form und Flexibilität gibt. Das Bindegewebe kann sich dehnen und zusammenziehen. Je starrer unsere physischen und emotionalen Verhaltensweisen werden, desto mehr erstarrt auch das Bindegewebe. Das engt die Beweglichkeit und die Haltung ein.

Die Posturale Integration lockert die erstarrten Teile des Bindegewebes und erreicht dadurch mehr Beweglichkeit und Gleichgewicht in der Muskulatur. Einzelne Körperteile finden ein ausgewogenes Verhältnis zueinander. Durch das bessere

Mit- und Zueinander der Körpersegmente streckt sich der Körper oft meßbar; die inneren Organe haben mehr Platz, um besser zu funktionieren.

Neben der Verbesserung der Körperhaltung und dem positiven Effekt auf den allgemeinen Gesundheitszustand sind weitere Ziele dieser Körperarbeit die Wiederherstellung des freien und entspannten Energieflusses im Körper und das Lernen eines sinnvollen und konstruktiven Umgangs mit den eigenen Gefühlen und Lebensgewohnheiten.

Anwendungsbereiche

PI eignet sich nicht für Menschen mit konkreten und massiven Erkrankungen. Die Behandlung zielt vielmehr darauf ab, den Streß im Körper zu vermindern und allgemeine Streßsituationen besser zu meistern. Viele Menschen behandeln ihren Körper nicht gut und treiben Raubbau an ihm. Körper und Geist sind nicht im Einklang. Es entstehen Verspannungen und chronische Muskelschmerzen.

Diese Körperarbeit ist für gesunde Menschen, die eine Erhöhung des körperlichen und psychischen Energieniveaus im täglichen Leben anstreben oder die den Kontakt zu ihrem Körper wiederfinden möchten bzw. ihn nicht verlieren wollen. Sportler, Schauspieler oder Berufsgruppen mit einseitiger Körperbelastung können von PI profitieren.

Nach Abschluß des PI-Prozesses erleben sich die Klienten verstärkt als körperlich-seelisch-geistige Einheit.

Ablauf der Therapie

PI besteht aus einem System von ca. 10 – 15 Sitzungen. Sie gehören zusammen und sind so aufeinander aufgebaut, daß alle äußeren und inneren Schichten des Bindegewebes erreicht werden. Der erste Schritt ist die Auflösung festgefahrener Strukturen; der zweite die Integration und Harmonisierung neuer Energien.

Die Sitzungen dauern zwischen eineinhalb und zwei Stunden und werden im Abstand von einer bis zwei Wochen durchgeführt. Die Einzelarbeit kostet zwischen 60, – und 120, – DM pro Stunde. Eine Kostenübernahme durch die Krankenkassen ist derzeit nicht möglich.

Behandlungsmethoden

PI ist eine tiefgehende Bindegewebsmanipulation, in der man mit Fingerkuppen, Knöcheln, Fäusten oder Ellbogen verkürzte Sehnen dehnt oder verklebte Muskulatur voneinander löst. Die Arbeit findet meist im Liegen statt, manche Griffe werden jedoch im Sitzen oder Stehen ausgeführt, weil sich der Körper dabei direkt in einer vertikalen Position befindet. Jeder Sitzung geht eine ausführliche Vorbereitung durch energiemobilisierende Körperübungen oder aufladende Atemtechniken voraus. Dann beginnt der Therapeut mit den Händen, tiefsitzende Verspannungen der Muskulatur zu lockern. Der Klient wird ermutigt, Gefühle, Geräusche und Gedanken auszudrücken. Dabei kommt es oft zu emotionalen Entladungen, die sich in Weinen, Schreien oder Lachen äußern können. Ebenso kann sich Wut oder Aggression entladen, die das ganze Leben zurückgehalten wurde. Das Ausagieren dieser Emotionen wird erleichtert durch verstärktes Atmen und Umsetzen in Bewegung, wodurch eine vollständige Entladung erreicht wird, der eine tiefgehende Entspannung folgen kann.

Genauso oft finden die Sitzungen in einer ruhigen Atmosphäre statt, in der die Behandlung koordiniert wird mit leichten Bewegungen der inneren Muskulatur, so z.B. mit einem sanften Schaukeln des Beckens oder leichten Bewegungen der Wirbelsäule. Dabei geht es um die Entwicklung eines angemessenen Körperbewußtseins.

Fallbeispiel

Hartmut kommt in die fünfte Sitzung. Er erlebt gerade eine Zeit des beruflichen Umbruchs. In seiner Partnerbeziehung sieht er seine Freundin als reif und machtvoll, sich selbst als abhängig und bedürftig. Während der Therapeut an seinem Brustkorb und an den Ansätzen der Zwerchfellmuskulatur arbeitet, kommt er mit starken Verlassenheitsgefühlen in Kontakt. Er erlebt sich selbst im Alter von zwei bis drei Jahren, wie er alleingelassen im Bett liegt, weint und nach seiner Mutter ruft. Dieser Ablauf steigert sich allmählich, wobei er durch Berührung und Zureden des Therapeuten unterstützt wird. Schließlich nimmt Hartmut eine fetale, zusammengerollte Position ein, ringt nach

Luft und beginnt mit aller Kraft gegen den Widerstand zu schieben, den der Therapeut ihm bietet. Diese ›Geburt‹ dauert eine ganze Weile, bis er sich befreit und erleichtert ausruht. Im Nachgespräch erzählt er, daß er bei seiner Geburt beinahe gestorben wäre, weil sich seine Nabelschnur mehrmals um den Hals gewickelt hatte.

Noch in derselben Nacht hat Hartmut einen Traum. Er sieht eine Maus, die gerade einen feurig-goldenen Löwen gebiert. Das Hinterteil des Löwen ist schon geboren, aber dann stockt die Bewegung und der Traum ist zu Ende. Der Therapeut empfiehlt ihm, für die nächste Sitzung ein Bild zu malen, auf dem der Löwe wieder in die Maus zurückkriecht. Das Bild, das er dann mitbringt, zeigt die Maus, die sich wie eine abblätternde Schlangenhaut von der kraftvoll gemalten Löwenfigur ablöst. Einige Zeit später berichtet er von einer Klärung seiner Berufsentscheidung, sowie von einer größeren Freiheit von seiner Partnerin, die jetzt ihrerseits stärker am Beisammensein interessiert ist.

(Fallbeispiel von Dr. Anselm Keussen)

Verbindungen zu anderen therapeutischen Schulen
Neben den bereits erwähnten therapeutischen Richtungen besteht ein Austausch mit anderen ganzheitlich orientierten Therapien, z. B.: die Hakomitherapie, die Cranio-Sakral-Arbeit, Rebirthing und systemische Therapie.

Zusammenfassung
Der Inhalt der Posturalen Integration erklärt sich aus der Wortbedeutung:

›posture‹ = Haltung des Körpers und die Art und Weise, sich zu halten bzw. zu verhalten;

›Integration‹ = Vervollständigung; das Wort aus dem Lateinischen enthält auch die Bedeutung ›unversehrt‹.

Posturale Integration ist also die ›Wiedererlangung unversehrten Haltens und Verhaltens‹.

Literatur
Jack Painter: Körperarbeit und persönliche Entwicklung, München, Kösel-Verlag 1984

162

Jack Painter: Posturale Integration – Veränderung als ganzheitlicher Prozeß, Hrsg.: Gesellschaft für Posturale Integration (GPI) e. V., zu beziehen über Edition Peter Schorn, Ziegelbergstraße 13, 6729 Jockgrim
Handbuch für Posturale Integration, Edition Peter Schorn

Ausbildungsinstitute
Coloman – Zentrum für Therapie- und Selbsterfahrung
Augustenstraße 46/Rgb.
8000 München 2
Telefon: 089/522181

Ziswa
Raiffeisenstraße 11
7850 Lörrach
Telefon: 07621/49281

GPI Dachverband der Posturalen Integration e. V.
Schellingstraße 33/VI
8000 München 40
Telefon: 089/282640

Angaben zum Autor
Peter Kriester, langjähriger Mitarbeiter des Zentrums Coloman, Ausbilder in Posturaler Integration, Aus- und Fortbildungen in Familien- und Paartherapie, in verschiedenen körperorientierten Therapieformen, sowie in NLP und Hypnotherapie nach Milton Erickson.

4.6 Eutonie

Geschichtliche Entwicklung und gegenwärtiger Stand
Eutonie ist eine körperorientierte pädagogisch-therapeutische Arbeitsmethode. Sie wurde von Gerda Alexander (geb. 1908) in

163

Kopenhagen aufgrund jahrelanger Erfahrungen mit gesunden und kranken Kindern und Erwachsenen entwickelt. Aus ihrer Arbeit mit Rhythmikpädagogik und -therapie sowie Theater- und Bewegungserziehung entwickelte sie ihre eigene Pädagogik und Therapie und leitete seit 1940 die entsprechende Lehrausbildung. 1959 stellte sie auf einem internationalen Kongreß in Kopenhagen zum erstenmal ihre Arbeit vor. Sie wählte die Bezeichnung Eutonie, um ihre Ziele gegenüber zahlreichen anderen Entspannungs- und Körperübungsmethoden deutlich abzugrenzen.

Menschen- und Weltbild

»Eutonie ist ein westlicher Weg zur Erfahrung der körperlich-geistigen Einheit des Menschen. Nicht durch Versenkung, sondern durch Erweiterung des Bewußtseins werden schöpferische Kräfte entfaltet und zugleich soziale Kontaktfähigkeit aktiviert. Ein Entwicklungsweg, der die Qualität der Persönlichkeit freilegt und ihr die Anpassung an das Leben der Gemeinschaft ohne Verlust ihrer Eigenart ermöglicht.« (Gerda Alexander). Eine zentrale Rolle spielt dabei die natürliche Bewegung. Sie ist zweckentsprechend und ökonomisch und erreicht das erwünschte Ergebnis mit einem Minimum an Energie, ohne die vegetativen Funktionen des Körpers zu stören. Natürliche Bewegung beachtet die statischen Gesetze der Körperhaltung und reguliert die jeweils notwendige Spannung der Muskeln. Oft wird es uns erst durch eine Krankheit bewußt, daß wir einen falschen oder zu spannungsvollen Zustand in unserem Körper haben. Der erste Schritt ist, die Überspannung oder Verspannung zu erkennen und dann eine Möglichkeit zu finden, sie zu lösen.

»Eine der wichtigsten Aufgaben der Eutonie-Pädagogik besteht darin, den Schüler zu befähigen, unvoreingenommen die Reaktionen zu beobachten, die sich in seinem Organismus abspielen. Er muß vor allem unterscheiden lernen zwischen realen und nur vorgestellten Empfindungen, die mit dem tatsächlichen Zustand des Organismus nicht übereinstimmen.« (Gerda Alexander). Eutonie ist frei von weltanschaulichen und religiösen Bindungen. Sie möchte dem Menschen zu eigenen Entscheidungen und zur eigenen Verantwortungsbereitschaft verhelfen.

164

Anwendungsbereiche
Die Eutonie wendet sich an Menschen jeden Alters und erfordert keine besonderen körperlichen oder geistigen Voraussetzungen. Eutonie wirkt regulierend auf Herz-Kreislauf, auf die Atmung und auf das Nervensystem und ist daher eine gute Vorsorge gegen Müdigkeit und Krankheit.

Die Eutonie-Therapie zeigt sich nicht nur bei psychosomatischen und Streßerkrankungen wirksam, sondern auch bei neurologischen Leiden, in der Nachbehandlung von Poliomyelitis, spastischen Lähmungen, Querschnittslähmungen, Phantomschmerzen. Sie ist besonders erfolgreich bei der Heilung von Bandscheibenleiden, verschiedenen Wirbelsäulenleiden wie der Scheuermannschen Krankheit, aber auch bei Hüft- und Knieleiden im Sinne einer allgemeinen Regenerierung der Haltungsfunktionen.

Eutonie kann sowohl als Therapie als auch in der Schule zur Vorbereitung für jede praktische und künstlerische Betätigung eingesetzt werden.

Ablauf der Therapie
Eutonie ist erlernbar: in Einzeltherapie, in wöchentlicher Gruppenarbeit oder in Wochen- oder Wochenendseminaren.

Die Kassen übernehmen keine Kosten. Einige Privatkassen erstatten diese, wenn der Arzt eine wichtige Indikation nachweist.

Behandlungsmethoden
Eutonische Bewegungen sind nicht mechanisch, sie erfordern immer das erweiterte Bewußtsein, die Präsenz der Gesamtpersönlichkeit. Die Bewegungen werden daher in einem sehr langsamen Tempo ausgeführt, um die Möglichkeit zu haben, immer von neuem seinen Kontakt und sein Körperbewußtsein zu spüren.

Eine objektive Kontrolle der Gelenke, Muskeln und Bänder haben Schüler und Lehrer in den ›Kontrollpositionen‹, den einzigen festgelegten Übungen in der Eutonie.

Um die normale Elastizität und Muskellänge zurückzubekommen, wird als grundlegende Disziplin der Eutonieschulung die Kontakt- und Durchströmungstechnik verwendet. Sie harmoni-

165

siert den Tonus, die Atmung, die Blut- und Lymphzirkulation und die gesamten Stoffwechselvorgänge. Dadurch verschwinden Ablagerungen in Muskeln und Bändern ohne aktive Atem- oder Bewegungsübungen.

Wichtig ist besonders das ›bewußte Erleben des Transportes‹. Damit ist der Druck gemeint, der als Widerstand gegen unser Eigengewicht vom Boden her auf unser Skelett wirkt. Dieser Druck wird von Knochen zu Knochen über die Gelenke übertragen. Er wirkt der Anziehungskraft der Erde entgegen und hat eine aufrichtende Wirkung auf den Körper. Das bewußte Erleben dieser aufrichtenden Kraft stärkt das Selbstvertrauen und hat eine befreiende Wirkung.

Verschiedene Eutonie-Techniken sind:

– Objektive Kontrolle der Muskelspannung, der Verkürzung von Muskeln und Bändern, von Behinderungen in den Gelenken oder der motorischen Innervation, Beherrschung des Reflextonus und Flexibilität des Muskeltonus

– Normalisierung des Körperbildes, Schulung des Körper-Raum-Bewußtseins

– Bewußtmachung des Körpertonus

– Regulierung der vegetativen Funktionen

– Innervation der Aufrichtung (Transport)

– Oszillation (Schwingen um die eigene Mitte) zum Erleben des eigenen Körperschwerpunktes und Transportes

– Entwicklung der eutonen Bewegung mit Beziehung des eigenen Körperraumes zum Außenraum

– Integration der Eutonie-Prinzipien in freier Bewegung

Nach der Vermittlung der Grundlagen kann der Schüler diese eutonischen Bewegungsprinzipien selbst frei gestalten, allein, mit einem Partner oder im Rahmen einer Gruppe.

Eutonische Bewegungen erwecken Freude an schöpferischer Selbstverwirklichung und Entfaltung des eigenen Ausdrucks. Der Schüler erarbeitet sich seine neue Situation selbst, ohne Abhängigkeit vom Lehrer oder Therapeuten. Diese Arbeit an sich selbst, die Stärkung der Persönlichkeit infolge einer Durchdringung des Körpers mit Bewußtseinskräften, ist das zentrale Anliegen der Eutonie-Pädagogik.

Fallbeispiel

Im Januar kam Frau Sch., die seit November wegen starker Rückenschmerzen und dem Befund Bandscheibenvorfall (voroperatives Stadium) in Behandlung war, zu mir.

In wöchentlichen Einzelstunden mit Zentrierung auf das Rückenleiden lernte sie Übungen zur Durchblutung und Lösung der Verspannungen. Wir arbeiteten auch sehr aktiv und bewußt an der eigenen Umstellung der Kraftübertragung mit dem ›Transport‹ und dadurch auch an einer intensiven Aktivierung des Bewegungsapparates. Zusätzlich wurden die betroffenen Bandscheibenpartien von mir mit der Durchströmungs- und Kontakttechnik manuell behandelt. Um ein ganzheitliches Körperbild zu bekommen und ihre schwachen Stellen zu integrieren, haben wir viel mit tonusregulierenden Sensibilisierungsübungen gearbeitet.

Nach zehn Sitzungen war Frau Sch. wieder arbeitsfähig, nach 15 Sitzungen schmerzfrei.

Verbindungen zu anderen therapeutischen Schulen

Gerda Alexander war in den 20er und 30er Jahren sehr inspiriert von der Schlaffhorst-Andersen-Schule. Sie hatte langjährigen Kontakt und Austausch mit Moshe Feldenkrais. Es gibt auch viele inhaltliche Verbindungen zu der Arbeit von Elsa Gindler und Heinrich Jacoby und zu den von seinen Schülern weiterentwickelten Arbeiten (wie z. B. Charlotte Silvers).

Zusammenfassung

Eutonie (griech.: Eu = harmonisch; Tonos = Spannung) bedeutet ausgewogene Spannung. Durch Spannungs-Ausgleich führt Eutonie dazu, daß wir uns in unserem Körper wohl fühlen, sowohl in tiefer Entspannung und Ruhe als auch bei maximaler Kraftentfaltung. Dieses Spannungs-Gleichgewicht zu erreichen und in allen Lebenslagen zu erhalten, ist das Ziel der Eutonie.

Literatur

Gerda Alexander: Eutonie – Ein Weg der körperlichen Selbsterfahrung, München, Kösel-Verlag 1976

Jenny Windels: Eutonie mit Kindern, München, Kösel-Verlag 1984

Mariann Kjellrup: Bewußt mit dem Körper leben – Spannungsausgleich durch Eutonie, München, Ehrenwirth-Verlag 1980

Ausbildungsinstitute
Gerda-Alexander-Schule e.V.
Schillerstraße 27
3360 Osterode im Harz
Telefon: 05522/75139

Deutsche Eutonie Gesellschaft Gerda Alexander e.V. (DEGGA)
Schriftführer: Detlef Eichhorn
Abgunst 21
3360 Osterode im Harz

Angaben zum Autor
Mariann Kjellrup, geb. in Schweden, 1965 Diplom als Eutonie-pädagogin bei Gerda Alexander in Kopenhagen. Freie Mitarbeiterin an verschiedenen Volkshochschulen, Schauspielschule Gmelin, Universitäts-Nervenklinik München, Rättviks Meditationszentrum (Schweden), ›Das Altenhaus‹ (Berlin), Lehrbeauftragte an der Freien Universität Berlin. Heute tätig in freier Praxis als Therapeutin und Leiterin des Eutonie-Zentrums München, freie Mitarbeiterin an der staatlichen Berufsfachschule für Logopädie der Universität München und im Ruppert-Maier-Zentrum für behinderte Kinder, Regensburg.
Kaulbachstraße 38a
8000 München 22
Telefon: 089/397929

4.7 Hakomi-Therapie

Geschichtliche Entwicklung und gegenwärtiger Stand
Hakomi ist ein Wort der Hopi-Indianer und hat eine archaische und eine moderne Bedeutung. Die archaische Bedeutung ist: »Welchen Standpunkt nimmst du gegenüber den einzelnen Aspekten des Lebens ein?«

Modern läßt es sich als Frage »Wer bist du?« und als Aussage »Der, der du bist« übersetzen. Dieser Übergang von der Frage zur Feststellung ist der Gegenstand der wachstumsorientierten Psychotherapie. Ihr Ziel ist die (Wieder-)Entdeckung der Identität.

Die Hakomi-Therapie wurde von dem Amerikaner Ron Kurtz in den 70er Jahren entwickelt. 1980 wurde das Hakomi-Institut in den USA gegründet, dessen Ziel es ist, Therapeuten auszubilden und durch die Methode auf die Formen zeitgenössischer Psychotherapie einzuwirken.

Menschen- und Weltbild

Die Hakomi-Therapie geht davon aus, daß die Anschauungen eines Menschen – auf einer zunächst unbewußten Ebene – das Leben, die Beziehungen, das Denken, Fühlen und Handeln, den Körper, den Energiefluß und vieles mehr bestimmen. Diese Anschauungen sind das zentrale organisierende Element in der psychischen Selbstorganisation des Menschen. Transformationen (Veränderungen) in der Hakomi-Therapie finden daher auf dieser Ebene statt.

In der therapeutischen Arbeit werden die Kernbereiche psychischer Selbstorganisation im Hier und Jetzt berührt. Das Bewußtsein des Klienten wird auf das gegenwärtige Erleben gelenkt. Dabei kommt uns der Körper sehr zur Hilfe. Verstehen wir seine Sprache, wird er zu einem hervorragenden Mittel, die psychische Selbstorganisation für den Klienten direkt zugänglich und erfahrbar zu machen. Denn der Körper spiegelt aus der Sicht der körperorientierten Tradition unsere unbewußten Haltungen und Anschauungen, unser Potential, aber auch unsere Verletzungen wider.

Die meisten zentralen Anschauungen haben sich in der Kindheit gebildet. Sie sind oft auf der vorsprachlichen Ebene außerhalb des Bewußtseins gespeichert und mit sehr starken Gefühlen verbunden. In der Hakomi-Methode wird die Arbeit mit diesen tiefen und frühen Ebenen der Selbstorganisation, z.B. dem ›Kindbewußtsein‹, angestrebt.

Dabei wird nicht so sehr eine Regression im üblichen Sinne unterstützt, sondern eine Gelegenheit zu transformatorischen

Erfahrungen auf der Ebene der Anschauungen gesucht. Dafür ist in der Hakomi-Therapie u. a. eine spezielle Strategie des Umgangs mit dem ›Kindbewußtsein‹ entwickelt worden.

Anwendungsbereiche
Die Hakomi-Therapie eignet sich für alle Anwendungsbereiche der Psychotherapie.

Ablauf der Therapie
Die Therapie wird jeweils auf die individuelle Situation des Klienten abgestimmt.

Die Kosten für einen in freier Praxis arbeitenden Hakomi-Therapeuten betragen für die 60 – 90minütige Einzelsitzung ca. 70, – bis 140, – DM, für die zumeist zwei- bis dreistündige Gruppensitzung 30, – bis 60, – DM.

Die Therapiedauer liegt zwischen drei Monaten bis zu zwei Jahren, hängt aber entscheidend von der Intensität der Therapie und der Zusammenarbeit von Klient und Therapeut ab. Eine Übernahme der Kosten durch die Kassen ist nur möglich, wenn der Psychotherapeut eine Kassenzulassung hat.

Behandlungsmethoden
Die Art und Weise des Vorgehens in der Hakomi-Therapie ist getragen von den fünf Grundsätzen: Einheit, Innere Achtsamkeit, Organizität, Gewaltlosigkeit und Körper/Geist-Einheit. Der Grundsatz der Einheit läßt sich z. B. in der klaren und vollständigen Akzeptierung aller Eigenschaften einer Person erkennen. Sie werden als Teile eines bereits sinnvoll organisierten Ganzen angesehen. In der Hakomi-Therapie spiegelt sich das ganzheitliche und systemische Modell der Wirklichkeit wider.

Der Grundsatz der inneren Achtsamkeit beinhaltet die Fähigkeit des Menschen zur Selbstreflexion und die Fähigkeit der Körper/Geist-Intelligenz. Mit innerer Achtsamkeit kann eine Person anfangen, ihre Selbstorganisation zu untersuchen, und so die Möglichkeit gewinnen, ihrem Automatismus zu entgehen, um neue Freiheiten im Fühlen, Denken und Handeln zu gewinnen.

Der Grundsatz der Organizität besagt, daß wir als komplexe organische Wesen die Fähigkeit der Selbstbestimmung haben, ebenso die Fähigkeit, die eigene Integrität und Organisation auch unter sich verändernden Umweltbedingungen aufrechtzuerhalten, aber auch die Fähigkeit zur Transformation und Selbstheilung.

Der Grundsatz der Gewaltlosigkeit bedeutet, sich als Therapeut möglichst wenig mit seinen eigenen Vorstellungen, Vorlieben und Absichten einzumischen. Besonders deutlich wird dieser Grundsatz in der Arbeit mit der Abwehr eines Klienten. Der Therapeut unterstützt die Abwehr und übernimmt Abwehraufgaben des Klienten; dadurch hat dieser die Möglichkeit, ungefährdet die Erfahrungen, gegen die er sich wehrt, zu untersuchen.

Der Grundsatz der Körper/Geist-Einheit betont, daß wir fortwährend an der ›Schnittstelle‹ von Geist und Körper arbeiten, ganz gleich, ob wir vom Körper ausgehend zu tieferen Erfahrungen, Erinnerungen und Bedeutungen gelangen oder, von den Anschauungen kommend, deren Wirkungen auf die Körpererfahrung untersuchen.

Fallbeispiel
Ute S. ist 39 Jahre alt, wissenschaftliche Assistentin an einer Universität. Ihr Freund lebt 300 km von ihr entfernt. Im Vorgespräch sagt Ute, daß sie zwar gut über ihre Probleme sprechen könne und dies auch manchmal mit Freunden tue, dadurch aber weder das Gefühl der Isolation, noch ihre immer wieder auftretenden Magenschmerzen und die ständig kalten Hände weggingen. Außerdem sei sie sexuell nicht erfüllt.

In der ersten Sitzung wird deutlich, daß Ute ein zurückgezogener Mensch ist. Hinweise dafür finden sich nicht nur in ihrem leiblichen Dasein (z. B. im Rückzug der Energie aus der Peripherie – kalte Hände – ins Zentrum), sondern auch in ihren Freundschaften (»ich bin nur selten wirklich anwesend«, »ich will schnell wieder allein sein«), in Bildern und Träumen.

Beim behutsamen und einfühlenden Erforschen des körperlichen Erlebens finden wir u. a. Anspannungen in verschiedenen Gelenken, ein spezielles Atemmuster (u. a. beim Einatmen ein leichtes Einziehen des Bauches) und ein Zentrum des ›Sich-Zusammenziehens‹ etwa in der Gegend des Solarplexus. Im Kontakt mit diesem tiefen körperlichen Erleben taucht die Aussage ihres Körpers auf: »es ist nicht sicher«, »etwas an mir ist falsch«, »ich will weg«. Wir lassen uns von diesen Eindrücken leiten, sprechen die gefundenen Worte ganz bewußt und achtsam aus und stoßen dabei auf eine tiefe Angst, gehaßt zu werden, nicht willkommen zu sein und auseinanderzufallen. Ute wird klar, daß Nähe und Begegnung mit anderen Menschen aus diesem Grund bei ihr von vornherein ein subtiles Streßmuster (inklusive Magenschmerzen, kalten Händen und Füßen) und den Drang, wieder allein sein zu wollen, auslösen. Gleichzeitig erlebt Ute in den Sitzungen ganz bewußt die Möglichkeit eines sicheren und herzlichen Kontaktes mit dem Therapeuten. Mit zunehmendem Vertrauen tauchen immer wieder sehr frühe Erinnerungen (als bedrohlich empfundene Bilder) auf: tiefe Gefühle, die aus ihrem Inneren herausbrechen wollen, aber auch immer mehr echte Lebensfreude. Auf tieferen Ebenen der Selbstorganisation überprüft Ute, ob die alte Schutzhaltung noch notwendig ist, oder ob es willkommen ist, im Kontakt mit den Mitmenschen seine Lebensberechtigung und Lebensfreude zu erfahren. In diesen Momenten findet Transformation statt. An diesem entscheidenden Punkt schafft der Therapeut vielfältige Gelegenheiten zur Integration der neuen Erfahrung. Im Anschauungsbereich findet eine Wandlung zu »manchmal bin ich sicher und willkommen« statt. Das auf der alten Anschauung aufbauende, zunächst unbewußt und automatisch ablaufende Rückzugs- und Streßmuster löst sich auf. Die neue Anschauung kann, weil sie nicht nur kognitiv, sondern auf einer tieferen Ebene realisiert wurde, in alle Bereiche hineinwirken. Nach der Therapie war Ute frei von allen Beschwerden. Ihr Freund zog inzwischen zu ihr.

Verbindungen zu anderen therapeutischen Schulen

Verbindungen der Hakomi-Therapie bestehen zu NLP und Feldenkrais (Untersuchung der Erfahrungsgestaltung), zu Bioenergetik, Core-Energetik und Wilhelm Reich (Studium des Energieflusses, Charakterkunde), zu Gestalttherapie (Untersuchung des gegenwärtigen Erlebens), zur Gesprächstherapie (klientenzentriert), zum Focusing (Vertiefen und Studieren des gegenwärtigen Erlebens) und zum Aikido (Gewaltlosigkeit).

Zusammenfassung

Die Hakomi-Methode ist eine körperorientierte Psychotherapie. Die Art und Weise des therapeutischen Vorgehens soll dem Klienten eine Erfahrung seiner tiefsten Anschauungen über sich, die anderen und das Leben als erlebte Wirklichkeit sowie die Transformation dieser Anschauungen ermöglichen.

Literatur

Ron Kurtz: Körperzentrierte Psychotherapie. Die Hakomi-Methode, Essen, Synthesis-Verlag 1985

Halko Weiß; Dyrian Benz: Auf den Körper hören, München, Kösel-Verlag 1987

Ausbildungsinstitute

Hakomi Institute Inc.
P.O. Box 1873
Boulder
CO 80306 USA

Hakomi Kontaktbüro Deutschland
Schwalbenweg 81
6900 Heidelberg
Telefon: 06221/776160

Angaben zum Autor

Martin Schulmeister, Diplom-Psychologe, Klinischer Psychologe BDP, Hakomi-Therapeut und autorisierter Ausbilder des Hakomi-Institutes (Hakomi-Trainer). Ausbildung in verschiedenen Verfahren der humanistischen und transpersonalen Psychologie. Tätig als Psychotherapeut in eigener Praxis und als Hakomi-Trainer.
Bergstraße 161
6900 Heidelberg
Telefon: 06221/400505

5 Hypnotische Verfahren

5.1 Hypnotherapie (nach M. Erickson)

Geschichtliche Entwicklung und gegenwärtiger Stand

Die Hypnotherapie (HT) entstand aus der praktischen Arbeit des amerikanischen Psychotherapeuten Milton H. Erickson in den 50er Jahren. Er gründete keine eigene Schulrichtung, da er die Vielfalt menschlichen (und therapeutischen) Verhaltens nicht durch Regeln beschneiden wollte. Erst seine Schüler (von denen Paul Watzlawick und Jay Haley die bekanntesten sind) ordneten die unübersehbare Fülle von einfallsreichen, ungewöhnlichen, oft humorvollen Vorgehensweisen und formulierten die zugrunde liegenden Einstellungen und Methoden.

Viele dieser Vorgehensweisen sind aus der umfangreichen Arbeit Ericksons mit der Hypnose hervorgegangen. Er war es auch, der die Hypnose als wissenschaftliche Heilmethode wiederentdeckte und von ihrem mystischen, obskuren Ruf befreite. Als Hypnose bezeichnet man den Vorgang, mit dem eine Person in Trance versetzt wird. Der Trancezustand, so wie er in der Hypnotherapie verstanden wird, ist aber keineswegs ein passiver, schlafähnlicher Zustand, sondern ist gekennzeichnet von durchaus aktivem, aber mühelos ablaufendem Verhalten. Jeder Mensch kennt und braucht die sogenannten ›Alltagstrancen‹. Dies sind die Momente, wenn man versunken in seine Lieblingsbeschäftigung oder tief in Gedanken ist und dabei alles um sich herum vergißt. Wenn dieser Zustand intensiver Konzentration nach innen geübt und erweitert wird, sind der Person Fähigkeiten zugänglich, die sie im normalen Wachbewußtsein nicht hat, wie z. B. gesteigerte Gedächtnisleistungen, Selbstvertrauen und Zuversicht, kreative Einfälle und Problemlösungen, Kontrolle von Körperfunktionen (Schmerz) usw. Durch die Forschung und die jahrzehntelangen Erfahrungen Milton Ericksons wissen wir, daß Trance ein sehr hilfreicher, ganz natürlicher Bewußtseinszustand ist, der immens viel zur psychischen Gesundheit beiträgt.

Obwohl die Hypnotherapie noch eine sehr junge Therapieform ist, gibt es in Deutschland schon einige hundert Diplom-Psychologen und Ärzte, die mit dieser Methode arbeiten.

Menschen- und Weltbild

Für den Hypnosetherapeuten ist jeder Klient ein Spezial-›Fall‹, d. h. ohne vorgefertigte Meinung oder Theorie geht er auf die *aktuellen* Schwierigkeiten des Klienten ein und erarbeitet mit ihm eine angemessenere, erfolgreichere Art, mit den Problemen, seiner Umwelt und sich selbst umzugehen. Es geht dabei weniger um Einsichten in die Vergangenheit, als um Veränderungen in der Gegenwart. Nur wenn sich die tatsächlichen Lebensbedingungen des Klienten und sein Befinden verbessern, kann die Therapie als erfolgreich gelten.

Jeder Mensch stellt sich im Laufe seines Lebens im Kopf eine ›Landkarte‹ seiner Welt zusammen, die ihm hilft, sich in der Realität zurechtzufinden und seine zukünftigen Aktivitäten zu planen, damit er das, was er anstrebt, auch erreicht. Wenn er nun trotz seiner Bemühungen (und Fähigkeiten) nicht dort ankommt, wohin er gerne möchte, sondern wiederholt Frustrationen erlebt, stimmt etwas mit seiner ›Landkarte‹ nicht. Da er in dieser Lage aber selbst meist nicht weiß, warum er dauernd scheitert (und vielleicht sogar meint, mit ihm selbst stimme etwas nicht), kann ein geschulter, geübter Fachmann beim ›Landkartenkorrigieren‹ äußerst hilfreich sein. Zu diesem Zweck stellt sich der Hypnotherapeut weitgehend auf die Lebenssituation seines Klienten ein, um zu verstehen, wie dieser denkt, fühlt und wonach er strebt. Erst dann wird er Hilfen anbieten, den Klienten auf die Stärken und Fähigkeiten hinweisen, die er nicht nutzt, ihn an ähnliche bereits gemeisterte Probleme erinnern und auch die subtilen, von der Hypnose abgeleiteten Methoden einsetzen, welche die positiven Kräfte seines Unbewußten freisetzen.

Einige Grundeinstellungen des Hypnotherapeuten sind:

- Jeder Klient ist einzigartig und bedarf eines eigenen Verständnisses.
- Jeder Klient hat prinzipiell alle Fähigkeiten in sich, die er braucht, um sein Leben zu meistern (sie können aber noch blockiert oder unentwickelt sein).
- Der Therapeut muß der Flexiblere sein und sich auf den Klienten einstellen, nicht umgekehrt.
- Jedes Symptom hat auch seine guten Seiten und kann sich unter geeigneten Umständen sogar als nützlich erweisen (also sollte der Therapeut es nicht beseitigen, sondern noch andere, zusätzliche Reaktionsmöglichkeiten auf den Auslöser vermitteln).

Anwendungsbereiche
Die HT ist schon bei Menschen jeden Alters erfolgreich angewendet worden. Sie ist aber, wie jede Therapieform, von der Erfahrenheit und Reife des ausübenden Therapeuten abhängig. Besonders erfolgreich wird sie eingesetzt bei Lebenskrisen, die zu Depressionen geführt haben, bei Ängsten, Phobien, bei psychosomatischen Beschwerden und Schmerzen. Durch ihre Flexibilität läßt sie sich sehr gut in der Partner- und Familientherapie anwenden. Durch ihre Besonderheiten eignet sie sich aber auch:
- für Klienten, bei denen andere Therapieformen erfolglos waren
- für akute Krisen und Ausnahmesituationen
- für ausgefallene Störungen.

Ablauf der Therapie
Hypnotherapeuten findet man meist in Privatpraxen. In einem Vorgespräch werden die Therapieziele und die vermutliche Dauer der Behandlung abgesprochen. Die Therapie dauert im allgemeinen mehrere Monate (bei einer Stunde wöchentlich), kann aber auch schon mit *einer* mehrstündigen Sitzung abgeschlossen sein. Die HT ist eine Kurztherapie, d. h. der Therapeut sieht seine Aufgabe darin, sich möglichst bald überflüssig zu machen.
Die Kosten entsprechen den üblichen Sätzen. Die Übernahme der Kosten durch die Kassen ist nur dann möglich, wenn der Therapeut eine Kassenzulassung hat.

Behandlungsmethoden

Die hypnotherapeutischen Behandlungsmethoden werden im normalen Gespräch eingesetzt und sind für den Laien oftmals nicht erkennbar; sie zeigen sich an der Wirkung (z. B. Erleichterung, Zuversicht, neue Sichtweise oder Einstellung zum Problem usw.). Je nach Störung kommen aber auch spezielle Methoden zum Einsatz: offizielle Hypnose, Aufträge, ein bestimmtes Verhalten auszuführen, unerwartete Reaktionen des Therapeuten, Metaphern, Geschichten und andere Denkanstöße, Miteinbeziehung der Umwelt, Humor usw.

Fallbeispiel

Da jeder Klient individuell behandelt wird, läßt sich kein typisches Beispiel beschreiben. Auch die Atmosphäre von Vertrauen und menschlicher Nähe in den Sitzungen kann man hier nicht vermitteln. Trotzdem soll kurz gezeigt werden, wie sich zwei der Grundhaltungen der HT (den Klienten dort abholen, wo er gerade steht und die vorhandenen Eigenschaften des Klienten und seiner Lebenssituation nutzen und entwickeln) in der Realität auswirken können:

Eine 21jährige Frau, die sich für zu unattraktiv hielt, um jemals ihren Wunsch nach Heim und Kindern erfüllt zu bekommen, bat M. Erickson um Hilfe: »Ich fühle mich minderwertig. Ich habe keine Freunde und ich bin auch zu häßlich, um jemals einen Mann zu finden. Ich dachte aber, ich sollte noch zum Therapeuten gehen, bevor ich Selbstmord mache. Ich werde es drei Monate bei Ihnen versuchen, und wenn das auch nichts hilft, dann bringe ich mich um.«

Die junge Frau lebte völlig isoliert, ihre Eltern waren bereits tot. Sie arbeitete in einem Büro, und obwohl es dort einen Mann gab, der immer zur gleichen Zeit an den Mineralwasserautomaten kam, wenn sie sich Wasser holte, war sie so abweisend und verklemmt, daß niemand mit ihr ins Gespräch kommen konnte. Obwohl sie gar nicht so schlecht aussah, gelang es ihr, unvorteilhaft zu wirken: Sie kleidete sich schlampig, trug unpassende Kleidung und hatte struppiges, ungepflegtes Haar. Als ihr häßlichstes Merkmal empfand sie eine Lücke zwischen den Frontzähnen, weshalb sie sich beim Reden immer die Hand vorhielt. Diese Lücke war nur drei Millimeter breit und störte kaum. Aber sie hatte sich eben schon aufgegeben und widersetzte sich auch jeglicher Hilfe, die ihre Situation verbessern hätte können.

Erickson stellte sich auf ihre Haltung ein und schlug ihr vor, noch einmal richtig ›über die Stränge zu hauen‹, da es ohnehin bergab mit ihr ginge. Sie solle die Hälfte ihres gesparten Geldes dazu verwenden, sich schöne Kleidung zu kaufen, zum Friseur und zur Kosmetikerin zu gehen und sich dort beraten und verwöhnen zu lassen. Außerdem gab er ihr die Hausaufgabe, zu Hause im Bad zu üben, so durch ihre Zahnlücke mit Wasser zu spritzen, daß sie damit ein Ziel treffen könnte. Dies erschien ihr zwar albern, aber sie übte; vielleicht, *weil* es ihr so absurd erschien.

Als sie dann schön gekleidet war, attraktiv aussah und treffsicher Wasser durch die Zähne spritzen konnte, machte Erickson ihr einen Vorschlag: Das nächste Mal, wenn sie sich im Büro wieder Wasser hole, und der junge Mann wieder käme, dann solle sie einen Mund voll Wasser nehmen und ihn durch die Zähne anspritzen. Dann solle sie zuerst auf ihn zulaufen, sich dann umdrehen und von ihm weglaufen. Zunächst weigerte sie sich, aber das Ausgefallene an diesem Vorschlag reizte sie und sie führte ihn aus. Der junge Mann rief darauf so etwas wie »Du verflixtes kleines Luder«, lief ihr nach, packte und küßte sie. Bald darauf waren sie zum Essen verabredet.

Am Ende der drei Monate war keine Rede mehr von Selbstmord. Sie hatte gelernt, das Leben zu genießen.

Verbindungen zu anderen therapeutischen Schulen

Am nächsten steht die HT der modernen Verhaltenstherapie (die sich seit etwa fünf Jahren auch als eine strategische Therapie versteht, indem sie die Klient-Therapeut-Beziehung in den Mittelpunkt stellt). NLP ist eine spezielle Unterform der Hypnotherapie.

Zusammenfassung

Die HT ist eine aktive, auf spürbare (und sichtbare) Verbesserungen ausgerichtete Therapie. Der Hypnotherapeut stellt sich auf die Wesensart des Klienten ein und hilft ihm, sich genau in den Punkten zu ändern, die zu seinen Schwierigkeiten geführt haben. Die dabei verwendeten Methoden sind oft unauffällig, naturalistisch und manchmal ungewöhnlich.

Literatur

Jay Haley: Die Psychotherapie Milton H. Ericksons, München, Pfeiffer-Verlag 1979

Paul Watzlawick u. a.: Lösungen, Stuttgart, Huber-Verlag 1975

Ausbildungsinstitute

Milton Erickson-Gesellschaft
Konradstraße 16
8000 München 40
Telefon: 089/336255

Angaben zum Autor

Hans-Ulrich Schachtner, Diplom-Psychologe, Klinischer Psychologe BDP, Ausbildung in Verhaltenstherapie, Transaktions-Analyse und Hypnotherapie. Seit 18 Jahren tätig als Psychotherapeut, zwischen 1976 – 1980 mehrere Besuche bei M. Erickson. Seit zehn Jahren Vorträge und Artikel über Hypnotherapie, seit acht Jahren Lehrtherapeut und Supervisor für Hypnotherapie und Verhaltenstherapie.
Feilitzschstraße 13
8000 München 40
Telefon: 089/341175

5.2 Neurolinguistische Programmierung (NLP)

Geschichtliche Entwicklung und gegenwärtiger Stand

Das ›Neurolinguistische Programmieren‹ (NLP) wurde von den beiden Kommunikationstheoretikern und Therapeuten Richard Bandler und John Grinder in den 70er und 80er Jahren entwickkelt. Sie waren u. a. Schüler von Milton Erickson, und haben vor allem die Art seiner sprachlichen Interventionen beobachtet und auf ihre Weise weiterentwickelt.

NLP wird von Therapeuten der verschiedensten Richtungen als Element, kaum jedoch als einziges Instrument ihrer Arbeit angewendet.

Menschen- und Weltbild

Eine der wichtigsten theoretischen Grundlagen des NLP ist Pawlows Entdeckung der physiologischen und psychischen Konditionierbarkeit, von der auch die Lerntheorie (und mit ihr die Verhaltenstherapie) ausgeht.

Das Grundschema therapeutischer Interventionen im Stil des NLP läßt sich – stark schematisiert – so beschreiben: In einem tief entspannten Zustand wird zunächst ein positiver und ein negativer Anker gesetzt, d.h., eine Berührung wird mit je einem für den Klienten positiv oder negativ besetzten Erinnerungsbild gekoppelt. Nach einer Reihe von Zwischenstufen werden beide Anker gleichzeitig ausgelöst. Dabei kann es gelingen, negative Überzeugungen (beliefs), die aus der damaligen Situation stammen, aufzulösen. Dadurch werden die mit diesen – meist unbewußten – Überzeugungen gekoppelten Reiz-Reaktions-Schleifen unwirksam gemacht und neue Verhaltensmöglichkeiten erschlossen. Flexibilität ist ein wichtiger Begriff im NLP. Neurose wird als die Unfähigkeit, sich umzustellen, als das Fixiert-Sein auf negative Überzeugungen, die in der Kindheit entstanden sind, gesehen. Das Therapieziel ist deshalb die ›Neuprogrammierung‹, d.h. die Bahnung neuer Reiz-Reaktions-Schleifen, wobei positive Erfahrungen oder vorhandene Fähigkeiten (Ressourcen) neu zur Geltung kommen. So wird die Vergangenheit nicht nur wie in anderen Therapien nach traumatischen Ereignissen abgesucht, sondern sie wird als ein ›Schatz wertvoller Erfahrung‹ (Erickson), die ebenso freudvoll wie schmerzlich sein kann, gesehen. Eine schwere Jugend muß aus dieser Sicht nicht die Grundlage zu späterem Scheitern sein, sondern sie wird zur Basis, auf der schwierige Situationen des Erwachsenenlebens gemeistert werden können. Ein Problem entsteht nur dann, wenn damals angemessene Reaktionen in der heutigen, veränderten Situation – unbewußt – immer wieder

›gewählt‹ werden, und negative Überzeugungen ›von damals‹ unser Leben bestimmen.

Fixierung gibt es aber nicht nur bezüglich einer Überzeugung, sondern auch bezüglich des Sinnesbereiches. Als Abwehr gegen Unerträgliches lernt ein Kind, z. B. nichts zu hören, nichts zu empfinden oder nichts zu sehen. Dies kann zur weitgehenden Ausblendung eines Sinnesbereiches und damit zu neurotischen Störungen führen. Zum therapeutischen Konzept des NLP gehört auch, daß eine Kurztherapie möglich ist, und oft völlig ausreicht. Denn in vielen Engpässen des Lebens genügt es, Fixierungen aufzulösen und die vorhandenen Ressourcen zu mobilisieren, um die Handlungsfähigkeit wiederherzustellen.

Die Kommunikation mit dem Unbewußten ist in dieser Therapie keine ›Einbahnstraße‹. Das Unbewußte sendet nicht nur, es empfängt auch Botschaften. Dabei ist es jedoch notwendig, es mit Respekt zu behandeln, und seine Zustimmung einzuholen, wenn dauerhafte Veränderungen erreicht werden sollen.

Anwendungsbereiche
NLP ist besonders zur Krisenintervention und zur Entscheidungshilfe geeignet.

Ablauf der Therapie
Bei einer Krisenintervention kann eine Serie von einigen Sitzungen genügen. NLP wird aber auch als Element innerhalb längerdauernder Therapien angewendet. Neuerdings wird es auch zur Behandlung psychosomatischer Störungen wie z. B. Allergien eingesetzt.

Die Übernahme der Kosten durch die Krankenkassen und die Wartezeit hängt vom behandelnden Therapeuten ab.

Behandlungsmethoden
NLP arbeitet mit verschiedenen Übungen, deren Beschreibung aber in dieser Kürze nicht möglich ist.

Fallbeispiel
Hilde M., eine Frau in vorgerücktem Alter, sucht therapeutische Hilfe, weil sie sich in ihrem Beruf − der ihr an sich sehr liegt −

zunehmend unfähig fühle, die Grenze ihrer Belastbarkeit zu spüren. Immer wieder zeige sie sich bereit, von ihren Kolleginnen Arbeit zusätzlich zu übernehmen, die eigentlich in deren Aufgabenbereich gehörte. Sie nähme die Arbeit dann mit nach Hause, um sie bis spät in die Nacht noch zu erledigen. Sie bemerke sehr wohl, daß sie sich die Gesundheit damit ruiniere. Die Schlafstörungen und die Anfälle unerträglicher Migräne hätten nur mit Überarbeitung zu tun. Dieser Zustand dauere jetzt schon ungefähr eineinhalb Jahre, angefangen habe es gleich nach dem Tod ihrer Mutter.

Die Therapeutin begann nun, Frau M. in einen Zustand ›milder Trance‹ (eine Form der Tiefenentspannung, bei der die Aufmerksamkeit auf einen inneren Fokus fixiert wird) zu verhelfen. Nach einigen Entspannungsanweisungen forderte sie Frau M. auf, sich eine Tätigkeit vorzustellen, die ihr Spaß mache, ohne daß sie bei der Ausübung über die Grenzen ihrer Kraft hinausgehen müsse. Sie erzählte, daß sie sehr gern und auch gut tanze, und dies früher viel getan habe. Sie sei oft mit einer Gruppe von Freunden nur zum Zweck ausgegangen, sich mal wieder richtig auszutanzen.

Währenddessen hatte die Therapeutin, immer in dem Augenblick, in dem Frau M. offensichtlich ganz in dieser guten Erinnerung war, und dies auch deutlich in ihrer Mimik und Körperhaltung ausdrückte, mehrmals einen Fingerknöchel berührt. Dadurch wurde diese Berührung zu einem positiven Anker, d. h. zu einem Reiz, der mit der positiven Erinnerung verbunden ist. Frau M. wurde nun aufgefordert, in die Vergangenheit zurückzugehen. Sehr bald sah sie sich im Alter von ungefähr zehn Jahren, als sie allein mit ihrer Mutter lebte. Die Mutter war schwer krank, mußte aber trotzdem arbeiten. Die kleine Hilde erledigte nicht nur die ganze Hausarbeit, sie ging auch noch bei Nachbarn putzen, um etwas zum Lebensunterhalt beizutragen. Frau M. erlebte die panikartige Angst und die Bedrückung wieder, unter der sie damals häufig litt, ehe sie völlig übermüdet und oft mit starken Kopfschmerzen einschlief. – Unterdessen hatte die Therapeutin diese schlimmen Erfahrungen an einem Fingerknöchel der linken Hand geankert.

Nach einer kurzen Pause forderte sie dann ihre Klientin auf, in die bedrückende Periode ihrer Jugend zurückzugehen, und löste dabei beide Anker gleichzeitig aus (berührte also gleichzeitig den Fingerknöchel der rechten und der linken Hand). Nun gab Frau M. an, die Szenen als weniger dunkel zu empfinden. Sie verstehe nun besser, daß ihre Mutter damals niemals ein lobendes Wort für sie empfunden hatte, was sie ihr lange übelgenommen hatte. Als die Therapeutin sie nun bat, sich noch einmal ihre Situation im Büro anzusehen, kam sie plötzlich auf die Idee, ihrem Chef die Lage zu schildern und die Einstellung einer neuen Mitarbeiterin zu fordern.

In der nächsten Sitzung berichtete sie, daß ihr Chef bestürzt war, daß sie ohne sein Wissen so viele Überstunden mache, und auch bereit sei, eine zusätzliche Hilfskraft einzustellen. »Ich war auch«, sagte Hilde M., »am Grab meiner Mutter, das erste Mal seit Jahren. Ich weiß, daß es da noch einiges für mich zu tun gibt.«

Verbindungen zu anderen therapeutischen Schulen
NLP enthält sowohl Elemente der Verhaltenstherapie, bezieht aber auch tiefenpsychologische Erkenntnisse mit ein. Die stärksten Ähnlichkeiten bestehen zur Hypnotherapie nach M. Erickson.

Zusammenfassung
NLP verbindet Elemente der Lern- und Kommunikationstheorie mit tiefenpsychologischen Erkenntnissen. Es wird als Kurztherapie, oder als Element innerhalb länger dauernder Therapien angewendet.

Literatur
J. Grinder; R. Bandler: Therapie in Trance, Stuttgart, Klett-Cotta-Verlag 1984

J. Zeig: Meine Stimme begleitet Sie überall hin. Ein Lehrseminar mit Milton Erickson, Stuttgart, Klett-Cotta-Verlag 1988

Ausbildungsinstitute
Zu erfragen über:
Deutsche Gesellschaft für NLP
Kaiserstraße 1
8000 München 40
Telefon: 089/333306

Angaben zum Autor

Dr. phil. Eva Madelung, Ausbildung in Primärtherapie und Biodynamik (G. Boyesen), Fortbildungen in Gestalt-, Hypnotherapie, NLP, Atem-Meditation (Hetty Draayer).

Derzeitige therapeutische Schwerpunkte sind NLP und Atem-Meditation. Autorin des Buches ›Trotz, zwischen Selbstzerstörung und Kreativität‹ (München, Kösel-Verlag 1985).

Mitarbeiterin des
Zentrums Coloman
8000 München 2
Augustenstraße 46
Telefon: 089/522181 oder 5233853

6 Entspannungsverfahren

6.1 Autogenes Training

Geschichtliche Entwicklung und gegenwärtiger Stand

Das Autogene Training (AT) ist ein Entspannungsverfahren, das in den zwanziger Jahren in Berlin von Professor Johann Heinrich Schultz entwickelt wurde. Seither hat das AT eine sprunghafte Verbreitung gefunden und ist heute das bekannteste Entspannungsverfahren. Das mag einmal daran liegen, daß AT auch im ärztlichen Bereich Anerkennung und Anwendung gefunden hat, zum anderen ermutigen die positiven Erfahrungsberichte von Anwendern des AT immer mehr Menschen dazu, dieses Entspannungsverfahren zu erlernen. Die weite Verbreitung des AT in den letzten 50 Jahren hat nicht zu einer Zersplitterung der Methode geführt. Die Trainer legen weiterhin Wert darauf, sich auf den Begründer des AT zu berufen und den Kursteilnehmern die geringen Veränderungen zu erklären.

Menschen- und Weltbild

›Autogenes Training‹ (›auto‹ = selbst, ›gen‹ = entstehen) ist ein im Selbst, d.h. in meiner Person entstehendes Entspannungstraining. Das bedeutet, daß die angestrebten Entspannungszustände durch eigenes Üben hervorgerufen und nicht durch eine andere Person hinzugefügt oder ›eingetrichtert‹ werden. Dazu sind natürlich Erklärungen und Anweisungen notwendig, aber das eigentliche Trainieren ist Aufgabe des Ausübenden. Im AT lernt man Selbstentspannung und macht sich dabei eine brachliegende innere Fähigkeit zunutze: Die Fähigkeit zur Autosuggestion (Selbstbeeinflussung). Wir alle haben uns schon einmal selbst eingeredet (suggeriert), daß wir eine Aufgabe schaffen und uns damit Mut gemacht.

Im AT lernt man, physiologisch betrachtet, die willentliche Beeinflussung des Vegetativen Nervensystems. Das Vegetative Nervensystem (auch als unwillkürliches Nervensystem bezeichnet) steuert die unwillkürlichen Körperfunktionen der Organe wie Augen, Herz, Lunge, Magen, Speicheldrüse, Leber, Niere, Darm, Blase, Geschlechtsorgane und alle Blutbahnen des Körpers. Das Vegetative Nervensystem gibt Impulse zur Anregung und Anspannung bzw. zur Verlangsamung und Entspannung. Dabei steht es mit anderen Steuerungszentren im Gehirn in Verbindung und ist auch über Gefühle und Suggestionen erreichbar und steuerbar.

Anwendungsbereiche

Das AT kann uns nicht auf direktem Wege Probleme und Konflikte abnehmen, aber mit seiner Hilfe können wir günstigere Voraussetzungen schaffen, mit anstehenden Belastungen besser fertig zu werden. Wir können lernen, aus der konflikthaften Verstrickung eher herauszukommen. AT fördert die Fähigkeiten zur Selbststeuerung (physiologisch/kognitiv/emotional/verhaltensmäßig), die Selbstregulierung vegetativer Funktionen, gesunde Verhaltensweisen, Konzentrationsfähigkeit, Selbstruhigstellung, Sensibilisierung für Körpervorgänge, Streßbewältigung, Selbsterkenntnis, Selbstverantwortung und Selbstverwirklichung.

Die Ziele des AT lassen sich zusammenfassen: Entspannung als gesundes Gegengewicht zur Spannung; Gelassenheit als Leitmotiv im Leben; AT als Wegbegleiter; körperliche und seelische Selbstregulation zur Förderung von Gelassenheit.

Einsatzmöglichkeiten des AT liegen in der allgemeinen Gesundheitsvorsorge, in der Behandlung und Nachsorge von Störungen und Krankheiten und in der Nachsorge. So kann AT u. a. angewendet werden bei psychosomatischer Unausgeglichenheit, psychovegetativen Übersteuerungen, körperlichen Funktionssteuerungen, Organerkrankungen bei Betroffensein von Nerven-, Muskel- oder Kreislaufsystem sowie Konflikten und Problemen (bei ganzheitlichem Kursaufbau). Nicht angewandt werden sollte AT bei Personen, die sich auf Autosuggestionen nicht einstellen wollen oder können sowie bei akuten endogenen Psychosen.

AT sollte nicht ohne Teilnahme an einem Kursus erlernt werden. In einem Kursus lassen sich die Indikationen klären und eventuelle Fehler korrigieren. Die wichtigste Voraussetzung ist eine positive Einstellung zu diesem Entspannungsverfahren. Autosuggestion, also Selbstbeeinflussung, gelingt nur, wenn man dies auch selbst will.

AT ist auch für Menschen mit mangelnder Konzentrationsfähigkeit geeignet. Intensives Üben führt sogar zu einer Steigerung der Konzentrationsfähigkeit. Zum Erlernen des AT ist allerdings etwas Ausdauer notwendig.

Ablauf der Therapie

Wer vom AT Gewinn haben will, sollte dazu bereit sein, während der nächsten zwei bis drei Monate regelmäßig die Übungen durchzuführen, d. h. wenigstens dreimal täglich etwa fünf Minuten zu üben.

Ein Kursus umfaßt sechs bis zehn Sitzungen zu einer bis zwei Stunden in einer Gruppe mit max. zwölf Personen. AT kann etwa ab dem achten Lebensjahr erlernt werden. Für Kinder gibt es eine spezielle Form. Kurse für AT bieten heute fast alle Bildungseinrichtungen und Volkshochschulen an. Dort sind die üblichen, meist geringen Kursgebühren zu bezahlen. Bei privaten Trägern und im Einzelunterricht ist mit höheren Kosten zu rechnen; dafür sind die Wartezeiten geringer. Es besteht die Möglichkeit der Kostenübernahme durch die Krankenkassen, wenn ein Kursus ärztlicherseits befürwortet und von einem Kassenarzt oder Diplom-Psychologen bzw. Psychotherapeuten mit Kassenzulassung durchgeführt wird.

Da die Qualität der Trainer von den Übungswilligen nicht beurteilt werden kann, sollte als äußeres Qualifikationsmerkmal auf die Berufsbezeichnung Arzt oder Diplom-Psychologe geachtet werden. Diese Berufsgruppen bringen die günstigsten Voraussetzungen zur Lehre des AT mit.

Behandlungsmethoden

Ein Kursus hat folgenden Inhalt: Einführung in Theorie und Rahmenbedingungen des AT, Besprechen der einzelnen Übungen, gemeinsames Durchführen, Besprechen der Empfindungen und Wahrnehmungen und der psychosomatischen Zusammenhänge.

Die erste Lernphase soll möglichst in einer ruhigen Umgebung stattfinden und in bequemer Haltung durchgeführt werden. In der zweiten Lernphase sollen die Haltungen und Umgebungsbedingungen erschwert werden, um die notwendige Übertragung in den Alltag bewältigen zu können.

Die autosuggestiven Formeln des AT beziehen sich auf verbesserte Regulierung in den Organsystemen und lauten z. B. »Die Arme sind ganz warm – wohlig warm« oder »Das Sonnengeflecht ist ruhig und strömend warm«. Mit diesen beiden Übungen wird die Durchblutung in den Armen und im Leib gefördert. Weitere Übungen beziehen sich auf die Muskel- und Nervenentspannung. Besonders angesprochene Bereiche sind Arme, Beine, Atmung, Herz, Leib und Stirn.

Der Übende denkt die entsprechenden autosuggestiven Formeln. Als Erfolgskriterien gelten die Realisierung der Formelinhalte, die Verringerung der Symptome, die Veränderung von Streßverhaltensweisen und der entspanntere Umgang mit Problemen und Konflikten.

Fallbeispiel

Betroffene empfinden es immer wieder als befreiend, wenn sie im AT lernen, ein wenig Abstand von ihren nervlichen Belastungen und emotionalen Verstrickungen zu finden. Indem sie so neue Kräfte sammeln, können sie sich anschließend den Alltagsbelastungen besser stellen und sind in einer günstigeren Verfassung, sie zu lösen.

Bei Trainierten haben sich vier Monate nach Trainingsbeginn 70% und nach einem Jahr sogar 83% der beklagten Symptome stark oder zumindest etwas gebessert. Beklagte Symptome waren u. a. Angstgefühle, Reizbarkeit, Nervosität, Zittrigkeit, Schweißausbrüche, Magenbeschwerden, Kopfschmerzen, Kreislauf- und Herzbeschwerden, Schlafstörungen und Muskelverspannungen.

Herr B. schleppte sich jahrelang mit zunehmender innerer Hektik und organischen Beschwerden durch den Alltag. Die guten

Erfahrungen seiner Frau mit Autogenem Training führten ihn nach einigem Zögern in einen von einem Diplom-Psychologen geführten Kurs. Nach anfänglichen Schwierigkeiten kann er sich auf das Entspannungssystem einlassen und er schreibt einige Wochen nach Beendigung des Kurses: »Meine Beobachtungen sind noch nicht beendet. Fest steht auf jeden Fall bereits heute: Stets kalte Hände und Füße gehören der Vergangenheit an; mein Blutdruck und Kreislauf sind zur Zeit in Ordnung; wenn ich aufgeregt und nervös bin, hilft mir Autogenes Training, um wieder ruhig zu werden. Dazu möchte ich noch bemerken, daß ich mich gerade dann, wenn ich durch berufliche und private Dinge überlastet bin, nach dem Autogenen Training sehne. Insgesamt gesehen ist das Autogene Training bei mir ein voller Erfolg. Plötzlich von stets kalten Händen und Füßen befreit zu sein, ist mehr als ich erwartet habe. Ich glaube auch, daß ich im großen und ganzen heute bereits wesentlich ruhiger bin.«

Verbindungen zu anderen therapeutischen Schulen
Als Vorläufer des AT kann die Hypnose angesehen werden. Die am häufigsten genannten beschreibenden Begriffe der Hypnose entsprechen denen des AT: Ruhe, Wärme und Schwere.

Zusammenfassung
AT ist ein Verfahren, bei dem Entspannung auf autosuggestivem, das heißt auf selbstbeeinflussendem Weg durchgeführt wird. Mit Hilfe von Selbstbeeinflussungsformeln lernt man, über das Vegetative Nervensystem Einfluß auf den Organismus, besonders auf den Blutkreislauf, zu nehmen.

AT ist bei einer Vielzahl von Störungen geeignet, es bedarf aber einiger Übung, damit sich die Übungsformeln einprägen und sich ihre entspannende Wirkung entwickeln kann.

Die sogenannte Oberstufe des AT beinhaltet eine meditative Vorgehensweise mit Form-, Farb-, Musik-, Person- und Leitformelmeditationen. Die spezielle Form für Kinder verwendet entspannungsfördernde Geschichten.

Literatur
Helmut Brenner: Autogenes Training – Schritt für Schritt, München, Humboldt-Verlag 1987

Bernt Hoffmann: Handbuch des autogenen Trainings, München, DTV-Verlag 1982

Waltraud Kruse: Autogenes Training für Kinder, München, Goldmann-Verlag 1977

Ausbildungsinstitute
Psychologischer Arbeitskreis
für Autogenes Training und Progressive Relaxation
Geschäftsstelle: Dipl.-Psych. E. Nass
Koogstraße 96
2212 Brunsbüttel
Telefon: 04852/2224

Berufsverband Deutscher Psychologen (BDP)
Heilsbachstraße 22
5300 Bonn 1
Telefon: 0228/641054-55

Deutsche Gesellschaft
für ärztliche Hypnose und Autogenes Training
Bismarckallee 1 – 3
2360 Bad Segeberg
Telefon: 04551/54316

Institut für Autogenes Training und Gruppenarbeit
Hermannshöhe 7b
4630 Bochum
Telefon: 0234/3300

Angaben zum Autor
Helmut Brenner, Diplom-Psychologe, Vorsitzender des Psychologischen Arbeitskreises für Autogenes Training und Progressive Relaxation, Autor von Büchern zum Thema Autogenes Training, Progressive Relaxation, ganzheitliche Rehabilitation nach Herzinfarkt und natürliche Behandlungsweisen des Bluthochdrucks. Tätig an einer Rehabilitationsklinik für Herz- und Kreislaufpatienten, Durchführung von Fortbildungskursen für Diplom-Psychologen.
Paulinenstraße 20
4902 Bad Salzuflen
Telefon: 05222/622181

6.2 Progressive Relaxation

Geschichtliche Entwicklung und gegenwärtiger Stand
Die Progressive Relaxation (auch Tiefmuskel-Entspannungstraining oder Progressive Muskelentspannung genannt) basiert
auf einem aus Amerika stammenden systematischen Entspannungstraining mit Ansatzpunkt bei den willkürlichen Muskeln.
Edmund Jacobson entwickelte die Progressive Relaxation
(›vorwärtsführende Entspannung‹) in den 20er Jahren an der
Harvard-Universität. In weiterentwickelter Form wurde dieses
Entspannungstraining zu einer wichtigen Technik im Rahmen
der Verhaltenstherapie. Als eigenständige Methode wird es
auch im deutschsprachigen Raum immer bekannter und dürfte
in absehbarer Zeit einen ähnlichen Bekanntheitsgrad haben wie
das Autogene Training oder Yoga. Die Progressive Relaxation
(PR) ist keine Konkurrenzmethode für das Autogene Training
oder Yoga; sie läßt sich gut mit anderen Entspannungsmethoden verbinden und kann das Erlernen dieser Methoden erleichtern.

Menschen- und Weltbild
Die Progressive Muskelentspannung ist eine Entspannungsmethode für den selbstbestimmten Menschen, der über die Muskeln eine optimale Regulation des Organismus herbeiführen
kann.
   Sie ist leichter zu erlernen als das Autogene Training oder
Yoga, weil hier die willkürlichen Muskeln als Ausgangspunkt
für die Gesamtentspannung gewählt werden. Dabei handelt es
sich um die Muskeln im Körper, die bewußt aktiv angespannt
und entspannt werden können. Über dieses System kann die
Entspannung des gesamten Körpers, ja des ganzen Menschen
gelernt werden. Durch die willkürliche Anspannung und nachfolgende Lockerung von bestimmten Muskelpartien kommt
es wegen des provozierten Kontrastes zu sofortigen und intensiven Entspannungsempfindungen, die als Schwere-, Wärme-,
Prickel-, Ruhe- oder Schläfrigkeitsgefühl wahrgenommen werden.

Diese Empfindungen zeigen, daß sich nicht nur Muskeln, sondern auch Blutgefäße und Nerven entspannen.

Das Erlernen eines Entspannungsverfahrens ersetzt jedoch nicht eine konstruktive Konfliktbearbeitung.

Anwendungsbereiche

Durch konsequentes Training und – sofern notwendig – zusätzliche Konfliktbearbeitung lassen sich Leiden und Beschwerden lindern oder abbauen, die mit Fehlregulationen im Muskel-, Kreislauf- oder Nervensystem und/oder Bewegungsapparat zusammenhängen, z. B. Kopfschmerzen, Durchblutungsstörungen, Muskelverspannungen, innere Unruhe, Schlafstörungen, Magenbeschwerden oder Atembeklemmungen.

Die Progressive Muskelentspannung ist geeignet zur allgemeinen Gesundheitsvorsorge, bei psychosomatischer Unausgeglichenheit, psychovegetativen Fehlsteuerungen, körperlichen Funktionsstörungen, Angst (zusätzliche Behandlung mit Systematischer Desensibilisierung), Konflikten und Problemen (bei ganzheitlichem Kursaufbau).

Sie ist leicht vermittelbar und weitgehend durch Selbstanleitung erlernbar. Außerdem kann dieses Entspannungsverfahren fast jederzeit unter fast allen Bedingungen durchgeführt werden: Wer z. B. ein Gespräch führt, kann sich zwischendurch einmal kurz vergegenwärtigen, ob er (muskulär) angespannt ist und kann diese Verkrampfungen dann lösen.

Nach einigen Wochen regelmäßigen Übens kann man durch kurze Selbstbeobachtung feststellen, ob man verspannt ist. Man kann sich dann sofort in die Anspannung einspüren, sie kurzfristig – etwa eine Sekunde lang – verstärken und sie dann von sich abfallen lassen. So bekommt man die Spannung in den Griff und kann sie anschließend leichter loslassen.

Besonders ehrgeizige Menschen sollen mit Muskelanspannungen zurückhaltend sein. Bei Muskelerkrankungen ist eine vorherige Klärung nötig.

Ablauf der Therapie

Ein Kurs dauert fünf bis zehn Sitzungen mit jeweils ein bis zwei Stunden. Die Teilnahme ist etwa ab dem siebten Lebensjahr möglich. Die Gruppengröße sollte max. 15 Teilnehmer nicht überschreiten. Die Kosten müssen selbst übernommen werden. Die PR wird von Volkshochschulen, Bildungseinrichtungen und Kurkliniken angeboten. Manchmal wird sie auch mit dem Autogenen Training verknüpft.

Zu Beginn des Entspannungstrainings kann es wegen der gestörten Konzentrationsfähigkeit von Vorteil sein, das Training mechanisch durchzuführen. Im Laufe der Zeit soll die Entspannung jedoch selbstgesteuert, d. h. dem individuellen Eigenrhythmus entsprechend eingesetzt werden können. Hilfsmittel wie Texte, Zeithinweise oder Tonträger können die Entspannungsversuche in der Anfangszeit des Trainings erleichtern. Auf Dauer gesehen soll aus der Fremdanleitung eine Selbstanleitung werden.

Falls sich keine Möglichkeit zu einer Kursteilnahme bietet, läßt sich PR auch mit Buch oder Tonträger erlernen.

Behandlungsmethoden
Die Übungsstunden haben folgenden Inhalt: Einführung in Theorie und Rahmenbedingungen der PR, Besprechen der einzelnen Übungen, gemeinsames Durchführen, Besprechen der Empfindungen und Wahrnehmungen und, wenn möglich, der psychosomatischen Zusammenhänge.

Die Übungen werden anfangs in möglichst bequemer Haltung und ruhiger Umgebung durchgeführt. Recht bald soll eine Übertragung in schwierigere Situationen erfolgen. Schließlich soll das Gelernte in jeder Haltung und Umgebung durchführbar sein. Für Fortgeschrittene gibt es eine Weiterführung der Entspannung auf der Vorstellungsebene.

Das Programm beginnt mit der Entspannung der Hände, es folgen die Arme. Im zweiten Übungsabschnitt geht es weiter mit den Gesichtsmuskeln und den Schultern. Als nächstes geht es um die Entspannung des Leibes. Der vierte Übungsteil wendet sich den Beinen und abschließend der Gesamtperson zu. Danach beginnt man wieder mit der ersten Übung.

Bei der ersten Übung geht es um die Anspannung der rechten Hand zur Faust und die nachfolgende Entspannung. Man drückt die Hand möglichst kräftig zur Faust und betrachtet die

Faust und die Finger. Man sieht die muskuläre Spannung und die farblichen Veränderungen der Haut: Einige Stellen werden weiß – dort wird das Blut aus den Adern gedrückt; andere Stellen werden rot – dort staut sich das Blut. Man spürt die Anspannung und die Härte der Faust. Dann löst man die Anspannung, läßt die Hand locker herunterfallen und erlebt den Kontrast zur Spannung, spürt die Entspannung, die wohlige Lockerung der Muskeln und das angenehme Strömen oder Kribbeln oder das leichte Wärmegefühl in der Hand.

Durch das Kontrastvorgehen wird die Entspannung gefördert und weiter vertieft.

Fallbeispiel
PR läßt sich auch im Alltag durchführen. Wenn man gerade besondere Spannungen im Schulterbereich spürt, verstärkt man aktiv für ein bis zwei Sekunden die Spannung, nimmt sie damit in den Griff und kann sie anschließend gezielt loslassen. Der jeweils vorhandene Spannungsgrad läßt sich auf diese Weise schrittweise verringern.

Frau B. trainierte die einzelnen Übungsschritte der PR und wendet das Entspannungsverfahren bei Alltagsverspannungen, bei Schmerzen und Einschlafstörungen an. Sie schreibt u. a.: »Als Technische Zeichnerin bin ich zeitweilig überbeansprucht; dann habe ich Schmerzen im Schulter-Hals-Bereich. Wenn ich vor Schmerzen nicht einschlafen kann, mache ich das Entspannungstraining. Meist schlafe ich dann schnell ein und wache am nächsten Morgen ohne Schmerzen auf.«

Verbindungen zu anderen therapeutischen Schulen
Die Progressive Relaxation ist von den Zielsetzungen her mit dem Autogenen Training verwandt. Sie verwendet jedoch nicht den suggestiven Ansatz, sondern die aktiv-muskuläre Vorgehensweise.

Zusammenfassung
Die Progressive Relaxation ist ein Verfahren, bei dem die willkürlichen Muskeln als Ausgangspunkt für die Entspannung ge-

wählt werden. Durch die willkürliche Anspannung und nachfolgende Lockerung von Muskelpartien kommt es wegen des provozierten Kontrastes zu sofortigen und intensiven Entspannungsempfindungen.

Das Verfahren ist leicht vermittelbar, weitgehend durch Selbstanleitung erlernbar und kann jederzeit unter fast allen Bedingungen durchgeführt werden.

Literatur

Douglas A. Bernstein; Thomas D. Borkovec: Entspannungstraining. Handbuch der progressiven Muskelentspannung, München, Pfeiffer-Verlag 1975

Helmut Brenner: Entspannungstraining. Tiefmuskel-Entspannungstraining zur gezielten Selbstentspannung, München, Humboldt-Verlag 1988

Edmund Jacobson: Lassen Sie sich Zeit. Entspannung für Manager, Stuttgart, Taylorix-Verlag 1977

Tonkassetten:

Helmut Brenner: Tiefmuskel-Entspannungstraining. Tonkassette (TE 1C) mit den Übungen der Progressiven Relaxation inklusive Musikunterstützung, Bad Salzuflen, Eigenverlag 1984

Ausbildungsinstitute

Psychologischer Arbeitskreis für Autogenes Training und Progressive Relaxation
Geschäftsstelle:
Dipl.-Psych. E. Nass
Koogstraße 96
2212 Brunsbüttel
Telefon: 0 48 52 / 22 24

Berufsverband Deutscher Psychologen (BDP)
Heilsbachstraße 22
5300 Bonn 1
Telefon: 02 28 / 64 10 54-55

Angaben zum Autor

Helmut Brenner, Diplom-Psychologe
siehe 6.1 Autogenes Training

6.3 Biofeedback

Geschichtliche Entwicklung und gegenwärtiger Stand

Die ersten Versuche mit einfachen Muskelentspannungs-Meßgeräten machte Jacobson 1920 bei der Entwicklung seiner muskulären Relaxations-Technik (Muskelentspannungs-Technik). Am intensivsten wurde das Biofeedback in den USA und Kanada erforscht, vor einigen Jahren erst begann die Forschung auch in Europa und anderen Ländern.

Menschen- und Weltbild

Biofeedback ist eine neutrale Methode, physiologische (körperliche) Funktionen zu messen und zurückzumelden. Sie kann in den verschiedensten Lebensbereichen angewandt werden, z. B. von Ärzten, Psychotherapeuten, Trainern, Pädagogen, Rehabilitationsfachleuten, Ergotherapeuten, Logopäden u. a.

Anwendungsbereiche

Die Indikationen für Biofeedback sind sehr vielfältig. So ist Biofeedback bei den verschiedensten psychosomatischen Erkrankungen geeignet wie z. B. Migräne, Spannungskopfschmerzen, Schlafstörungen, Bluthochdruck, chronischen Schmerzzuständen, Herzrhythmusstörungen, Nervosität, Angstzuständen, Magengeschwüren, Asthma u. a., aber auch zur Streß-Reduktion, der Steigerung der Konzentrationsfähigkeit, dem Kreativitätstraining, im Rahmen von Lernprogrammen und als Erfolgskontrolle von Entspannungstechniken (wie Autogenem Training) und in der Rehabilitation bei Lähmungen (z. B. Schlaganfällen).

Innerhalb einer Psychotherapie eignet sich Biofeedback bei der Behandlung von Phobien und zum Aufdecken verdrängter Emotionen und Spannungen.

Ablauf der Therapie

Biofeedback ist eine Kurzzeittherapie. Am besten für einen guten Lerneffekt sind möglichst kurz aufeinanderfolgende Sitzungen (täglich oder mind. drei- bis viermal pro Woche) von ca. 30 – 60 Minuten Dauer.

Die Diagnose und Indikationsstellung erfolgt durch den behandelnden Arzt. Bedingungen beim Patienten sind: Motivation, Leidensdruck, Kooperationsfähigkeit und -bereitschaft. Eine Sitzung von 45 Minuten kostet ca. 70, – bis 150, – DM.

Die Krankenkassen übernehmen die Kosten bisher nur in Ausnahmefällen, dies wird sich aber voraussichtlich in absehbarer Zeit ändern.

Die Wartezeiten sind abhängig von Diagnose und Störungsbild.

Behandlungsmethoden

Biofeedback arbeitet nach dem Prinzip des Operanten Konditionierens, d. h. mit der ›Belohnung‹ von richtigem, bzw. der ›Bestrafung‹ von falschem Verhalten. So ertönt z. B. ein angenehmes Geräusch, wenn der Klient richtig reagiert hat, bzw. ein unangenehmes Geräusch, wenn er falsch reagiert hat. Momentan sind in Europa die folgenden Biofeedback-Verfahren bereits mehr oder weniger gut etabliert:

EEG = Elektroenzephalogramm (Hirnwellen-Messung)

EMG = Elektromyogramm (Messung der Muskelspannung)

EKG = Elektrokardiogramm (Messung der Herztätigkeit)

EGG = Elektrogastroenterogramm (Messung der Magen- und Darmbewegungen)

EDA = Elektrodermale Aktivität (elektrischer Hautwiderstand)

TMP = Temperatur-Messung (der Haut)

RSP = Respiratorisches Biofeedback (Messung der Atemtätigkeit)

Der Klient wird – je nach Indikation – liegend, sitzend oder stehend an ein Biofeedback-Instrument angeschlossen. Er hört und sieht seine Körperfunktionen mittels akustischer und optischer Signale. Dadurch lernt er durch ›trial and error‹ (Versuch und Irrtum) in überraschend kurzer Zeit, die entsprechende Körperfunktion willentlich zu beeinflussen, weil ihm jeder winzig kleine Erfolg sofort zurückgemeldet wird und er daher immer weiß, ob er etwas richtig oder falsch macht, z. B. ob er einen Muskel eher verkrampft oder entspannt.

Der Therapeut/Trainer ist bei der Sitzung anwesend und leistet Hilfestellung. Nach einiger Zeit kann der Klient auch einige Minuten lang allein weiterüben. Von jeder Sitzung können Computer-Protokolle erstellt werden. Dadurch ist es möglich, die Fortschritte von Sitzung zu Sitzung in Grafiken sichtbar zu machen. Dies ist sehr hilfreich für die Motivation des Klienten, weil er auch im Anfangsstadium bereits Erfolge sehen kann, noch bevor er sie bewußt bemerkt.

Nach 10 bis ca. 25 Sitzungen (unterschiedlich, je nach der Körperfunktion, die verändert werden soll) ist der Klient in der Lage, auch ohne das Biofeedback-Instrument auszukommen, weil die neue Fähigkeit zu einem Teil seines Verhaltensrepertoires geworden ist.

Fallbeispiel

Ein junger Mann mit sehr hohem Blutdruck (essentielle Hypertonie) erlernt zuerst das Autogene Training mit der Erfolgskontrolle durch das EDA-(Hautwiderstands-)Biofeedback. Bereits dadurch wird der Blutdruck positiv beeinflußt. Anschließend kommt er in Abständen von einigen Tagen zum TMP-(Temperatur-)Biofeedback, wobei er lernt, die Hauttemperatur in einer Hand (normalerweise der dominanten Hand) um ein bis drei Grad Celsius zu erhöhen. Dadurch entsteht eine parasympathikotone Reaktionslage (das vegetative Nervensystem ›schaltet‹ auf Ruhe und Entspannung um) und der Blutdruck sinkt. Dasselbe Resultat kann auch durch das EMG-(Muskelentspannungs-)Biofeedback erreicht werden, da auch über diese Körperfunktion eine Entspannung ausgelöst werden kann. Zu Hause und im Büro übt der Klient mit dem Biofeedback-Ring (dem kleinsten Biofeedback-Meßgerät), der durch Farbveränderungen eine Temperaturerhöhung oder -senkung anzeigt. Somit kann er seine Fortschritte ununterbrochen kontrollieren und lernen, auch in schwierigen und streßbeladenen Situationen entspannt zu bleiben bzw. den Blutdruck im normalen Bereich zu halten. Je nach Ausprägung und Dauer der Hypertonie sowie der Motivation des Klienten dauert ein solches Biofeedbacktraining mehrere Wochen bis einige Monate. Die Medikamente können vom Arzt schrittweise, möglicherweise bis zum völligen Absetzen, reduziert werden.

Verbindungen zu anderen therapeutischen Schulen
Biofeedback kann zwar isoliert als einziges Mittel angewandt werden, dies hat sich jedoch in der Praxis nicht so gut bewährt. In Kombination mit anderen Verfahren kann sich die Effizienz enorm verbessern.

In der Hypnosetherapie, der Verhaltenstherapie und vielen anderen Kurzzeittherapie-Methoden ist das Biofeedback für Therapeut und Klient gleichermaßen nützlich und sinnvoll, z. B. zur Messung von Therapieerfolgen, beim Identifizieren der Streßfaktoren u. ä.

Personen, die dem Autogenen Training oder anderen Entspannungsmethoden ablehnend gegenüberstehen, können allein mit dem Biofeedback-Training eine gleichwertige Entspannung erlernen. Bereits nach einigen Sitzungen sind sie vom Meßgerät unabhängig und somit selbständig. Dieses technische Vorgehen empfiehlt sich besonders bei sehr intellektuellen, pragmatischen und perfektionistischen Klienten, weil sie mit Hilfe des Gerätes sehr schnell lernen, daß eine angestrengte, perfektionistische Einstellung genau das Gegenteil von Entspannung bringt.

Zusammenfassung
Biofeedback ist eine medizinische, psychotherapeutische und pädagogische Technik, bei der man mit Hilfe von entsprechenden Instrumenten verschiedene Körperfunktionen (z. B. Muskelspannung, Hauttemperatur, Blutdruck, Magen- und Darmbewegungen, Herz- und Atemtätigkeit u. a.) genau messen und dem Klienten optisch (Lämpchen, Zeigerausschläge oder digitale Anzeige) oder akustisch (Summton, Klopfgeräusche oder Musik) zurückmelden kann.

Der Klient sieht also von Sekunde zu Sekunde, ob und wie sich seine Körperfunktionen verändern. Er erhält dadurch einen Beweis für die Tatsache der Psychosomatik (daß die Psyche auf den Körper wirkt) und es wird ihm möglich, verschiedene gestörte und reduzierte Körperfunktionen zu normalisieren bzw. zu verändern.

Damit wird der Klient zum aktiven Partner des Arztes oder Therapeuten, indem er auch eine Eigenverantwortung bei seiner Behandlung übernimmt.

Literatur

B. Kröner; R. Sachse: Biofeedbacktherapie, Stuttgart, Kohlhammer-Verlag 1981

Green; Green: Biofeedback — eine neue Möglichkeit zu heilen, Freiburg i. Br., Bauer-Verlag 1978

›Hypnos‹ Fachzeitschrift für Biofeedback, Autogenes Training und Hypnosetherapie, erscheint halbjährlich seit 1983, CH-9001 St. Gallen

Ausbildungsinstitute

Institut für Autogenes Training, Biofeedback und
Hypnosetherapie (IATH)
und Internationale Gesellschaft für Biofeedback
Postfach 1053
CH-9001 St. Gallen
Telefon: 0041 71 / 28 53 28

IATH
Stockerstraße 56
CH-8002 Zürich
Telefon: 0041-1-2025733

Angaben zum Autor

Theres Miller, dipl. Biofeedback-Trainerin, Präsidentin der Intern. Gesellschaft für Biofeedback in St. Gallen, Ausbilderin für Biofeedback-Trainer, Autorin verschiedener Fachpublikationen und Herausgeberin der Fachzeitschrift ›Hypnos‹ für Autogenes Training, Biofeedback und Hypnosetherapie.

7 Bewegungstherapien

7.1 Konzentrative Bewegungstherapie

Geschichtliche Entwicklung und gegenwärtiger Stand
Die Konzentrative Bewegungstherapie (KBT) wurde 1958 von
Prof. Dr. Helmuth Stolze (München) im Rahmen der Lindauer
Psychotherapiewochen vorgestellt. Sie hat ihre Wurzeln in der
Arbeit von Elsa Gindler (Berlin), die in den zwanziger Jahren im
Zuge der Gymnastikbewegung die Wahrnehmung und das Erle-
ben von Atem, Spannung und Entspannung lehrte. Gertrud
Heller (London), eine Schülerin von Elsa Gindler, wandte die
Bewegungsarbeit erstmalig therapeutisch in einer psychiatri-
schen Klinik in Schottland an und unterrichtete später auch in
Lindau. Inzwischen ist die KBT praktisch in allen psychosomati-
schen Kliniken fester Bestandteil des Behandlungsangebotes.
Außerdem wird sie in der ambulanten Praxis und zunehmend
auch in der Erwachsenenbildung im Bereich der Volkshochschulen oder bei der Lehrerfortbildung eingesetzt.

Menschen- und Weltbild
Die KBT ist eine körperorientierte psychotherapeutische Methode, bei der die Wahrnehmung des Menschen von sich selbst und
anderen im Mittelpunkt der Arbeit steht. Dabei wird die Rolle,
die Wahrnehmung und Bewegung bei bisher gemachten Erfahrungen gespielt haben, untersucht. Auf Wahrnehmung und Bewegung wird deshalb besonderer Wert gelegt, da sie Grundpfeiler der menschlichen Entwicklung darstellen. Die realen Sinnes-
erfahrungen in der Arbeit mit der KBT werden verdeutlicht und
auf dem Hintergrund tiefenpsychologischer Denkmodelle in der
Therapie bearbeitet. Durch die konzentrative Beschäftigung mit
Haltung, Bewegung und Ausdruck werden lebensgeschichtlich

frühe Erfahrungsebenen angesprochen, die unter Umständen bis in die vorsprachliche Entwicklungszeit der ersten Lebensmonate zurückreichen können. Unter konzentrativ wird hier ein Zustand entspannter, wacher Aufmerksamkeit verstanden. Neben der realen Erfahrung wird auch Wert auf den symbolischen Bedeutungsgehalt von Gegenständen und Handlungen gelegt, der oft wichtig ist für das bessere Verständnis von schwierigen Situationen. Ziel der Behandlung ist es, eigene Verhaltensmuster im Umgang mit verschiedenen Partnern und Gegenständen bewußt zu machen. Das Erproben verschiedener Lösungsmöglichkeiten im geschützten Raum der Therapie soll helfen, starre Haltungen und Fehlerwartungen abzubauen und wieder Mut zu neuen Schritten machen. Wesentlich für das Verständnis der KBT ist der Grundgedanke, daß der menschliche Leib die gemeinsame Basis für körperliche, seelische und psychosomatische Abläufe bildet und daß somit über den Leib ein Zugang zu allen diesen Bereichen möglich ist.

Anwendungsbereiche
Die KBT ist geeignet für Menschen, die an seelischen, psychosomatischen und auch körperlichen Beschwerden leiden. Oft machen solche Menschen mit der KBT besonders gute Erfahrungen, die sich auf der rein sprachlichen Ebene nicht so leicht ausdrücken und ihre Gefühle äußern können.

Ablauf der Therapie
Im Bereich der Kliniken wird die KBT zumeist als Gruppentherapie in Kombination mit anderen therapeutischen Verfahren angewandt. Im ambulanten Bereich werden Gruppen- und Einzeltherapien durchgeführt. Die Anmeldung erfolgt direkt beim Therapeuten. Meist wird in einem Vorgespräch der genaue Ablauf geklärt. Inwieweit die Kosten von den Krankenkassen übernommen werden, muß im Einzelfall abgeklärt werden.

Behandlungsmethoden
Die therapeutische Arbeit besteht aus Handlungteilen, in denen Wahrnehmung und Kontakt mit anderen im Vordergrund stehen, sowie aus Gesprächsteilen, in denen das Erlebte angespro-

chen, seine Bedeutung überlegt und durch Erinnerungen an ähnliche Erfahrungen vertieft wird. Es gibt drei Hauptgruppen von Angeboten: Die Arbeit allein (in Ruhe und Bewegung), der Umgang mit Gegenständen (z. B. Stab, Ball, Seil oder Wolldecke) und Übungen, bei denen der Kontakt zu anderen Gruppenmitgliedern im Vordergrund steht. Oft wird mit geschlossenen Augen gearbeitet, weil dadurch die Wahrnehmung der anderen Sinneseindrücke erleichtert wird. Hervorzuheben ist, daß es sich nicht um genau festgelegte Übungsabläufe handelt, sondern daß der Gruppenleiter Angebote macht, die vom Teilnehmer entsprechend seiner momentanen Befindlichkeit sehr unterschiedlich umgesetzt werden können.

Fallbeispiel
Je zwei Teilnehmer wählen sich gegenseitig aus, um miteinander zu arbeiten. Nach der Klärung, wer der aktive und wer der passive Partner sein möchte, legt sich der Passive auf dem Bauch auf eine Wolldecke am Boden. Der Aktive kniet daneben und beklopft den Rücken des Partners mit den Händen. Ohne zu sprechen, soll versucht werden, den Partner durch das Beklopfen des Rückens kennenzulernen, herauszufinden, wo es angenehm bzw. unangenehm ist, und die Bedürfnisse des Partners wahrzunehmen. Je nach Gruppensituation können danach die Partner getauscht werden oder gleich die Rollen gewechselt werden. Im nachfolgenden Gespräch können Themen wie Nähe, Körperkontakt, Ausgeliefertsein, Verwöhnt-werden, Leistungsdruck und ähnliche Fragen angesprochen werden. Oft werden auch problematische Erfahrungen in anderen Zusammenhängen erinnert.

Verbindungen zu anderen therapeutischen Schulen
In der Art der Körperarbeit bestehen inhaltlich Verbindungen zur Integrativen Bewegungstherapie.

Zusammenfassung
Die KBT ist eine körperorientierte psychotherapeutische Methode, bei der vor allem die konzentrative Betrachtung von Haltung, Bewegung und Ausdruck als Grundlage für das Erfahren eigener Einstellungen und eigenen Verhaltens genutzt wird.

Literatur

Christine Gräff: Konzentrative Bewegungstherapie in der Praxis, Stuttgart, Hippokrates-Verlag 1983
   Helmuth Stolze (Hrsg.): Konzentrative Bewegungstherapie. Grundlagen und Erfahrungen, Berlin, Verlag Mensch und Leben 1984

Ausbildungsinstitute
Deutscher Arbeitskreis
für Konzentrative Bewegungstherapie (DAKBT)
Aulberstraße 8
7410 Reutlingen
Telefon: 07121 / 3 63 43
(Weiterbildung und Vermittlung von Adressen von Therapeuten)

Angaben zum Autor
Dr. med. Rudolf Kost, Internist, Psychiater und Psychotherapeut, Vorsitzender des DAKBT
Poppenweilerstraße 48
7140 Ludwigsburg 8

7.2 Integrative Bewegungstherapie

Geschichtliche Entwicklung und gegenwärtiger Stand

Die Integrative Bewegungstherapie (ITB) wurde von Hilarion Petzold Mitte der 60er Jahre in Frankreich innerhalb der Arbeit mit psychiatrischen und geriatrischen Patienten sowie in der Kinder- und Jugendpsychotherapie entwickelt. Es handelt sich um einen ganzheitlichen Ansatz, der die Ergebnisse klinischer Bewegungstherapie und phänomenologischer Leibphilosophie auf einem tiefenpsychologischen Hintergrund miteinander verbindet. Die Methode verbreitete sich seit 1972 im deutschsprachigen Raum, und wird seitdem in Europa gelehrt. Die ITB zählt derzeit zu den verbreitetsten Verfahren psychotherapeutischer Leib- und Bewegungsarbeit im klinischen Bereich der BRD.

Menschen- und Weltbild

Leib und Person können nicht getrennt gedacht werden, wir sprechen deshalb vom ›Leib-Subjekt‹. Ich *bin* mein Leib und kann meinen Leib letztlich nicht als Objekt *haben*. Er ist lebendig und in Bewegung. Bewegung ist Leben, das Lebensphänomen schlechthin. Wir verstehen unter Bewegung über das Motorische hinaus auch emotionale, geistige und soziale Beweglichkeit. ITB versucht, den Leib in allen Dimensionen zu erreichen. Der Leib hat nämlich eine physikalische Dimension (Ding-Körper mit Raum und Gewicht), eine biologische (Organismus mit seinen Regulationsprozessen), eine seelische (gespürte Gefühlsregungen, Seele als Resonanzkörper), eine geistige (man spricht z. B. von einer durchgeistigten Stirn), eine soziale (Körpersprache) und eine ökologische (der Leib als Teil der Sozial- und Lebenswelt).

Der Leib ist Anfang und Ende der Existenz. In seinem Gedächtnis, seinen ›Archiven‹ ist die persönliche Geschichte aufgehoben. Wo immer die Vielfältigkeit des Leibes eingeschränkt wird, wo er verdinglicht und entfremdet wird, entsteht Krankheit. Therapieziel ist also, die Verdinglichung des Leibes aufzuheben, den Bruch zwischen Leib und Person zu heilen, die Selbstobjektivierung (ich habe meinen Leib wie einen Gebrauchsgegenstand) zu bearbeiten. Traumatische Ereignisse, die den Leib geprägt und verformt haben oder die dazu geführt haben, daß ausdrucksvolle Impulse in den Leib hineinverdrängt werden mußten, sollen durch alternative Leiberfahrungen und heilende Leibbehandlung verändert werden. Der menschliche Leib wird unter drei Aspekten betrachtet: Wahrnehmungsleib, Leibgedächtnis und Ausdrucks- bzw. Handlungsleib. Die Wiederherstellung der vollen Wahrnehmungsfähigkeit des Menschen, die Aktivierung des Leibgedächtnisses, um Verdrängtes ins Bewußtsein zu heben, und der Wiedergewinn des vollen expressiven Potentials des Leibes sind zentrale Therapieziele.

Anwendungsbereiche

Die ITB ist für ein breites Spektrum an Krankheitsbildern und Patientengruppen geeignet, besonders gut erreicht sie ›frühge-

störte Menschen‹; Patienten, die im vorsprachlichen Bereich ge-
schädigt wurden und aufgrund weiterer negativer Erfahrungen
in ihrer Lebensgeschichte schwere psychische und psychosomatische Erkrankungen entwickelt haben. Die nonverbale, erlebnisaktivierende und kreative Arbeitsweise einerseits und die biographische, Konflikte aufdeckende Leibtherapie andererseits,
sowie das Nachholen von Erfahrungen, die durch Defizite in der
Kindheit nicht gemacht werden konnten, bieten gerade für
schwergestörte Patienten gute Chancen.

Leibentfremdung ist als die zentrale Kulturkrankheit unserer
Tage anzusehen.

Ablauf der Therapie
Der Ablauf der Therapie hängt vom Krankheitsbild und von den
institutionellen Gegebenheiten ab. Dementsprechend ist sowohl
eine mehrjährige Langzeittherapie, eine mittelfristige Therapie
(ca. 60 Sitzungen) oder eine Kurzbehandlung (ca. 30 Sitzungen)
möglich.

Sofern die Kosten nicht von der Kasse übernommen werden,
kostet die Einzelbehandlung zwischen 80, – und 100, – DM pro
Stunde, die Gruppenbehandlung zwischen 30, – und 40, – DM.

Behandlungsmethoden
Die ITB hat drei Arbeitsmodalitäten: Übungszentriert-funktio-
nale Arbeit, erlebniszentriert-aktivierende und konfliktzen-
triert-aufdeckende Arbeit. Je nach Indikation werden diese Mo-
dalitäten miteinander kombiniert.

1. Im übungszentrierten Vorgehen werden Atmung, Sinnes-
wahrnehmung, physische Beweglichkeit und Entspannungs-
fähigkeit durch eine Kombination von Körper- und Phantasie-
übungen gefördert.

2. In der erlebniszentrierten Modalität werden durch kreative
Bewegungsimprovisationen, Bewegungsspiele, Arbeit mit Tü-
chern, Bällen, Stäben etc. neue Möglichkeiten des Erlebens und
Sich-Ausdrückens erschlossen.

3. In der konfliktzentrierten Modalität werden lebensge-
schichtliche und aktuelle Konflikte, die in den Körper hineinverdrängt wurden und zu Verspannungen, Blockierungen, Einen-

gung des Atemmusters usw. geführt haben, aufgedeckt. Zurück-
gehaltene Impulse können durch Mimik, Gestik und Bewegung
ausgedrückt werden.

Die ITB hat Hunderte von Übungen und Techniken entwik-
kelt. Das Verfahren kann als Einzel- und Gruppentherapie
durchgeführt werden.

Fallbeispiel

Eine Patientin kommt mit schwerer Migräne, die seit langem erfolglos mit Medikamenten und Gesprächstherapie behandelt
wurde, in die Therapie. Die bewegungstherapeutische Diagnose
ergibt schwere Verspannungen im Schulter- und Nackenbereich,
die mit funktionalen Entspannungsübungen angegangen werden. Dabei stellt sich heraus, daß sich die Patientin kaum entspannen kann.

Die Therapeutin dehnt und lockert die Muskulatur und gibt
der Patientin dabei ein Imaginationsbild:»Ich werde vom warmen Wasser getragen und umspült, das meine Schulter und meinen Nacken durchflutet.« Im folgenden Gespräch über die Lebensumstände der Patientin stellen sich belastende Familienkon-
stellationen heraus. Sie fühlt sich von ihrem Mann und ihren
Kindern überfordert.

Als sie dieses Muster pantomimisch ausdrückt, schleppt, hetzt
und belastet sie sich, trägt die Last auf ihren Schultern. Die
Bürde auf dem Rücken wird zur chronischen Verspannung und
Entspannungstechniken allein helfen hier nicht, da die Patientin
nach eigenen Aussagen (»Soweit ich mich erinnern kann...
meine Mutter hat es schon so gemacht«) diese seelische Bela-
stungskonstellation bereits seit ihrer Kindheit in sich trägt,
immer wiederholt und fortschreibt. In Bewegungsimprovisationen und freiem Tanz versucht sie, sich vom fixierenden Vorbild
der Mutter zu befreien. Es kommt zu heftigen Emotionen, zu
Wut und Zorn, aber auch zur Trauer über das unglückliche
Schicksal ihrer Mutter wie auch ihr eigenes. Im Verlauf der Be-
wegungs- und Gesprächsarbeit gelingt es der Patientin, sich innerlich freizumachen und ihre äußere Situation neu zu struk-
turieren. Ihre Migräne verliert sich nach achtmonatiger Einzelbehandlung (bei einer Stunde pro Woche).

Verbindungen zu anderen therapeutischen Schulen

Die ITB ist nicht am Energiekonzept Wilhelm Reichs und Alexander Lowens orientiert. Verbindungen gibt es zu den phänomenologischen Leibtheorien und zu neurowissenschaftlichen Entwicklungen. Eine weitere wichtige Quelle sind die Formen aktiver Psychoanalyse (Georg Groddeck, Sandor Ferenczi, Vladimir Iljine). Einflüsse kommen auch aus den Entspannungs- und Bewegungsverfahren (Elsa Gindler). Verbindungen bestehen zur Konzentrativen Bewegungstherapie.

Zusammenfassung

Die ITB ist ein ganzheitliches Verfahren der Psychotherapie und Körperarbeit, das durch übungszentriertes, erlebniszentriertes und konfliktzentriert-aufdeckendes Vorgehen seelische und psychosomatische Störungen behandelt. Alle Schädigungen im Rahmen der Biographie werden als leib-seelische Ereignisse betrachtet, die in einer Kombination von psychotherapeutischen, verbalen und leibtherapeutischen, nicht-sprachlichen Methoden angegangen werden müssen. Mit diesem Verfahren erreicht man besonders Probleme, deren Ursprünge im vorsprachlichen Bereich liegen. Es bietet darüber hinaus ein reiches Spektrum erlebnisaktivierender Methoden, die die Gesamtpersönlichkeit fördern und entwickeln.

Literatur

H. Petzold: Integrative Bewegungstherapie, Paderborn, Junfermann-Verlag 1988

H. Petzold: Leiblichkeit. Paderborn, Junfermann-Verlag 1985

E. Kirchmann: Moderne Bewegungsverfahren der Leib- und Bewegungstherapie. Paderborn, Junfermann-Verlag 1979

Ausbildungsinstitute

Fritz Perls-Institut und Akademie
Wefelsen 5
5609 Hückeswagen
Telefon: 0211/632711

Deutsche Gesellschaft für Integrative Bewegungs- und
Leibtherapie, Adresse s. o.

Angaben zum Autor

Ilse Orth, Psychotherapeutin, Lehrtherapeutin für Integrative
Bewegungstherapie, Lehrbeauftragte für Integrative Bewegungstherapie im Postdiplomstudiengang für Klinische Bewegungstherapie der Freien Universität Amsterdam; erste Vorsitzende der ›Deutschen Gesellschaft für Kunsttherapie und Therapie mit kreativen Medien‹; zahlreiche Veröffentlichungen zu
kreativen Therapiemethoden.
Haaner Straße 100
4006 Erkrath 2
Telefon: 021 04 / 4 23 01

7.3 Tanztherapie

Geschichtliche Entwicklung und gegenwärtiger Stand

In den USA gilt die Tanztherapie als eine etablierte Therapieform. Sie wurde in den 20er Jahren von Mary Wigman, Rudolf
v. Laban, Trudi Schoop, Isadora Duncan u. a. entwickelt, die
sich vom klassischen Ballett abwendeten.

Durch Improvisationen und den daraus entstandenen Cho-
reographien machten sie Erfahrungen mit dem eigenen Körper
und erlebten so den Einfluß von Bewegung auf ihre Gefühle und
umgekehrt. Sie verstanden fortan Tanz nicht nur als Ausführung vorgefaßter Tanzkombinationen, sondern als einen persönlich geschaffenen Stil körperlicher Bewegung, der das Wesen
eines Menschen zeigt.

Ähnlich wie Moreno das Theater benutzte, entwickelten sie
Bühnentänze, in denen Gefühlsinhalte im Vordergrund standen.
Ihre Erfahrung war, daß Psyche und Bewegungsverhalten ge-
koppelt sind und sich gegenseitig beeinflussen.

Laut der ›American Dance Therapy Association‹ (1965 in den
USA gegründet) ist die Tanztherapie »die psychotherapeutische
Verwendung von Bewegung als Prozeß, der die emotionale und
physische Integration des Individuums zum Ziel hat«.

Menschen- und Weltbild

Die Tanztherapie beruht auf der ganzheitlichen Annahme, daß Körper, Geist und Seele eine Einheit bilden. Dieser Zusammenhang besagt, daß ein Mensch sowohl von der geistigen, der gefühlsmäßigen als auch von der körperlichen Ebene her beeinflußt werden kann.

Ansatzpunkt der Tanztherapie ist das aktuelle Bewegungsrepertoire (Bewegungsmuster, Bewegungsverhalten, Bewegungsmöglichkeiten). Über das Medium der Bewegung kann sich der Klient erfahren und ausdrücken.

Der Tanztherapeut nimmt an, daß jeder Mensch nach Selbstverwirklichung strebt und daß bei jedem Menschen ›gesunde‹, sowie konservative (bewahrende) und progressive (sich entwickelnde) Tendenzen zu finden sind.

Der Tanztherapeut vertraut auf die ›gesunden‹ Anteile beim Klienten und setzt dort an, wo sich der Klient seiner Entwicklung entsprechend befindet.

Damit arbeitet er mit dem vorhandenen Energiepotential des Klienten. So wird nicht der ›kranke‹ Anteil betont, sondern die ›gesunde‹ Seite gefördert und gestärkt, was das Selbstvertrauen des Klienten kräftigt und die Basis für eine Konfliktbearbeitung schafft.

Anwendungsbereiche

Tanztherapie wird zur Zeit hauptsächlich angewendet in Psychiatrie, Psychosomatik, im Suchtbereich, in klinischen oder beratenden Einrichtungen zur Therapie abweichenden Verhaltens, in der Arbeit mit Folteropfern, mit behinderten oder verhaltensgestörten Kindern und Jugendlichen, in Sonderschulen, Körperbehindertenschulen, Seniorenheimen und der Geriatrie. Es gibt praktisch keine Kontraindikationen.

Ablauf der Therapie

Tanztherapie kann als Einzel- oder Gruppentherapie, Kurz- oder Langzeittherapie durchgeführt werden. Soweit Tanztherapie in Institutionen angeboten wird oder delegierende Psychiater, Psychoanalytiker etc. eine Tanztherapie verordnen, tragen die Krankenkassen die Kosten.

Behandlungsmethoden

Tanztherapeutische Methoden sind u. a.:

– die Bewegungsanalyse oder Bewegungsrepertoire-Erweiterung nach R. Laban (Elemente des Tanzes, Polaritäten, Körperbild): Jeder Mensch verfügt über ein bestimmtes Repertoire an Verhaltens- und Bewegungsmöglichkeiten, sowie über ein Bild seines Körpers; dieses Repertoire kann beobachtet und erweitert, das Körperbild kann realitätsgerechter verändert werden. So werden z. B. Bewegungen gelernt, die Wut, Trauer, Freude, Schwäche ausdrücken, wenn der Klient diese Gefühle bisher vermieden hat; eine kognitive Analyse ist dabei nicht unbedingt erforderlich.

– Gestaltungsmodell: Der Klient bewegt sich eine Weile spontan zu einem bestimmten Thema, Gedanken, Gefühl, Vorstellungsbild etc., wählt dann einige seiner Bewegungen aus und verbindet sie zu einer kleinen Choreographie, die er anderen Klienten und/oder dem Therapeuten vorführt.

– Rollenspiel/Pantomime/Vorstellungsbild: Der Klient ›tanzt‹ oder spielt Teile seiner Persönlichkeit, die bekannt oder vernachlässigt sind, identifiziert sich mit Rollen, Bewegungen, Körperteilen, erlebt die Dynamik sozialer Beziehungen oder der Beziehung zu sich selbst und lernt, sie zu verstehen und sein Verhalten darauf einzustellen.

– Traumarbeit/Arbeit mit Symbolen: Traumelemente, Symbole, Ereignisse aus Vergangenheit, Gegenwart und Zukunft können auf vielfältige Weise in Bewegung dargestellt, erfahren, verändert, wiederholt und analysiert werden.

– Intermediale Übertragung: Im kreativen Umgang mit Wort, Farbe, Bewegung, Tanz und verschiedenen Materialien bearbeitet der Klient unbewußt Konflikte und löst Spannungen; Reflexion ist dabei nicht erforderlich.

– Arbeit mit Medien: Tücher, Bälle, Fallschirm, Stock, Seil, Gummiband, Instrumente usw. erleichtern z. B. die Kontaktaufnahme, schaffen Gruppenzusammenhalt, vermitteln Sicherheit und erhöhen die Risikobereitschaft der Klienten oder erzeugen ganz bestimmte, von Therapeuten beabsichtigte Bewegungselemente oder Stimmungen.

– Ich-Differenzierungsmodell nach Penny Bernstein: tiefenpsychologischer Ansatz, der den Klienten mit Bewegungen bestimmte Stufen seiner psychosozialen Entwicklung wiederholen, nachholen oder optimieren läßt.

Fallbeispiel
Peter, 26 Jahre, Diagnose ›Psychose mit suizidalen und depressiven Zügen‹, befand sich zum Zeitpunkt der Einzeltherapieaufnahme auf einer Krisenstation und bekam starke Medikamente (Neuroleptika). Er hatte drei Jahre in verschiedenen Institutionen verbracht, davor ein Jahr als Tennislehrer gejobt und zwei Semester Sozialpädagogik studiert.

In der ersten Phase der Tanztherapie war es das Ziel, ein intensiveres Körperempfinden und Körperbewußtsein auszubilden. Der Klient sollte daher vielfältige Bewegungen des Therapeuten nachahmen und dann nonverbale Bewegungsgespräche mit dem Therapeuten führen. Über diese Erfahrungen wurde gesprochen, Wertungen des Klienten wie »Zögern und Pausen sind schlecht« wurden aufgedeckt und die Wut des Klienten über diese Wertungen wurden durch Schläge an die Wand u. ä. ausgelebt. Über den Kontaktverlust durch Aggression, Widerstand und Selbstaufgabe erkannte der Klient, daß er eigene Bedürfnisse nicht durchsetzen konnte. Nichtsprechen und Nichtbewegen, sich vom Therapeuten schieben und ziehen lassen manifestierten sich in dieser Therapiephase. Daraufhin entdeckte der Klient eigene Ziele, ›die andere Wand, eine Ecke des Raumes‹, und fand eigene Wege, diese Ziele zu erreichen. Im Folgenden übernahm der Therapeut die Rolle eines Hindernisses, später einer hindernden Person, was sofort zu erneuter Selbstaufgabe und Unsicherheit des Klienten führte. Hierbei übertrug der Klient auf den Therapeuten, daß dieser bestimmte ›feindliche Erwartungen‹ an ihn habe. In der nächsten Phase wurden Macht und Hierarchie, Ohnmacht und Selbstaufgabe in einem von Klienten initiierten Rollenspiel ›Arzt/Patient‹ thematisiert und analysiert. Umwelt und Eltern, wie sie der Klient erlebte, wurden ins Therapiegeschehen umgesetzt und durch Bewegung ausgedrückt. Als die Therapie kurz stagnierte, wurden über Zeichnungen und Bewegungen auf der Symbolebene Verzweiflung und Angst des Klienten ausgedrückt und aufgedeckt. Differenzen zwischen dem Verhalten, Körperausdruck und den Absichten des Klienten wurden aufgezeigt und bearbeitet. Die Beziehung zwischen Therapeut und Klient hatte sich deutlich gefestigt und wurde realitätsangemessener. Der Klient brachte eigene Themen in die Sitzungen ein und bearbeitete sie auf der Bewegungsebene und kognitiv. Ein Arztbesuch brachte einen Rückschlag, der in einem ›Schaukelspiel‹ mit Oben- und Untensein dargestellt und analysiert wurde. Positive und negative Elemente der verschiedenen Abhängigkeiten (Arzt, Eltern, Umwelt, Medikamente) des Klienten wurden erfahren und analysiert, entsprechende Gefühle vom Klienten zugeordnet und ausgedrückt.

Nach acht Monaten Tanztherapie machte sich der Klient durch einen Wohnortwechsel und die Aufnahme eines Berufspraktikums unabhängiger, schließlich wurden die Medikamente ganz abgesetzt. Heute arbeitet er wieder als Tennislehrer und plant eine Ausbildung in einem pädagogischen Bereich.

Verbindungen zu anderen therapeutischen Schulen

Aus der Geschichte der Tanztherapie ergibt sich eine therapeutische Nähe zu den analytischen Schulen (Freud, Adler, Jung). Vertreter in der Tanztherapie sind E. Siegel (Freud), L. Espenak (Adler) und M. Capy (Jung).

Zusätzlich hat die Tanztherapie vor allem aus den humanistischen Verfahren, insbesondere den körperorientierten Verfahren (Psychodrama, Gestalttherapie) sinnvolle Elemente adaptiert und benutzt eine sorgfältige Gesprächsführung zur kognitiven Integration.

Zusammenfassung

Die Tanztherapie ist eine handlungsorientierte Therapieform, deren Ansatzpunkt das aktuelle Bewegungsrepertoire eines Menschen ist. Tanz wird dabei als elementare Körper- und Symbolsprache und als Kommunikations- und Interaktionsmöglichkeit verstanden.

Literatur

Elaine Siegel: Tanztherapie, Stuttgart, Klett-Verlag 1986

Trudi Schoop: ...komm, tanz mit mir, Zürich, PAN-Verlag 1981

Ausbildungsinstitute
Dietrich-Langen-Institut
Fachschule für Tanztherapie
Postfach 1001 40
4019 Monheim, Marienburg
Telefon: 021 73 / 3 08 76

Angaben zum Autor
Frank Winter, Diplom-Psychologe, Klinischer Psychologe, therapeutische Fortbildungen und Praxis in verschiedenen Bereichen und Institutionen, Arbeit in psychosozialen und gesundheitspolitischen Initiativen, seit 1984 Lehrtherapeut am Dietrich-Langen-Institut.

Heike Neumann, Tanztherapeutin, Theaterarbeit in Göttingen und Berlin, Studium der Tanztherapie am Dietrich-Langen-Institut, seit 1986 Arbeit mit chronisch psychotischen Menschen in einem gemeindenahen Psychiatrieprojekt.
Frank Winter
Henri-Dunantstraße 2
5650 Solingen
Telefon: 02 12 / 20 21 97

7.4 Taichi Chuan

Geschichtliche Entwicklung und gegenwärtiger Stand

Taichi Chuan (TC) ist eine alte chinesische Gesundheitsübung mit meditativem Charakter und philosophischem Hintergrund, die ursprünglich als Kampfkunst entwickelt worden ist. Langsame, weiche, fließende Bewegungen im Einklang mit dem Atem und den natürlichen Bewegungsmöglichkeiten des Körpers führen zu innerer Ruhe, Ausgeglichenheit, Konzentration und Ausdauer. Es ist gleichermaßen geeignet für jung und alt, Starke und Schwache, Frauen und Männer; es vermeidet Verletzungen und Überanstrengung. Unabhängig vom Wetter kann man jeden Tag üben. Besondere Ausrüstung und Kleidung ist nicht erforderlich, ebensowenig eine spezielle Diät oder Lebensweise.

214

Täglich einige Minuten Übung bringen Energie ohne Anstrengung, Stärke ohne Härte und Vitalität ohne Nervosität; der Körper wird anmutig, leicht, geschmeidig und frei beweglich.

Der Ursprung des Taichi Chuan liegt im Dunkeln. Man nimmt an, daß es – oder seine Vorformen – seit über 3000 Jahren existiert, wie Geschichten aus Volksgut und Mythologie nahelegen. Die frühesten schriftlichen Quellen stammen aus der Tang-Dynastie (618 – 907 n. Chr.). Erzählt wird auch von einem taoistischen Mönch, Chang San-Feng (12. Jh. n. Chr.), einem Meister des Kung Fu, der das TC entwickelt habe, als er den Kampf eines Kranichs mit einer Schlange beobachtete und darin die taoistische Weisheit des Laotse entdeckte, daß »das Weiche das Harte besiegt«.

Es gibt verschiedene Stile und Richtungen des TC, der verbreitetste ist der YANG-Stil. Er wurde von YANG LU-Chan (1800 – 1873) begründet und von seinem Enkel YANG Ch'en-Fu (1883 – 1936) in ganz China verbreitet. In Europa vertritt Meister K. H. Chu, dritter und letzter Meisterschüler von YANG Shou-Chung (1910 – 1985), dem Urenkel des Begründers, die alte, authentische Tradition des YANG-Stils. Im Rahmen der ›International Tai Chi Chuan Association (ITCCA)‹ gibt er die Geheimnisse, die früher dem Familienkreis vorbehalten waren, weiter. Der erste der heute ca. 30 von ihm beauftragten Lehrer und Lehrerinnen in der BRD ist Frieder Anders.

Menschen- und Weltbild
Über Jahrhunderte erforschten die Chinesen die Bewegungen des Lebens in allen Aspekten und entwickelten umfassende Übungssysteme als Hilfe bei dem Versuch, sich mit den Lebensgesetzen in Einklang zu bringen. Eine Vielzahl von Meditations-, Atem- und Bewegungsübungen sollte dem Menschen helfen, sein körperlich-geistiges Wesen zu entfalten und – im Einklang mit dem Lebensgesetz, dem ›TAO‹ – gesünder und harmonischer zu leben. Alles Leben und alles Seiende ist durchdrungen vom TAO, dem einen Weg, und ebenso ist jeder Mensch auf seinem Weg – einmalig und sich dauernd wandelnd, wachsend und sich entwickelnd. Aus diesem Geist entstand das TC. Es

stellt für jeden das bereit, was die Voraussetzung dafür ist, die eigenen Möglichkeiten erfüllt leben zu können: Gesundheit.

Anwendungsbereiche
Grundsätzlich ist TC für jeden geeignet, der bereit ist, täglich 15 – 30 Minuten zu üben. Jugendliche können ab 14 Jahren beginnen, nach oben gibt es keine Beschränkungen, da die innere Kraft mit dem Alter wächst. Die westliche Medizin sieht in dieser Übung eine bedeutende Stärkung des zentralen Nervensystems, die Wohltaten für den gesamten Organismus zur Folge hat: Steigerung der Konzentrationsfähigkeit, innere Ruhe und Ausgeglichenheit, geschmeidige Muskeln, verbesserte Reflexe, erhöhte Beweglichkeit, Anregung des Kreislaufs. Die übrigen Organsysteme, Lungen und Niere, Verdauungsorgane, endokrine Drüsen, Sinnesorgane, das Skelett und das Lymphsystem, werden ebenfalls gekräftigt. Die Freude, die die Übungen machen, wirkt positiv auf das Nervensystem. Schmerzen, Schlaflosigkeit, Mattigkeit, Nervosität, Verspannungen, Durchblutungsstörungen verschwinden nach einiger Zeit regelmäßiger Übung. Auch chronische Krankheiten werden gebessert und geheilt.

Ablauf der Therapie
Da TC nicht als Therapie im üblichen Sinn angesehen wird, gibt es für Gruppenunterricht keine Wartezeiten, aber auch keine Kostenübernahme durch die Kassen.

Behandlungsmethoden
Grundlage ist die ›Form‹: ein Ablauf von vorgegebenen Bewegungsformen, die im Zeitlupentempo ohne Unterbrechung ineinander übergehen. 37 Bewegungsformen gibt es im klassischen YANG-Stil (mit Wiederholungen im ganzen 80), die – im empfohlenen Tempo ausgeführt – etwa 15 Minuten zu ihrer Ausführung in Anspruch nehmen. Ständig ist der ganze Körper daran beteiligt, so daß der Übende sich seines ganzen Körpers bewußt wird. Wer TC regelmäßig übt, erlangt die »Geschmeidigkeit eines Kindes, die Gesundheit eines Holzfällers und die Gelassenheit eines Weisen«. Um die Form zu erlernen, braucht

man etwa ein Jahr. Darauf aufbauend gibt es Vertiefungsstufen der Form und Partnerübungen.

Fallbeispiel

Der 83jährige Autor eines Buches über TC schreibt: Nach 42 Jahren Dienst bei der Post in China und nach der Pensionierung mit 60 Jahren lebte er zufrieden in Shanghai, bis plötzlich mit 69 Jahren Herzbeschwerden auftraten: Vergrößerung des Herzens, Arterienverkalkung und Herzrhythmusstörungen. Erst dann begann er, TC zu lernen und täglich zu üben. Nach einem Jahr wurde festgestellt, daß die Krankheit zum Stillstand gekommen war, und nach einem weiteren Jahr wurde die Herztätigkeit als normal befunden.

Seitdem hat er täglich TC geübt und seine Gesundheit verbesserte sich stetig. Jetzt, mit 83 Jahren, kann er sich an keinen Tag der Krankheit oder des Unwohlseins erinnern; seine Gesundheit ist sogar besser als in jungen Jahren. Heute lebt er in den USA und unterrichtet viele ältere und alte Menschen in TC.

Verbindungen zu anderen Schulen

TC gehört in das große Gebiet der chinesischen ›CH'i-Kung‹- (oder ›Qi gong‹-)Übungen − ›Übung des Atems und der Energie‹. Da es als Meditation in Bewegung angesehen werden kann, ist es vergleichbar mit der taoistischen Sitzmeditation. Als Kampfkunst ist es nur bedingt mit anderen Kampfsportarten vergleichbar, weil es ›innere‹ Kräfte und nicht ›äußere‹ entwickelt. Vom methodischen Ansatz haben einige westliche Methoden, z. B. Eutonie, Feldenkrais und bestimmte Formen der Atemtherapie Ähnlichkeit mit TC.

Zusammenfassung

Taichi ist Schönheit und Harmonie fließender Bewegung
Taichi ist Einheit von Körper und Geist
Taichi entspannt und macht hellwach zugleich
Taichi ist einzigartige, weil gewaltlose Selbstverteidigung.

Literatur

Frieder Anders (Hrsg.): Taichi − Chinas lebendige Weisheit, Köln, Diederichs-Verlag 1985

Frieder Anders: Das chinesische Schattenboxen Tai Chi, München, Barth-Verlag (auch als Taschenbuch im Econ-Verlag) 1977

Ausbildungsinstitute
International Tai Chi Chuan Association (ITCCA)
Schule Frieder Anders
Am Weingarten 12 – 14
6000 Frankfurt 90
Telefon: 069 / 77 90 76
Veranstaltung von Kursen, Wochenend-, Intensiv- und Ferien-kursen. Adressen von anderen Lehrern/innen können dort erfragt werden.

Angaben zum Autor
Frieder Anders war nach dem Musikstudium als Schauspieler und Regisseur tätig. Seit 1973 Studium des TC in Deutschland, New York, Taiwan und London. Unterrichtstätigkeit in TC seit 1976, hauptberuflich seit 1982. Schüler von Meister Chu seit 1978, Gründung der Taichi-Schule 1980. Zwei Bücher über Taichi Chuan, u. a. über den authentischen YANG-Stil.

8 Atemtherapie

8.1 Rebirthing

Geschichtliche Entwicklung und gegenwärtiger Stand
Rebirthing heißt sinngemäß: neugeboren werden.

Das Erlebnis der ›Neugeburt‹ umfaßt alle Bereiche des eigenen Wesens (Körper-Geist-Seele-Intellekt). Neugeburt bedeutet, sich innerlich und äußerlich so zu verändern, daß ein neuer Mensch mit einem neuen Leben entsteht, mit einem neuen Weltbild über sich selbst und andere.

Rebirthing wurde in den 70er Jahren von Leonard Orr in den USA entdeckt und entwickelt.

Durch einen ›Zu-fall‹ entdeckte er bei einem überlangen Saunagang, daß durch kontinuierliches Atmen Erinnerungen an die Geburt und frühe Kindheitserlebnisse möglich waren, sogar Erinnerungen an die Zeit im Mutterleib und die Zeit davor. Er kam mit Dingen in Kontakt, die er lange Jahre mühevoll in seiner Psyche gesucht hatte.

Zuerst wurde Rebirthing im körpertemperaturwarmen Wasser gemacht. Dabei lag der ›Rebirthee‹ mit dem Kopf unter Wasser und atmete durch einen Schnorchel. Die Erlebnisse waren aber durch die Stimulation des warmen Wassers, das an die Geburt bzw. an die Zeit im Mutterleib erinnerte, so außergewöhnlich, daß die Anfangsphase heute im Trockenen gemacht wird. Auf diese Weise fällt es Menschen leichter, alte belastende Erinnerungen zuzulassen und zu integrieren.

Später, wenn die wichtigsten Phasen im Rebirthingprozeß durchlaufen sind, werden verschiedene Methoden praktiziert: Warm- und Kaltwasserrebirthing, Gruppen- oder Partnerrebirthing, Kristallrebirthing und Maharebirthing.

Rebirthing besteht grundsätzlich aus zwei Hauptkomponenten: dem Atem, der körperlichen Seite, und der Arbeit mit Gedankenkräften, der geistigen Ebene.

Der Atem bildet den Einstieg und die Brücke in die Geisteskräfte und ins Bewußt-Sein.

Atmen und Denken sind die größten Kräfte, die der Mensch zur Verfügung hat; sie sind direkt miteinander verbunden und beeinflussen sich gegenseitig.

Menschen- und Weltbild

Rebirthing hat sich von einer anfänglich psychotherapeutisch orientierten zu einer mehr spirituell-ganzheitlichen Einstellung hin entwickelt.

Es stellte sich heraus, daß in der Einfachheit, die für uns Menschen in westlichen Kulturkreisen das Schwierigste zu sein scheint, die ganze Kraft liegt. Weil es so einfach und gleichzeitig so effektiv ist, wird Rebirthing leider oft mißverstanden und mißbraucht.

Rebirthingatmen ist ein einfacher, leichter, kontinuierlicher Atemfluß, der in Verbindung mit Körperarbeit, Meditation, spirituellen Reinigungstechniken und Gedankenarbeit sich einen Weg durch unser ›Geburtstrauma‹ – dieser mächtigen Quelle von (Atem-)Hemmungen – hindurch zu unserer natürlichen Lebensenergie bahnt.

Der Sinn dieser Methode ist, sich an seine Geburt zu erinnern und erste negative Eindrücke über das Leben, die wir bei der Geburt gewonnen haben, zu sehen und loszulassen. Bisher unterdrückte Pränatal- und Geburtserlebnisse können bewußt gemacht und angenommen werden. Entsprechend lösen sich innere Konflikte. Wenn das geschieht, ist der Mensch in der Lage, sein Leben ohne die alten unbewußten Einstellungen neu zu sehen. Eine intensive umfassende Selbstreinigung von lebenshemmenden psychischen Mustern kann erfolgen – ein Leerwerden. Aus dieser Leere heraus wird eine Grundlage geschaffen, die zu kreativer Selbstverantwortung und zur wesensgemäßen Selbstverwirklichung führt. Es gilt zu erfahren, daß jeder Mensch göttlicher Natur ist und alle Kraft in sich selbst hat, um ein in jeder Form erfülltes Leben zu führen.

»Wir sind nicht Opfer unseres Schicksals, sondern die Schöpfer unserer Lebensumstände.«

Anwendungsbereiche

Atmen bedeutet Leben, deshalb gibt es keine spezifischen Gruppen von Menschen, für die Rebirthing mehr geeignet wäre als für andere. Es ist geeignet für Gesunde, Kranke, Reiche, Arme – für jeden, der gesundheitlich in der Lage ist, selbst zu atmen. Rebirthing schafft eine Art von Entspannung, die Ängste neutralisiert, Heilungsprozesse einleitet, körperliches Wohlbefinden schafft, Zellen erneuert und körperliche und psychische Therapien unterstützt. Es kann individuell den entsprechenden Erfordernissen angepaßt werden.

Ablauf der Therapie

Es werden Gruppen- und Einzelsitzungen angeboten und es gibt genügend ausgebildete Rebirther, so daß mit Wartezeiten nicht zu rechnen ist.

Das Ziel von Rebirthing ist auch, jemandem ein Instrument in die Hand zu geben, mit dem er sich jederzeit selbst körperlich und geistig reinigen, entspannen und energetisieren kann.

Die erste Phase von 10 – 20 Sitzungen sollte unbedingt mit einem ›Qualified Rebirther‹ durchgeführt werden. Später kann Rebirthing allein gemacht werden.

Die ersten Sitzungen finden in der Regel einmal in der Woche statt, später alle zwei Tage. Erfahrene können sich rebirthen, wann und so oft sie wollen.

Die Kosten liegen zwischen 80, – und 200, – DM pro Sitzung. Rebirther sind frei in ihrer Honorargestaltung und richten sich oft nach den Möglichkeiten des Klienten.

Die Kosten werden nicht von den Kassen übernommen; es gibt allerdings Ärzte, die Rebirthing als Atemtherapie einsetzen und entsprechend abrechnen.

Behandlungsmethoden

Atemtechniken: Leichter, kontinuierlich fließender Atemrhythmus löst innere Spannungen und belebt den ganzen Körper.

Gedankenarbeit: Gedanken sind eine Kraft, die auch für unsere Gefühle verantwortlich ist. Negative Gedanken erzeugen negative Gefühle, positive Gedanken bewirken Wohlbefinden. Mit Hilfe von wiederholten positiven Botschaften erreicht man eine positive Sicht des Lebens.

Spirituelle Reinigungstechniken: z. B. kalte Bäder (auch im Winter) reinigen und stärken nicht nur unseren Körper, sondern auch unseren Geist.

Körperarbeit: Yogaübungen, Laufen, Tanzen, Massagen etc.

Meditation: Stille Meditationen, um nach innen in seinen Geist zu gehen, Atemmeditationen, um sich seiner wichtigsten Lebensquelle bewußt zu werden, aktive Meditationen, um seinen Körper voll und ganz zu spüren.

Fallbeispiel

Ein Klient hatte jedesmal Angst, wenn er in einem Aufzug fuhr. Er fühlte sich dabei wie eingesperrt. Als er sich in einer Rebirthingsitzung an die Momente im ›Geburtskanal‹ während seiner Geburt erinnerte, erkannte er, daß er durch die Enge des Aufzugs und die Fahrt im ›Aufzugskanal‹ jedesmal unbewußt an die angstmachende Situation seiner Geburt erinnert wurde. Das Bewußtmachen dieser Erinnerung ließ die Angst vor Aufzügen verschwinden.

Nach der Atemsitzung erleben Menschen oft die ›Einheit allen Seins‹, d. h., sie können die Verbindung mit der Natur, Materie, Menschen und allem Leben erfahren. In dieser Sicht des Einsseins können sie sehr viel leichter mit ihren ›kleinen weltlichen‹ Problemen umgehen.

Verbindungen zu anderen therapeutischen Schulen

Es besteht eine generelle Verbindung zu allen Therapieformen, die ohne Gewalt arbeiten, ganzheitlich orientiert sind, den Körper als Energiesystem sehen und die Kräfte, die wir Gedanken nennen, kennen und wissen, wie sie auf Körper, Gemüt und Umwelt einwirken.

Zusammenfassung

Rebirthing ist eine erleuchtende Entdeckungsreise nach innen zum Herzen und eine Öffnung nach draußen für die Welt im Ganzen, eine bewußte Verbindung und Einheit der sichtbaren materiellen Welt und der unsichtbaren geistigen Welt.

Literatur

Sarito G. Griebl: Die Schwingen der Freiheit — Rebirthing, die Wiedergeburt der Lebensfreude, München, Theta-Verlag
Strasser: Rebirthing — Heilen mit Lebensenergie, München, Psychologische Fachbuchhandlung 1984

Ausbildungsinstitute
Theta-Rebirthing
(Ausbildung zum ›Qualified Rebirther‹)
Samadhi und Sarito G. Griebl
Parzivalstraße 23
8000 München 40
Telefon: 089/364370

Zist
Zentrum für Individual- und Sozialtherapie
Zist 3
8122 Penzberg
Telefon: 08856/5192

Coloman
Zentrum für Therapie und Selbsterfahrung
Augustenstraße 46/Rgb.
8000 München 2
Telefon: 089/522181

Angaben zum Autor
Sarito Griebl wurde als erster deutscher Rebirther von Leonard Orr in den USA ausgebildet und brachte Rebirthing 1979 nach Deutschland. Leitender Art Director beim deutschen Fernsehen, Theta-Seminarleiter. Er verbindet Methoden von östlichen und westlichen Seinslehren mit wirkungsvollen Psychotherapie- und Managementtechniken. Mit seiner Frau Begründer der Deutschen Gesellschaft für Rebirthing.

Samadhi Silvana Griebl ist in Äthiopien geboren und aufgewachsen und seit früher Kindheit vertraut mit Schamanismus und spirituellen Reinigungspraktiken. Weiterbildungen in Reichscher Körperarbeit, Polarity, Shiatsu und Hata Yoga nach Iyengar.

Beide leiten Rebirthingkurse in der ganzen Welt und widmen sich der Weiterbildung von Therapeuten.

8.2 Der Erfahrbare Atem

Geschichtliche Entwicklung und gegenwärtiger Stand
Die Wurzeln der Atemlehre, die ›Der Erfahrbare Atem‹ genannt wird, liegen wie bei allen Leibtherapien in der Mitte des letzten Jahrhunderts. Neben Hede Kallmeyer, die ihrer Arbeit auf der von G. Stebbins (USA) gründete, waren es vor allem Gindler, Menzler, Mensendieck, Bode und Medau auf der gymnastischen Seite sowie Duncan, Laban, Mary Wigman und Pallucca auf der tänzerischen Seite, die uns auf verschiedenen Wegen eine Leiberfahrung näherbrachten. Grundlegendes für Atem und Stimme erarbeiteten Klara Schlaffhorst und Hedwig Andersen.

Die psychologische Wurzel der ›Welt des Atems‹ wurde von C. G. Jung erwähnt und von Gustav Heyer betont. Cornelius Veening, Margarethe Mhe und Karlfried Graf Dürckheim haben wesentlichen Anteil am Ausbau des ›atempsychologischen Weges‹. Die medizinischen Zusammenhänge zwischen Atmung, Atem, Körper, Geist und Psyche legte Ludwig Schmitt in seinem Buch ›Atemheilkunst‹ grundlegend und differenziert dar.

Menschen- und Weltbild
»Den Atem kommen lassen – den Atem gehen lassen und warten, bis er von selbst wiederkommt« – diese Worte umfassen schon sehr viel vom Erfahrbaren Atem. Er entsteht aus der unbewußten Atemfunktion, indem die Empfindungsfähigkeit erweckt wird und der Übende sich sammelt. Durch Hingabe und Achtsamkeit kann er die Gesetze des unbewußten Atems erfahren, ohne dessen Ablauf zu stören. Das geschieht insbesondere durch die Atembewegung. Sie läßt den Übenden wahrnehmen, wo er durchlässig und wohlgespannt ist und wo sein Spannungszustand disharmonisch und gestört ist. Das betrifft den ganzen Menschen, seinen Körper, seine Seele und seinen Geist. Am ›Leitseil des Atems‹ wächst das Leibliche ins Gleichgewicht zum Seelischen und Geistigen. So entsteht eine Mitte, die Ego und Wesen umschließt, und eine neue Ich-Kraft, die gleichzeitig Substanz und Verwirklichung ist.

Anwendungsbereiche

›Der Erfahrbare Atem‹ wendet sich an den ureigenen Atemrhythmus jedes einzelnen. Ist die Dreiheit eines Atemzuges (Einatem, Ausatem, Ruhe nach dem Ausatem) wohlgespannt und harmonisch, entsteht gesunde Lebenskraft.

›Der Erfahrbare Atem‹ wendet sich nicht gegen eine Krankheit, sondern stützt die gesunden Kräfte des Atmenden, bis sich die Auswirkungen der Krankheitssymptome auflösen oder eine Basis gefunden wird, auf der der Klient mit dem Symptom leben kann. Im Vordergrund stehen Besserungen bei Asthma, Verkrampfungen oder Erschlaffungen des Magen-Darm-Kanals, Wirbelsäulenschäden und Störungen auf psychosomatischer Grundlage. Seine Anwendung besteht vornehmlich darauf, die Art und Weise, wie ein Klient lebt, zu wandeln und neu einzustellen.

Die Arbeit mit dem Erfahrbaren Atem wird von bestimmten Berufsgruppen geschätzt, da er die Leistungsfähigkeit und Qualität der Arbeit steigert. So verleiht z. B. eine Haltung, die nicht starr, sondern vom Atem getragen ist und elastisch um eine Mitte schwingt, allen Künstlern jene Ausdruckskraft, von der das Publikum ergriffen wird. Lehrern hilft der Atem, nach z. B. fünf Unterrichtsstunden nicht heiser zu sein, und ihre ausgeglichene Haltung beruhigt die Kinder. Sekretärinnen ermöglicht das durch den Atem erweckte Empfindungsbewußtsein ein ermüdungs- und beschwerdefreies Sitzen, so daß sich die Schultern nicht verkrampfen.

Ablauf der Therapie

In den unten genannten Instituten werden folgende Therapie- und Ausbildungsmöglichkeiten angeboten:

1. Kurse ›Der Erfahrbare Atem‹: Die praktische Arbeit mit dem Erfahrbaren Atem beginnt man am besten mit der Teilnahme an drei- bzw. fünftägigen Grund- und Aufbaukursen oder an wöchentlichen Abendkursen, wobei empfohlen wird, während eines Kurses eine individuelle Einzelstunde zu nehmen.

Kosten: 395, – DM (fünf Tage), 250, – DM (drei Tage) für Grundkurse, 425, – DM bis 495, – DM (fünf Tage) für Aufbaukurse.

2. Atem-Einzelbehandlung: Kostenloses Vorgespräch nach telefonischer Anmeldung (ca. eine halbe Stunde). Durchschnittliche Anzahl der Behandlungen: Individuell sehr unterschiedlich (ca. 10 – 40), wobei nach den ersten beiden Behandlungen deutlich wird, ob eine weitere Arbeit sinnvoll ist.

Honorar: 65, – DM bis 114, – DM (für 60 Minuten).

Die Arbeit am Atem ist für viele Klienten ein Entwicklungsweg. Deshalb nimmt er Einzelbehandlungen nach Bedarf und/oder besucht die obengenannten Kurse.

Es gibt keine Vereinbarung mit Krankenkassen bezüglich der Kostenübernahme; bei einer ärztlichen Verordnung zahlen jedoch einige Kassen ganz oder teilweise die Behandlung.

Behandlungsmethoden
Zunächst lernt der Übende seinen Atem kennen, ohne dessen Ablauf zu stören. Er lernt zu unterscheiden zwischen seiner unbewußten Atemfunktion, dem vom Willen eingesetzten Atem und dem Erfahrbaren Atem. Dabei entdeckt er, daß sein (Ein-) Atem reflektorisch auf Körperdehnungen reagiert, ebenso wie auf das Zusammendrücken von Fingerkuppen (›Druckpunktarbeit‹). Er erlebt, daß sich beim Tönen von Vokalen gesetzmäßig bestimmte ›Vokalatemräume‹ ausbilden. Im Laufe der Arbeit am Atem entstehen dann ›Bewegungen aus dem Atem‹, wobei wahrgenommen werden kann, daß der Ausatem verschieden gerichtet sein kann (›aufsteigend‹, ›absteigend‹ und ›horizontal‹), was sehr unterschiedliche psycho-physische Reaktionen auslöst und eine starke Atemkraft hervorruft. Atemkraft und Atemraum begegnen ihm besonders in Atemweisen, die den ›Spannungsatem‹ betreffen und in der Arbeit mit ›Höhle und Richtung‹ wird es ihm möglich, Gegensätze wie Yin und Yang, männlich und weiblich, hart und weich usw. zu umspannen. Sein Leib wird durchlässig, spürsam und empfindungsfähig, so daß er nun aus seiner Ganzheit von Leib, Seele und Geist ›Bewegungen aus dem Atem‹ hervorbringen kann, die aus seinem schöpferischen Grund kommen. Sie fördern seine Entwicklung und heilen gleichzeitig. Sie machen ihn selbständig und erschließen Begabungen und Möglichkeiten. Die Bewegung aus dem Atem ist ein Weg zur Persönlichkeitsbildung und Selbsterfahrung.

226

Die oben geschilderte Methode wird vorwiegend in den fünftägigen Grund- und Aufbaukursen ›Der Erfahrbare Atem‹ vermittelt. In der individuellen Einzelbehandlung sind die oben beschriebenen Prinzipien ebenso gültig. Der Klient/Patient liegt
bekleidet auf einer Liege vor dem Atemtherapeuten. Dieser legt
seine Hände auf eine Leibgegend des Liegenden und erspürt dessen Atembewegung. So entwickelt sich ein nonverbales ›Atem-
Gespräch‹, bei dem der Liegende in Hingabe und Achtsamkeit
aus seinem Sosein antwortet. Es entstehen notwendige Wand-
lungen mit den oben geschilderten Ergebnissen.

Fallbeispiel

Susannes Lebenssituation ist aus dem Vorgespräch bekannt,
aber die erlebte und erlittene Not wird erst innerhalb unserer Arbeit am Atem ganz deutlich. Susanne ist 33 Jahre alt, Lehrerin,
alleinstehend und hat ein zweijähriges Kind. Sie behauptet, mit
allem allein ›fertig‹ zu werden, klagt aber über ›Verkrampft-
sein‹, ständiges ›Nervenkribbeln‹ und hat das Empfinden, dauernd auf Hochtouren zu laufen. Manchmal schlägt ihr Herz
arhythmisch. Seit drei Monaten blieb ihre Menses aus. Das
Wichtigste aber war: sie fühlte keine Identität mehr mit sich
selbst und war tagelang depressiv. Dies vor allem war der
Grund, der sie zur Atembehandlung führte. Zuerst wurde ihre
vitale Wurzelkraft angeregt, deren Fehlen in jungen Jahren die
Schwäche in ihrem Brustwirbelbereich ausgelöst hatte. Dies geschah durch kräftiges Streichen der Lendenwirbelgegend von
einer Seite zur anderen und wieder zurück. Anfangs war dort
nur hilflose Schwäche. Nach der 11. Stunde jedoch entwickelte
Susanne volle Anwesenheit und spürte dadurch, wie an der be-
handelten Gegend nicht nur Atembewegung, sondern auch
Atemkraft entstand. In dieser Zeit begann sie darüber nachzu-
denken, wie sie ihre Belastungen besser in die Hand bekommen
könnte. In den nächsten Atembehandlungen ergab sich dann
eine ›durchgehende‹ Atembewegung bis in die Knie, die sie als
›sehr vitalen Zuwachs an Wärme und Kraft‹ erlebte.

In der darauffolgenden Behandlung weinte Susanne. Zuerst
schluchzte sie, dann kam ein Strom von Tränen. Susannes Körper wurde bis zu den Knien durchgeschüttelt. Als der Sturm

nach langer Zeit abzuebben begann, legte ich meine Hand zwischen ihre Schulterblätter. Dadurch schwoll das Weinen wieder an, aber es sagte andere, persönlichere Gefühle aus. Susanne selbst hatte während des Ausbruchs nicht gesprochen. Nun aber richtete sie sich auf und sagte: »Jetzt beginne ich neu.« Wir machten 28 einstündige Behandlungen. Währenddessen konnte sich Susanne in ihren Leib einleben, d. h., sie erfuhr die ›atmenden Räume‹ und konnte deren Qualität unterscheiden. Nicht immer blieb das Erarbeitete im Alltag erhalten, aber ihre Ängste, der Hang zum Aufgeben, ihre depressive Haltung wurden ersetzt durch Zuversicht, Vertrauen in die eigenen Kräfte und eine gewisse Angriffslust, mit allen Widrigkeiten fertig zu werden. Was ihr am meisten zur Umkehr in die Selbstverantwortung verholfen hat, ist nach ihren eigenen Worten »...der an mich angeschlossene Atem, der meine innersten Kräfte zur Selbständigkeit wachruft«.

Verbindungen zu anderen therapeutischen Schulen
Es bestehen Verbindungen zum Cornelius-Veening-Arbeitskreis.

Zusammenfassung
Der ›Erfahrbare Atem‹ entsteht durch Sammeln und Empfinden des eigenen Leibes. Wesentlich ist dabei, den Atem frei fließen zu lassen, ihn von selbst zuzulassen. Dann äußert er sich im Urrhythmus des Übenden, entwickelt Leib, Seele und Geist zu einer Ganzheit und führt den Menschen zur Selbständigkeit, Gesundheit und zum ›Selbst-Bewußt-Sein‹.

Literatur
Ilse Middendorf: Der Erfahrbare Atem – Eine Atemlehre, Paderborn, Junfermann-Verlag 1984

Ilse Middendorf: Der Atem und seine Bedeutung für den Menschen, Eigenverlag 1977, 1986

Veronika Langguth: Atem und Selbsterfahrung, Eigenverlag 1977

Ausbildungsinstitute
Ilse-Middendorf-Institute für den Erfahrbaren Atem:
a) Institut für Atemtherapie und Atemunterricht
Viktoria-Luise-Platz 9
1000 Berlin 30
Telefon: 030/243858
b) Institut für Atemtherapie, Atemunterricht
und Ganzheitliches Heilen
Postweg 23
6124 Beerfelden
Gemeinsames Büro für a) und b): Helge Langguth
Postweg 23
6124 Beerfelden (Odenwald)
Telefon: 06068/2172
c) Institut für Atemlehre, Forschung und Praxis
Gleichmannstraße 6
8000 München 60
Telefon: 089/885286

Fachverband (keine Ausbildung): Verband der Pnoepäden,
Arbeitsgemeinschaft für Atempflege e. V.
Straßburger Straße 25
7290 Freudenstadt

Angaben zum Autor
Prof. Ilse Middendorf, 1910 in Frankenberg (Sachsen) geboren.
Bereits in Jugendjahren an menschlicher Bewegung und dem
Atmen interessiert. Nach Ausbildungen in Gymnastik, Tanz
und verschiedenen Formen der Leibtherapie tätig bei Cornelius
Veening. Intensive private Studien, besonders die der Psycholo-
gie C. G. Jungs, sowie eine Lehranalyse und ein Studium der
Graphologie bei Frau Pasche. Seit 1936 eigene Praxis, zehn
Jahre Gruppenarbeit an der Volkshochschule Berlin, zehn Jahre
Erziehungsberatung für sprachgestörte und behinderte Kinder,
Professur an der Hochschule für Musik und darstellende Kunst,
Berlin. Seit 1965 Leiterin des Ilse-Middendorf-Instituts, Berlin,
zur Ausbildung von Atempädagogen und Atemtherapeuten.

9 Transpersonale Therapien

9.1 Psychosynthese

Geschichtliche Entwicklung und gegenwärtiger Stand

Dr. Roberto Assagioli (1888 – 1974), der Begründer der Psychosynthese, war Arzt und Psychiater; er brachte als erster die Psychoanalyse nach Italien, löste sich jedoch bald von dem Freudschen Menschenbild und begann, seine eigenen Gedanken über die Dimensionen der menschlichen Seele zu formulieren. 1926 gründete er ein Institut in Rom, das aber bald von den Faschisten geschlossen wurde. Erst nach 1945 konnte er in Florenz ein neues Institut gründen, das schnell zu einer Begegnungsstätte für Menschen aus vielen Ländern wurde. Assagioli hatte mit seiner Definition der Psychosynthese die Grundidee der ganzheitlichen Sicht des Menschen formuliert, wie sie in den USA die Humanistische Psychologie propagierte; so fand die Psychosynthese bald Interesse und Anerkennung. Anfang der 70er Jahre kam die Psychosynthese, bereichert durch neue Elemente, nach Europa zurück und fand zuerst in England, später in Holland und anderen Ländern Beachtung als die wohl ganzheitlichste Psychologie unserer Zeit.

In Deutschland ist die Psychosynthese noch verhältnismäßig unbekannt, da es bis vor wenigen Jahren keine Ausbildung in deutscher Sprache gab und entsprechend wenig deutschsprachige Literatur. Trotzdem nutzen inzwischen viele Psychotherapeuten Methoden und Techniken aus dem Bereich der Psychosynthese.

Menschen- und Weltbild

Die wichtigste Kraft bei der Evolution des Lebens auf unserem Planeten ist die Tendenz lebender Materie, sich zu immer höheren und vollkommeneren Formen zu entwickeln; diese Kraft bezeichnet man als ›Syntropie‹. Assagioli sah diese Syntropie auch in der Psyche des Menschen wirken, der sich aus einer Vielzahl von Eigenschaften, Bedürfnissen und Potentialen zu einem größeren Ganzen hin entwickelt, das mehr ist als die Summe seiner Bestandteile. Im Gegensatz zu vielen anderen Therapieansätzen geht er davon aus, daß der Mensch alles in sich hat, um zu werden, wer er ist. Nichts muß hinzugefügt oder weggenommen werden. Für diesen natürlichen Wachstumsprozeß in jedem Menschen bietet die Psychosynthese eine Landkarte und methodische Angebote der Begleitung und Unterstützung. Angestrebt wird ein wohlintegrierter Mensch, der seine innere Vielfalt und sein Potential kennt und verwirklicht. Assagioli sah die Psychosynthese mehr im täglichen Leben als nur im klinisch-akademischen Bereich anwendbar. So ist sie kaum als ›Therapie‹ in dem Sinne zu bezeichnen, wo ein sich krank erlebender Patient von Therapeuten ›Heilung‹ erwartet.

Anwendungsbereiche

Die Psychosynthese fördert die seelische Gesundheit ganzheitlich und beschränkt sich nicht auf die Beseitigung von Symptomen. Sie eignet sich daher besonders für fragende, suchende Menschen, die bereit sind, mitzuarbeiten und für sich selbst Verantwortung zu übernehmen. Die Methoden aus dem Bereich der Psychosynthese eignen sich gut für eine vertiefte Selbsterfahrung in Gruppen und in verschiedenen Bereichen der Erwachsenenbildung. Das Gedankengut der Psychosynthese hat Mediziner, Psychologen und Menschen aus erziehenden Berufen gleichermaßen inspiriert.

Ablauf der Therapie

Es gibt keine festgelegte Dauer für die Arbeit mit einem Therapeuten, doch ist ein Minimum von ca. 25 Sitzungen ohne große Pausen wünschenswert. Danach können nach den Bedürfnissen des Klienten neue Absprachen getroffen werden. Der Therapeut wird darauf achten, daß keine neuen Bedürftigkeiten oder Abhängigkeiten entstehen; er wird seinen Klienten nach besten

Möglichkeiten und mit angemessenen Techniken unterstützen und sich selbst baldmöglichst überflüssig machen.

Die Honorare entsprechen den üblichen Sätzen. Die Kosten werden nicht von den Krankenkassen übernommen.

Behandlungsmethoden

Vor Beginn der gemeinsamen Arbeit sollten in einem ausführlichen Interview alle Fragen geklärt werden; der Klient wird auch ermutigt, Fragen zur Person des Therapeuten zu stellen. Die praktische Arbeit beginnt immer bei der aktuellen Lebenssituation des Klienten. Die Haltung des Therapeuten ist grundsätzlich akzeptierend und einfühlsam. Außer dem Gespräch können vielfältige aktive und passive Techniken und Methoden genutzt werden, soweit sie den Prozeß des Klienten fördern: Gestaltarbeit, Atembewußtsein, Bewegung, Malen, Traumarbeit, Tagebuchschreiben, Schulung des Willens, Fantasiereisen, Meditation, Bibliotherapie usw.

Die Arbeit mit Psychosynthese umfaßt grundsätzlich zwei Ebenen: Im Verlauf der *personalen Psychosynthese* erfährt man das ständige Wechselspiel der verschiedenen und oft widersprüchlichen Aspekte der eigenen Persönlichkeit; man erkennt und erfährt das klare Zentrum − das Ich −, von dem ausgehend man diese Vielfalt nutzen, meistern und zur Harmonie führen kann. Im Bereich der *transpersonalen Psychosynthese* erkundet man die höheren Bereiche seines Seins − das Überbewußtsein; dort liegt die Quelle des Potentials, die Quelle von Inspiration, Ethik, Intuition, Weisheit, Liebe und Willen. Man erkennt das Selbst, sein wahres Wesen jenseits aller Masken.

Fallbeispiel

Der Psychosynthese-Therapeut sieht sich als unterstützenden Begleiter seines Klienten; er interpretiert nicht, sondern bietet dem Klienten Möglichkeiten, eigene Antworten zu finden und die Quellen seiner eigenen Kräfte zu entdecken.

Horst B. (42 Jahre alt, Dipl.-Ingenieur, verheiratet, zwei Kinder) hatte von Kindheit an gelernt, daß im Leben nur Leistung und Arbeit zählen. Er sollte ›etwas Besseres‹ werden und erfüllte alle diese Erwartungen. Sein Leben verlief in geordneten Bahnen, bis er vor einem Jahr in eine schwere Identitätskrise geriet, die von den Ärzten als ›psychotischer Zusammenbruch‹ diagnostiziert und mit Psychopharmaka behandelt wurde. Horst funktionierte nach eigenen Worten ›wie ein Automat‹, übte mit Anstrengung wieder seinen Beruf aus, sein Ehe- und Familienleben war auf dem Nullpunkt. Am schwersten belastete ihn die Angst, endgültig in der Psychiatrie zu enden.

Nach einigen Gesprächen mit dem Therapeuten suchte Horst von sich aus einen ganzheitlich arbeitenden Arzt auf, der ihm half, schrittweise von den Medikamenten loszukommen. Die Gespräche gewannen an Qualität, Horst war offener, erkannte Zusammenhänge und stellte Fragen. Da er zu bildhaftem Denken neigte, wurde auch mit Visualisierungen gearbeitet, die Horst dann malte. Der Wendepunkt kam mit dem Bild eines Grashalms, der sich durch die verkrustete Erde zum Licht empor kämpft. Dieses Symbol führte Horst zu dem Verständnis, daß sein ›Zusammenbruch‹ in Wahrheit für ihn ein Aufbruch sein konnte. Was dabei zerbrach, war ein übernommenes und nie hinterfragtes Zwangskorsett von Lebensformen und Wertsystemen. Mit dieser Erkenntnis schwand die Angst, psychisch krank zu sein, und Horst standen neue Kräfte zur Verfügung. Er sah sich in einer Wachstumskrise und konnte die real vorhandenen Probleme in Familie und Beruf selbstverantwortlich annehmen.

Nach ca. 25 Einzelsitzungen bat der Therapeut Horsts Frau, mit zu den Sitzungen zu kommen. Sie zeigte sich sehr kooperativ. Später gingen beide in eine Gestalt-Selbsterfahrungsgruppe und fanden neue Impulse für ihr gemeinsames Leben.

Weitere Fallbeispiele finden sich in dem Buch von P. Ferrucci.

Verbindungen zu anderen therapeutischen Schulen
Assagioli stand zeit seines Lebens C. G. Jung nahe; man könnte sagen, daß er der Tiefenpsychologie Jungs eine ›Höhenpsychologie‹ gegenüberstellte. Beide Männer hatten ein überragendes Wissen, schöpften aus vielen Weisheitsquellen der Menschheit und sahen die Frage nach dem Sinn im Leben des Menschen

als Tor zur Erkenntnis; beide hatten eine zutiefst humanistische Einstellung und haben der Psychologie die Seele wiedergegeben.

Zusammenfassung

Die Psychosynthese bietet einen methodischen Ansatz, um den natürlichen Wachstumsprozeß des Menschen und die Entwicklung seines individuellen Potentials zu begleiten und zu fördern. Anders als viele Richtungen der Psychologie, umfaßt die Psychosynthese auch den transpersonalen Bereich des Menschen, wo Sinn- und Seinsfragen, Ethik und Spiritualität ihren Platz haben. Sie eignet sich damit weniger für schnelle Problemlösungen, sondern lädt ein zu einem integrierten Wachstum.

Literatur

R. Assagioli: Psychosynthese – Prinzipien, Methoden und Techniken, Zürich, API-Verlag 1988

R. Assagioli: Die Schulung des Willens, Paderborn, Junfermann-Verlag 1982

P. Ferucci: Werde, was Du bist, Reinbek, Rowohlt-Verlag: Reihe Transformation 1986

Ausbildungsinstitute

Schule für Erwachsene, Postfach 2110, CH-4001 Basel
Odenwald-Institut für personale Pädagogik
(Einführungs- und Basiskurse in Psychosynthese)
Trommstraße 25
6948 Wald-Michelbach
Telefon: 06207/5071

Angaben zum Autor

Ortrun Bettina Kühl, Studium der Auslands- und Gesellschaftswissenschaften, Ausbildung in Bioenergetik bei Gerda Boyesen, Gestalttraining bei George und Judith Brown. Professionelle Ausbildung bei Psychosynthesis & Education Trust in London. Weiterbildung in NLP und verschiedenen Methoden der humanistischen und transpersonalen Psychologie. Arbeitet freiberuflich mit Gruppen und in eigener Praxis.
Gertrud-Bäumer-Straße 22
6200 Wiesbaden
Telefon: 06121/307664

9.2 Initiatische Therapie

Geschichtliche Entwicklung
und gegenwärtiger Stand
Die Initiatische Therapie wurde 1951 von Prof. Dr. Karlfried
Graf Dürckheim und Dr. Maria Hippius-Gräfin Dürckheim in
Todtmoos-Rütte, Hochschwarzwald, begründet. Dort befindet
sich auch das Zentrum mit den von den Gründern herangebil-
deten Mitarbeitern (ca. 50). Daneben gibt es Zweigstellen in
München, Hamburg, Münster, Holland, Frankreich und der
Schweiz.

Menschen- und Weltbild
Der Ideen-Hintergrund der initiatischen Therapie basiert auf
den Studien westlicher und östlicher Philosophie und Weisheit,
besonders der Mystik Meister Eckeharts und des Zen. Dazu
kamen Gräfin Dürckheims Studien in Psychologie, speziell der
Tiefenpsychologie C. G. Jungs und der Fortführung durch Erich
Neumann, sowie Studien auf dem Gebiet der Bewußtseinsent-
wicklung, aufbauend auf Jean Gebser.

Dieses Gedankengut ist verarbeitet und in einer Neuschöp-
fung zu einer Methodik herangewachsen, die sich in einem ›methodischen handhabbaren Stufengang‹ zeigen läßt. Dabei wird
die menschliche Entwicklung in einen Zusammenhang surreal-
realer Wirklichkeit gestellt. Initiation und Individuation sind
Grundbegriffe der Arbeit.

Die Integration des Erlebten ist ein zentraler Punkt der Arbeit von Rütte. In diesem Sinne geht der einzelne aus eigener
Kraft und in Begleitung von Mitarbeitern seinen Weg und kann
darin ›seinen eigenen Mythos finden‹, der ihn lehrt, daß er seinen tiefsten Grund in anderen als nur pragmatischen Bezügen
hat.

Die Mitarbeiter im Zentrum für initiatische Therapie geben
In-Formation im tieferen Sinne und sind Ver-Mittler von einer
Stufe zur nächsten in der auf allen Ebenen des Menschseins
sich vollziehenden Bewußtseinsarbeit, auch im Sinne einer er-
neuernden äußeren Lebensgestaltung.

Anwendungsbereiche

Die initiatische Therapie ist insbesondere für Menschen, die auf der Suche nach dem Sinn ihres Lebens sind und dabei einer Neuorientierung bedürfen, geeignet. Sie erleben Störungen ihrer ›normalen Funktionen‹, die sie aber nicht nur wiederhergestellt wissen wollen, sondern die sie einordnen möchten in den größeren Zusammenhang ihrer eigenen Entwicklung zum Wesentlichen ihres Da-Seins hin bis zum Auftrag, den ihnen das Leben geben mag.

Es sind Menschen, die nach Begegnung und Bildung im tieferen Sinne suchen, die mehr mit ihrem inneren Wesen verbunden ist, und keinesfalls nur theoretisch und praktisch angesiedelt ist. Sie kommen aus eigener Motivation in einer ausdrücklich benannten geistigen Suche.

Ablauf der Therapie

Eine Anmeldung mit Motivationsbrief und Lebensdaten sind Bedingung für die Aufnahme; im Ausnahmefall ist ein persönliches Gespräch für eine Aufnahme möglich.

Die Mindestdauer für einen Aufenthalt beträgt 10 – 14 Tage, im Johanneshof drei Wochen (dort wird unter denselben inhaltlichen Voraussetzungen ein neuer Zugang zu einer Gemeinschafts-Kultur erarbeitet).

Die Kosten müssen privat getragen werden, sie belaufen sich auf 700, – bis 1000, – DM pro Woche, eingeschlossen in dieser Pauschale sind Einzelstunden, Gruppensitzungen, Seminare sowie Unterkunft und Verpflegung.

Behandlungsmethoden

Es werden Grundübungen im geführten Zeichnen angewandt, die von Gräfin Dürckheim entwickelt wurden. Sie rufen zum Wieder-Holen der Urformen des Seins auf und schaffen den Anschluß an eine übergeordnete Wirklichkeit. Dabei werden die Urgebärden z. B. des Öffnens und Schließens erfahrbar. Nach diesem Prinzip der Urgebärden, die den Menschen in eine (nicht nur persönliche) Ebene mit hineinnehmen, werden Übungen in Tonerde, Tanz, Malen, Bewegung, Musik und Schauspiel angeboten. Jede Gebärde wird zum personalen Kern hin erlebbar und verstehbar gemacht, also auch benannt.

236

In der Leibtherapie (entwickelt von Graf Dürckheim) wird die Leiblichkeit in ihrer Ganzheitlichkeit zum Kern hin gerufen und bewußt zu erfahren gelehrt.

Im Exerzitium in verschiedenen Medien wie Aikido, Taichi, Tonscheibe, Alltag als Übung u. a. sowie in der Meditation im Stil des Zen ist weiterhin die Integration des Hervorgerufenen möglich.

Dabei ist das *Wie des Tuns* entscheidend, nicht das Was.

Eine intensive Begleitung in Einzelstunden ist der Schwerpunkt der Arbeit in Rütte. Nur so können die Pole von Initiation und Individuation wirkungsvoll in Verantwortung genommen werden.

Fallbeispiel

Menschen auf der Sinn-Suche oder bei beruflichen, familiären, persönlichen Schwierigkeiten oder dem Wunsch, neue Qualitäten in sich und der Umwelt sowie Mitmenschlichkeit zu entdekken, finden in der initiatischen Therapie einen Weg. Es ist ein Versuch, die Rückbindung (re-ligio) in sich zu finden, die es ermöglicht, nicht mehr Spielball der Mächte in und außerhalb seiner selbst zu sein.

Monika hat ihren Freund, bei dem sie alles zu finden glaubte, an eine andere Frau verloren. Auch ihre Arbeit erscheint ihr nun völlig sinnlos. Den Sinn des Lebens kann sie kaum noch wahrnehmen. Dies alles schreibt sie nach Rütte und wird dort zur Arbeit angenommen. Sie hofft dort auf eine Veränderung, die von innen her beginnt.

Im ›Geführten Zeichen‹ erlebt sie ihre Schattenseiten, die verdrängtes Licht sind, ihre nicht gelebten, nicht erkannten Fähigkeiten: Sie bemerkt, daß sie offen und zart und damit allzu verletzlich sein kann, daß sie allzu klammernd und zupackend sein kann und dadurch andere ängstigt und daß sie aber auch das ganz andere, das Unglaubliche und doch einzig Glaubhafte, das ihr Boden geben kann, in sich trägt.

Bei der ›Leibarbeit‹ spürt sie Wärme, die Festigkeit der Erde, ihres Leibes, aber auch die Schutzbedürftigkeit. In der ›Gebärdenarbeit‹ lernt sie, wie sie sich selbst Schutz geben kann; im

Tanz lernt sie, wie sie das auszudrücken vermag, was sie aus Angst bisher in sich verschlossen hat und was ihr in Wahrheit Halt geben wird.

Sie spürt etwas Ungewohntes: getragen zu sein und sich selbst tragen zu können, ein neues Selbst-Bewußtsein.

In ihrem Alltag zu Hause kann sie weiterüben: das Exerzitium, das den täglichen Mut bewirkt, das Weitergehen auf einem Weg, der nicht nur gerade verlaufen muß, aber eben aus eigener Kraft weitergegangen werden kann. »Die Wiese ist wieder grün, nachdem alles verloren war.«

Verbindungen zu anderen therapeutischen Schulen

Eine Verbindung besteht zu C. G. Jung und der komplexen Tiefenpsychologie, sowie zu den humanistischen und vor allem transpersonal orientierten Therapien.

Zusammenfassung

Die initiatische Therapie beinhaltet einen Schulungsweg, der menschliche Entwicklung nicht im therapeutischen Verfahren festmacht, sondern die Eigendynamik auf ein Sinnziel hin nutzt und zu zunächst unerkannten Dimensionen hin wendet, die neue Horizonte für Lebens- und Weltbewältigung eröffnen. Der methodisch handhabbare Stufengang macht eine Schülerschaft möglich. Eine Arbeit in verschiedenen Medien und die Weg-Begleitung in Einzelstunden ist unabdingbar. Initiation und Individuation sind Grundbegriffe der initiatischen Arbeit.

Literatur

Graf Dürckheim (Hrsg.): Der zielfreie Weg. Im Kraftfeld Initiatischer Therapie – 30 Jahre Rütte, Freiburg, Herder-Verlag 1982

Rüdiger Müller: Wandlung zur Ganzheit. Die Initiatische Therapie nach K. Graf Dürckheim und Maria Hippius, Freiburg, Herder-Verlag 1981

Gisela Schöller: Die Initiatische Therapie, München, Kösel-Verlag 1981

Ausbildungsinstitute
Existential-psychologische Bildungs- und Begegnungsstätte
Graf-Dürckheim-Weg 12a
7865 Todtmoos-Rütte
Telefon: 07674/350

Angaben zum Autor
Christa Overbeck, seit fünf Jahren Mitarbeiterin der Bildungs-
stätte als Referentin von Graf und Gräfin Dürckheim.

9.3 Holotrope Therapie

Geschichtliche Entwicklung und gegenwärtiger Stand
Die Holotrope Therapie und andere Verfahren, die der Transpersonalen Psychologie zugeordnet werden, sind als ›erfah-
rungslogische Erweiterung‹ der Humanistischen Therapien zu
verstehen. Abraham Maslow, der Begründer der Humanistischen Psychologie, Anthony Sutich und Stanislav Grof machten
Ende der 60er Jahre deutlich, daß jede Psychologie, die sich auf
die lebensgeschichtlichen Erfahrungen beschränkt, zu eng für
das Verstehen vieler Bewußtseinsphänomene sein muß, die über
den Rahmen des einzelnen hinausgehen und dabei besondere
transpersonale Qualitäten aufweisen. Bereits C. G. Jung hatte
mit seinem Postulat der überindividuellen ›kollektiven Bewußt-
seinsebene‹ und mit seiner ›Archetypenlehre‹ eine transpersonale Psychologie vorformuliert.

Moderne Psychotherapie bedient sich naturgemäß bewußt-
seinsverändernder, meist aufdeckender, d. h. bewußtseinserwei-
ternder Methoden. Bei näherer Betrachtung zeigen diese oft ver-
blüffende Ähnlichkeit mit den alten Praktiken verschiedenster
Heilsysteme oder spiritueller Schulen. So verwundert es nicht,
wenn auch mittels der effektiven Methoden der humanistischen
Therapien Erfahrungen gemacht werden, die transpersonalen
Charakter haben, d. h. weit über die individuelle biographische
Geschichte und das Alltags-Bewußtsein hinausgehen. Der einzelne mag sich dabei z. B. über die raum-zeitliche Begrenztheit

239

und Identität hinaus erweitert erleben – im Extrem bis hin zu einer vereinigenden, mystischen Erfahrung der gesamten Schöpfung.

Der tschechische Psychiater und Psychotherapeut Stanislav Grof sammelte Tausende klinischer Daten und Berichte über außergewöhnliche Bewußtseinszustände, wie sie in Krisen, Nahtod-Erfahrungen, bei Geburten, durch psychedelische Substanzen, in Trancezuständen u. ä. auftreten. Grof gliederte das weite und komplexe Spektrum menschlicher Erfahrungen und entwarf ein erweitertes Modell der Psyche. Er fand, daß das Erleben und Verhalten von drei Hauptbereichen der Psyche beeinflußt werden kann. Die naheliegendste Schicht ist die der Lebensgeschichte, wie sie seit Freud durch die Tiefenpsychologie beschrieben und von den entsprechenden Therapieansätzen meist verbal erforscht wird. Die nächsttiefere Schicht ist die der ›perinatalen Erlebnisse‹. In ihr ist die Geburt, der meist dramatische Einstieg in das Leben, gespeichert. Grof nennt diese Schicht ›perinatal‹, weil sie die Phasen im Mutterleib und jene direkt nach der Geburt mit einschließt. Die perinatale Schicht bildet eine Art Durchgangsbereich zwischen der personalen und der transpersonalen Erfahrung.

Besonders die körperorientierten Therapien reaktivieren die perinatalen Erlebnisse naturgemäß sehr leicht, ohne dies immer zu erkennen, bzw. die damit oft einhergehende typische Symbolik zu verstehen. Hier leistet die Holotrope Therapie, die sich auch bewährter Methoden verschiedener anderer Therapien bedient, ihren wichtigsten eigenen Beitrag. Um die perinatalen Erlebnisse therapeutisch wirksam werden zu lassen und mit den oft dramatischen psychosomatischen Symptomen und emotionalen Reaktionen dieser Ebene richtig umgehen zu können, ist es wichtig, die grundlegende Dynamik einer Geburt zu verstehen. Psychopathologische Phänomene haben oft ursächliche Situationen im Geburtsprozeß, z. B. bestimmte Depressionen und die Paranoia in der Phase der Eröffungswehen, Sado-Masochismus in der Austreibungsphase der Geburt. Das Erlebnisspektrum reicht von paradiesisch-positiven Erfahrungen des Fötus bis zu den enormen Qualen einer schwierigen Geburt. Tod und Wiedergeburt sind wichtige symbolische Erlebnisphasen, in die solche perinatalen Erfahrungen münden, und die den Bereich der transpersonalen Erfahrungen zugänglicher machen.

Menschen- und Weltbild

In den transpersonalen Erfahrungen können neben dem authentischen Wiedererleben vergangener Ereignisse manchmal Einblicke in zukünftiges Geschehen, oder auch Bewußtseinserweiterungen über das normale Körperschema hinaus unmittelbar erlebt werden. Durch die innere Konfrontation mit den Mysterien von Geburt, Tod und Wiedergeburt führen solche Erfahrungen über die bloße Anpassung an äußere Normen hinaus. Diese als ›Gipfelerlebnisse‹ bezeichneten Erfahrungen haben eine tiefgreifend heilsame Wirkung auf die ganze Persönlichkeit.

Oft führen sie den einzelnen durch bzw. aus einer Krise heraus, die vor allem die Revision unseres gängigen mechanistischen Weltbildes verlangt. Dies führt wiederum zu einer Neuordnung der inneren Werte-Hierarchie. Man realisiert das Vernetztsein mit der gesamten Schöpfung. Eine weitgehend transpersonale Erfahrung, wie etwa die des Fortbestehens des Bewußtseins über die biologische Existenz hinaus, führt z. B. zu Vertrauen und Kooperationsbereitschaft und weitreichender sozialer, philosophischer und emotionaler Neuorientierung.

Anwendungsbereiche

Die Holotrope Therapie eignet sich für alle Menschen, die bereit sind, sich mit Erfahrungen, die über die raum-zeitliche Begrenztheit und Identität hinausgehen, auseinanderzusetzen. Die transpersonale Perspektive will dabei den Inhalt einer therapeutischen Erfahrung aber nicht ›transpersonal‹ programmieren. Im Therapieprozeß des einzelnen ist oft z. B. die Entwicklung aus prä-personalen, ich-schwachen Phasen hin zur Bildung einer Persönlichkeit heilsam und notwendig. Der Therapeut kann dabei dem Menschen helfen, über seine Ich-Begrenzung hinauszuwachsen.

Ablauf der Therapie

Die Therapie kann als Einzeltherapie oder auch in der Gruppe durchgeführt werden. Wichtig ist es, die Klienten auf das weite

Erfahrungsspektrum und die vielfältigen, ekstatisch angenehmen wie manchmal auch schmerzhaften, körperlichen, emotionalen und spirituellen Erlebnisse vorzubereiten. Nur so kann der dynamische Erlebnisprozeß von der Kontrollinstanz des Verstandes akzeptiert und letztlich therapeutisch wirksam werden.

Wichtig ist daher eine möglichst breite Grundausbildung des Therapeuten bei gleichzeitiger konzeptueller Offenheit.

Die Dauer und Behandlungsabstände der Therapie variieren stark, manchmal bringt aber schon eine einzige Therapiesitzung eine wesentliche Veränderung der Erlebnisfähigkeit und -qualität. Die Kosten liegen zwischen 80,– und 150,– DM pro Sitzung, sie werden von den Kassen nicht übernommen.

Behandlungsmethoden

In der Holotropen Therapie kommen verschiedene Techniken moderner Psychotherapie zur Anwendung. Insbesondere sind dies Methoden, die unspezifisch die latenten emotionalen und psychosomatischen Symptome verstärken. Diesem Vorgehen liegt die Erfahrung zugrunde, daß ein Symptom der Versuch des Organismus ist, alte Situationen oder ›Gestalten‹ ganz zu verarbeiten und bewußt zu integrieren. Durch unspezifisch stimulierende Techniken, z. B. vertiefte Atmung, Tiefenentspannung, evokative Musik, sowie integrative Methoden wie gezielte bioenergetische Körperarbeit, Mandala-Zeichnen und verbalen Erfahrungsaustausch, provoziert man latente, manchmal krisenhafte Zustände, von denen der Organismus durch das vollständige Durchleben sich dann gleichsam befreit. Die Psyche kann sich so selbst regulieren bzw. heilen.

Bewußtseinsinhalte oder -ebenen werden aber im Vertrauen auf die Selbstregulation der Psyche und der Integrität des einzelnen niemals vorgegeben.

Fallbeispiel

Hans, 40 Jahre alt, Musikredakteur, kam mit verschiedenen emotionalen Schwierigkeiten in die Therapie. Er lebte allein, hatte Bindungsängste und eine sehr problematische Beziehung zu seinen Eltern, von denen er sich nicht geliebt, sondern moralisch unterdrückt und gegängelt fühlte. Auch im Beruf machte er Dinge, die ihn nicht kreativ forderten. Er konnte sich schlecht durchsetzen.

Im Verlauf weniger Sitzungen mit Holotroper Atemtherapie änderte sich sein Leben auf vielen Ebenen. Die Schlüsselsitzung hierfür war ganz am Anfang der Therapie, als er einen Aspekt seiner Geburt emotional und visionär wiedererlebte. Er erlebte dabei deutlich den Austritt aus dem Geburtskanal und insbesondere die strahlenden und überglücklichen Eltern. Soviel spontane Liebe und Zuneigung hatte er seinen Eltern nicht zugetraut, aber er vermochte diese Erfahrung auch nicht zu leugnen. So erhielt er das Vertrauen in die grundsätzliche Liebe seiner Eltern zu ihm zurück, die ihm durch Konvention und Erziehung versperrt war. In einer späteren Sitzung machte er, der täglich in seinem Beruf stundenlang mit Musik zu tun hatte, eine neue vereinigende Erfahrung mit Klängen. Er erkannte Musik als Weg zu lebendiger religiöser Erfahrung.

Sein Leben gestaltete sich innerhalb weniger Monate um. Die Beziehung zu seinen Eltern wurde entspannter. Er zog mit seiner Freundin zusammen. Im Beruf setzt er sich seinen Vorgesetzten gegenüber mit seinen engagierten Ideen durch.

Als ergänzendes Beispiel zu diesem relativ milden Prozeß mit transpersonalen Aspekten kann das unter 4.1 beschriebene Fallbeispiel dienen.

Verbindungen zu anderen therapeutischen Schulen

Psychotherapeuten mit fundierter Ausbildung transpersonaler Richtung kommen u. a. aus dem Kreis der Analytischen Psychologie C. G. Jungs und der Initiatischen Leibarbeit Karlfried Graf Dürckheims. Die Holotrope Therapie unterscheidet sich von den oben genannten Therapien vor allem durch die Einbeziehung der perinatalen Ebene in die Therapie, soweit Probleme von diesem Bereich bestimmt sind.

Zusammenfassung

Eine entmenschlichte Umwelt erzeugt vielerlei Krisen. Daß andererseits auch in uns angelegte Erwartungen Krisen schaffen und wir eine dazu ›passende‹ Umwelt suchen, wissen wir seit der Tiefenpsychologie Freuds.

Grofs erweitertes Modell der Psyche trägt neben biographischen Prägungen auch geburtsbezogenen und transpersonalen Erfahrungen Rechnung. Die ›Erfahrungslogik‹ der Krise selbst weist uns Wege der positiven Wandlung. Sie zeigt dabei ihre Not-Wendigkeit in einem Reifeprozeß, der über die bloße Anpassung an krankmachende äußere Normen hinausgehen will. Er hängt letztlich von der inneren Konfrontation mit den zentralen Mysterien von Geburt, Tod und Transzendenz ab.

Literatur
Stanislav Grof: Geburt, Tod und Transzendenz, München, Kösel-Verlag 1985
Stanislav Grof: Das Abenteuer der Selbstentdeckung, München, Kösel-Verlag 1987
Ken Wilber: Wege zum Selbst, München, Kösel-Verlag 1985

Ausbildungsinstitute
Stanislaus Grof führt einzelne Ausbildungen in USA und Europa durch. Ein deutsches Ausbildungsinstitut gibt es derzeit nicht. Adressen von Therapeuten bei:
Thomas Tepfer
Nordendstraße 5
8000 München 40
Telefon: 089/2718877

Angaben zum Autor
Thomas Tepfer, Psychotherapeut und Heilpraktiker
siehe 4.1 Bioenergetik, Biodynamik, Biosynthese

10 Familientherapie

10.1 Struktur- und wachstumsorientierte Familientherapie

Geschichtliche Entwicklung und gegenwärtiger Stand
Familientherapeutische Arbeitsweisen wurden seit Ende der 40er Jahre vor allem in den USA entwickelt. Bekannt wurde die Familientherapie durch so außergewöhnlich kreative Persönlichkeiten wie Virginia Satir, Nathan Ackerman, Salvador Minuchin, Jay Haley und Don Jackson.

Seit etwa 1970 faßte die Familientherapie auch in Europa und in der Bundesrepublik Fuß und ist heute in vielfältiger Form sowohl in der psychotherapeutischen Praxis als auch im Bereich der professionellen Fortbildung verbreitet.

Die Familientherapie, die von den Mitarbeitern des Münchner Familienkollegs geleistet wird, beruht vorwiegend auf den Ideen von Virginia Satir, der Hauptwegbereiterin der Familientherapie, und von Salvador Minuchin.

Gaby Moskau und Gerd F. Müller haben beide Ansätze und ausgewählte Teile anderer Ansätze in einem integrativen Modell vereinigt. Diese Form der ›strukturell- und wachstumsorientierten Familientherapie‹ wird in der Praxis des Münchner Familienkollegs durchgeführt und in dreijährigen Fortbildungskursen gelehrt.

Menschen- und Weltbild
Die strukturell- und wachstumsorientierte Familientherapie beruht hauptsächlich auf den Ideen des Wachstumsmodells. Danach hat jeder Mensch die Fähigkeit, sich − unabhängig von seinem Lebensalter − vor allem in zwei Bereichen kontinuierlich zu entwickeln: im Bereich des Selbstwerts und im Bereich

245

der Beziehung zu anderen Menschen. Mit Selbstwert ist die Fähigkeit gemeint, Echtheit, Spontaneität, Verbindlichkeit, Integrität, Risikofreudigkeit und Verantwortungsgefühl zu entwickeln. Die Beziehung zu anderen Menschen umfaßt die Fähigkeit, andere Menschen zu respektieren und anzunehmen, Unterschiedlichkeit zu akzeptieren, ohne den anderen zu be- und verurteilen, und mit Streß, Forderungen und Veränderungen verantwortungsvoll umzugehen.

Die Aufgabe des Therapeuten ist es, diese Fähigkeiten im Verlauf des Therapieprozesses in Bewegung zu bringen, das Grundgefühl des einzelnen und der Familie in Richtung Lernbereitschaft, Veränderungsmöglichkeiten und Hoffnung zu fördern und seine eigene positive und respektvolle Menschen- und Weltanschauung in die Arbeit mit der Familie einzubringen.

Eine ebenso große Rolle spielt der Aspekt, daß jedes Familienmitglied innerhalb der Familie eine bestimmte Position einnimmt, aus der sich verschiedene Aufgaben ergeben. Die beiden erwachsenen Personen − die ›Architekten der Familie‹ sind gleichzeitig Eltern und Eheleute, die Minderjährigen sind gleichzeitig Kinder und Geschwister. Diese unterschiedlichen und sich teilweise überschneidenden Rollen und Rollen-Erwartungen können Mißverständnisse und Konflikte hervorrufen. In der Familientherapie geht es daher u. a. um Fragen der Entscheidungsbefugnis, der Konfliktlösung, der Handhabung von Grenzen und um den Umgang mit Nähe und Distanz.

Anwendungsbereiche

Familientherapie hilft Familien, akute oder schon länger schwelende Lebens- und Entwicklungskrisen zu bewältigen. Sie ist bei folgenden Auffälligkeiten angezeigt:

− bei Kindern: Entwicklungs-, Spiel-, Lern-, Sprach- und Schlafstörungen, Schulversagen, Schulangst, sozialer Isolation, Ängsten, Depressionen, Aggressivität, Einnässen, Einkoten, Eßstörungen u. a.

− bei Erwachsenen: Arbeits-, Leistungs-, Schlafstörungen, Ängsten, Depressionen, psychosomatischen Störungen, Alkohol- und Drogenmißbrauch, psychotischen Störungen u. a.

Familientherapie kann auch bei Einzelpersonen angezeigt sein. Man spricht dann von ›Familientherapie ohne Familie‹; ausgewählte Teile der Familientherapie werden so eingesetzt, daß sich für den Einzelklienten neue Erkenntnisse, Sichtweisen und Verhaltensänderungen vor dem Hintergrund seiner Familienbeziehungen einstellen können.

Ablauf der Therapie

Nach ein bis drei Sitzungen zum Kennenlernen und zur Diagnoseentwicklung wird zwischen Therapeut und Familie ein Vertrag geschlossen, in dem die Bedingungen und Ziele der Zusammenarbeit festgelegt werden. In der Regel werden dann fünf bis zehn Sitzungen vereinbart; danach wird eine Auswertung gemacht, und wenn notwendig, eine neue Sitzungsperiode beschlossen.

Jede Familientherapie verläuft – je nach Problemlage – unterschiedlich und kann zwischen fünf und 50 Sitzungen dauern. Die Abstände der Sitzungen werden individuell festgelegt.

Nach Abschluß der Therapie werden zwei bis drei Kontrollsitzungen im Abstand von etwa drei Monaten vereinbart.

Eine Sitzung dauert 90 Minuten und kostet 130, – DM und wird in der Regel von einem Therapeutenpaar geleitet. Einige Kassen zahlen einen Zuschuß, der jedoch individuell ausgehandelt werden muß.

Behandlungsmethoden

Der Familientherapeut achtet darauf, daß sich das Verhältnis zwischen ihm und den Familienmitgliedern partnerschaftlich und vertrauensvoll entwickelt; die gemeinsame Arbeit wird möglichst durchschaubar gemacht und orientiert sich hauptsächlich an der aktuellen Situation der Familie. Je nach Lage werden auch außerfamiliäre soziale Systeme – wie Schule, Arbeitsplatz, Gleichaltrige – in die Veränderungsüberlegungen miteinbezogen, da manche Familienprobleme nur im gesamten Netzwerk der sozialen Beziehungen verstanden und verändert werden können.

Neben dem Familiengespräch werden vielfältige Methoden eingesetzt, um die Verbindungen, Annäherungen, Entfernungen, Konflikte, Vorlieben, Gefühle, Gedanken u. ä. in der Familie spürbar, sichtbar und hörbar zu machen. Spezifische Methoden sind z. B. Spiele, Rollenspiele, Malen, ›Familientheater‹ spielen, ›Familien-Skulpturen‹ bauen, Hausaufgaben.

Ein ›Familientheater‹ sieht etwa so aus: Ausgewählte Ausschnitte von Streßsituationen werden unter Anleitung des Therapeuten von allen Familienmitgliedern wie ein kurzes Theaterstück wirklichkeitsnah gespielt. Zuerst so, wie es schiefgeht; danach werden verschiedene Möglichkeiten durchprobiert, wie es zufriedenstellender gehen kann.

Mit ›Familien-Skulptur‹ ist folgendes gemeint: Ein Familienmitglied stellt sein ›Bild‹ der Beziehungen in der Familie in bezug auf Nähe und Distanz, auf ›oben‹, ›unten‹ u. a. dar. Dabei benutzt er unter Anleitung des Therapeuten die Familienmitglieder und stellt sie in typischen Haltungen im Raum auf. Die Idee dahinter ist, daß jedes Familienmitglied verschiedene Sichten des gleichen Problems haben kann und daß durch ›Tun‹ und körperliches Darstellen der Kern eines Problems meist deutlicher wird als durch vieles ›Darüberreden‹.

Fallbeispiel

Frau S. (43 Jahre) und Herr S. (45 Jahre) sind seit 15 Jahren verheiratet und haben einen Sohn, Peter (14 Jahre) und zwei Töchter, Monika (12 Jahre) und Evi (8 Jahre). Frau S. ist Hausfrau und übernimmt stundenweise Schreibarbeiten. Herr S. abeitet in einer großen Versicherungsgesellschaft in mittlerer Leitungsposition; von Zeit zu Zeit ist er wochenweise zur beruflichen Weiterbildung von zu Hause abwesend. Peter und Monika besuchen ein Gymnasium, Evi ist noch in der Grundschule.

Familie S. kam zur Therapie, weil der Sohn seit etwa einem halben Jahr Schulschwierigkeiten hatte. Nach zwei Sitzungen stellte sich heraus, daß sich Frau S. seit dem Tod ihres Vaters vor neun Monaten fast ausschließlich bei ihrer Mutter aufhält, um dieser ›über die schwierige Zeit hinwegzuhelfen‹. Herr S. war mit der ständigen Abwesenheit seiner Frau unzufrieden, fühlte sich vernachlässigt, sagte aber nichts, um seiner Frau ›nicht wehzutun‹. Evi wurde von Frau S. oft zur Großmutter mitgenommen, Monika ging meist zu ihrer besten Freundin, Peter blieb zu Hause. Er hatte sozusagen den unterschwelligen

Konflikt seines Vaters ›verstanden‹ und sorgte über den Umweg des Schulversagens dafür, daß seine Eltern gezwungenermaßen etwas miteinander unternehmen mußten: den Gang zur Beratung. Als die Schwierigkeiten zutage kamen, war es möglich, Frau S. aus ihrer überfürsorglichen Rolle gegenüber ihrer Mutter zu entlassen. Damit keine Mißverständnisse und ›Verletzungen‹ auftreten konnten, wurde die Großmutter für mehrere Sitzungen in die Therapie miteinbezogen. Die Familie wurde ›renoviert‹: Mit den Eheleuten wurden neue Interessen für die gemeinsame und individuelle Gestaltung des partnerschaftlichen Bereichs herausgearbeitet, ihre Aufgaben als Eltern wurden dem Entwicklungsstand der Kinder entsprechend neu verteilt. Mit den Geschwistern wurden gemeinsame Interessen und Fragen gegenseitiger Fürsorge diskutiert, um sie aus ihrer Vereinzelung herauszubringen; es wurden aber auch Möglichkeiten zu Außenkontakten (Freunde, Vereine) herausgearbeitet. Zwischen allen Familienmitgliedern wurde offen dargelegt, wer mit wem mehr oder weniger Kontakt als bisher haben wollte (z. B. wünschten sich Vater und Sohn mehr Annäherung, hatten aber nie gewagt, dies zu äußern). Zur besseren Regelung des alltäglichen Umgangs miteinander wurde ein ›Familienrat‹ ins Leben gerufen. Peters Schulschwierigkeiten gingen bereits nach der sechsten Familiensitzung merkbar zurück; er konnte mit anfänglicher Hilfe des Vaters dann selbständig das Klassenziel erreichen. Nach insgesamt 15 Sitzungen und zwei Kontrollsitzungen war die Therapie beendet.

Verbindungen zu anderen therapeutischen Schulen
Methodische Verbindungen bestehen zur Gesprächstherapie, Gestalttherapie, zum Psychodrama und zur Hypnotherapie nach Erickson.

Zusammenfassung
Die Familientherapie wurde zwischen 1950 und 1960 in den USA entwickelt und basiert auf der Erkenntnis, daß Störungen von Individuen aufgrund von Störungen im Interaktionsgeflecht der Familie entstehen. Das hier vorgestellte Modell beruht auf dem wachstumsorientierten und strukturellen Ansatz.

Literatur

Virginia Satir: Selbstwert und Kommunikation, München, Pfeiffer-Verlag 1977

Virginia Satir: Meine vielen Gesichter. Wer bin ich wirklich?, München, Kösel-Verlag 1988

Ausbildungsinstitute
Auskünfte beim
Dachverband für Familientherapie und systematisches Arbeiten (DFS)
Oesterleystraße 12
3000 Hannover 1
Telefon: 05 11 / 88 43 89

Deutsche Arbeitsgemeinschaft für Familientherapie (DAF)
Friedrichstraße 28
6300 Gießen
Telefon: 06 42 / 7 02 24 77

Angaben zum Autor
Gerd F. Müller, Dipl.-Psych., Klinischer Psychologe. Ausbildung in Familientherapie bei V. Satir, W. Kempler, B. Duhl und M. Bosch. Langjährige Tätigkeiten und Veröffentlichungen im Bereich Eltern- und Familienarbeit, Familientherapie und Fortbildung. Ausbildung in Hypnotherapie nach Erickson. Leiter des
Münchener Familienkollegs
(Institut für Familientherapie-Praxis und -Fortbildung)
München-Stadt: Cherubinistraße 1
8000 München 40
Telefon: 089 / 30 29 26

München-Land: Mühlstraße 6
8063 Egenburg-Odelzhausen
Telefon: 0 81 34 / 3 63

10.2 Integrative Paar- und Familientherapie

Geschichtliche Entwicklung und gegenwärtiger Stand
Der hier vorgestellte Ansatz wurde in den USA entwickelt und
geht auf Therapeuten wie Satir, Caslow, Le Bow, Kinshaw,
Gorman u. a. zurück. Im Kern liegen ihm das verhaltensorien-
tierte/analytische Modell von Epstein sowie das strategische/
strukturelle Modell von Duncan und Stanton zugrunde. Aus der
Zusammenführung dieser Richtungen entstand der heutige Ansatz der Integrativen Paar- und Familientherapie, der ideolo-
gisch in der Idee der ›Human Potential‹-Bewegung wurzelt. Be-
zugspunkt aller dieser Richtungen war und ist immer die Erkenntnis, daß der einzelne sowohl in ein emotionales wie soziales Geflecht eingebunden ist, in dem er zur Entwicklung und
Erhaltung der eigenen Identität und des eigenen Wachstums der
Kommunikation (Mitteilung) mit anderen bedarf. Ein solches
Geflecht/System ist die Familie.

Menschen- und Weltbild
Die Integrative Familientherapie versteht sich als Wachstumsan-
satz. Störungen und Auffälligkeiten werden nicht unbedingt als
Krankheiten gesehen, sondern als sinnvolle Reaktionen auf
schwierige Situationen. ›Wachstum‹ bedeutet in diesem Zusammenhang das (Wieder-)Erlernen neuer Antwortmöglichkeiten
des einzelnen oder der Familie als System, die Entfaltung der
jedem Menschen innewohnenden Möglichkeiten an Erlebnis-
und Reaktionsweisen, die seine Einzigartigkeit ausmachen.
Dabei können alle voneinander lernen. Es werden nicht absolute
Wahrheiten gesucht; menschliche Wahrheiten sind subjektiv,
verschiedene Standpunkte dürfen/müssen innerhalb der Familie
Raum haben (demokratisches Menschenbild). Unterschiede sollen stimulieren, nicht zerstören. Die Krisen, die der einzelne oder
die Familie dabei durchlaufen, werden als Phasen betrachtet, die
eine Gelegenheit zur Veränderung, zu neuem Wachstum bieten.

Anwendungsbereiche
Die Familientherapie eignet sich für die gesamte Skala kind-
licher Störungen (gegebenenfalls zusammen mit anderen Maß-

nahmen wie Spieltherapie, heilpädagogischen Hilfen etc.). Weiter ist sie geeignet:
- für Kinder und Jugendliche, die in Familien leben und Probleme haben;
- für Paare mit Beziehungsproblemen oder Trennungsabsichten, oder Partner, die gemeinsam an bestimmten Zielen wachsen wollen;
- für Süchtige (Drogen, Alkohol), vor allem in akuten Stadien;
- für Menschen, die in ihre Vergangenheit gehen wollen, deren Einfluß auf die Gegenwart für sie von besonderer Bedeutung ist (Kriegserlebnisse, psychosomatische Krankheiten, Tod eines Angehörigen etc.).

Die Integrative Familientherapie ist meist ungeeignet bei Störungen aus dem paranoid-psychotischen Bereich, vor allem in akuten Stadien.

Ablauf der Therapie

In der Regel werden in den beiden ersten Sitzungen die Ziele festgelegt, die eine Familie erreichen möchte (z. B. das Kind soll nicht mehr einnässen). Aus dem Therapieprozeß können sich neue, weitergehende Ziele ergeben.

Ein Vertrag über eine gewisse Anzahl von Stunden (meist zwischen drei und fünf) gibt beiden Seiten (Therapeut und Familie) die Möglichkeit zu prüfen, ob man miteinander arbeiten kann. Bedingung ist, zumindest für die ersten Gespräche, die Anwesenheit aller Familienmitglieder, nicht nur die des identifizierten Patienten. Je nach präsentiertem und tatsächlich vorhandenem Problem muß man mit einer Therapiedauer von sechs Monaten bis zu einem Jahr bei einer bis zwei Sitzungen pro Woche (von je 90 Minuten Dauer) rechnen.

An öffentlichen Beratungsstellen (z. B. Erziehungsberatung) entstehen der Familie keine Kosten. In Privatpraxen gilt der übliche Stundensatz. Die Krankenkassen übernehmen (trotz längst bewiesener Effektivität dieser Therapierichtung) die Kosten nicht.

Behandlungsmethoden
- Anamnese und Gespräche über das Symptom
- Gespräche über die Vergangenheit der Eltern; Integration mit der Gegenwart
- Arbeit mit Gefühlen (ausdrücken, ausleben lassen, formulieren) in Dyaden (Paaren) und Triaden (Dreiergruppen) sowie durch Arbeit mit unbewußten Triaden. Gleichzeitig kognitive und verhaltensorientierte Arbeit zur Integration der Gefühle
- Familienskulptur (Anordnung der einzelnen Familienmitglieder zu einer Skulptur, die die Familiensituation sichtbar macht und verdeutlicht)
- Interaktionstraining (Reden, Zuhören, Kooperation lernen)
- Familienrekonstruktion: Methode zur Sichtbarmachung und Bearbeitung der eigenen Ursprungsfamilie (Familie des Vaters, der Mutter)
- Rollenspiele, Gestaltarbeit, Körpertherapie.

Fallbeispiel
Die Arbeit mit einer ganzen Familie ist sehr komplex. Nicht alles, was Menschen an sich ändern wollen, ist mit diesem Ansatz machbar; daher wird genau festgelegt, was jemand verändern will; es werden Kriterien bestimmt, wann er sein Ziel erreicht hat und ob sich seine Ziele im Laufe des Prozesses verändern. Jedem Partner wird durch die angewandten Methoden die Unterstützung der anderen oder des Partners zuteil. Leitfaden ist dabei immer die Bedeutung des Symptoms im Familienkontext.

Die Familie kommt wegen der Aggressivität und der massiven Konzentrationsstörungen des Sohnes in der Schule in die Therapie. Der 14jährige schlägt seine Mitschüler und hat trotz hoher Intelligenz schlechte Schulleistungen.

In der ersten Sitzung stellt sich schnell heraus, daß die Mutter mit der Erziehung beider Kinder (der Junge hat noch eine drei Jahre ältere Schwester) überfordert ist, da der Vater aus beruflichen Gründen häufig nicht zu Hause ist. Während dieser und der nächsten Sitzungen wird deutlich, daß es Koalitionen in der Familie gibt: Mutter und Sohn haben ein ebenso enges Verhältnis wie Vater und Tochter. Der Vater will wegen seines anstrengenden Berufes ›keine Probleme‹ haben und unterstützt daher mehr die Tochter. Die Mutter kümmert sich mehr um den Sohn, da er ›Schwierigkeiten hat‹.

Anfängliche Versuche, den Vater wieder zur Orientierungsperson für den Sohn zu machen und diese Verbindung zu stärken, scheitern an dem schon befürchteten Ergebnis: Die Tochter wird krank und in der Lehre auffällig.

Systemische Familientherapie erfordert das gleichzeitige Beachten aller Faktoren und Beteiligten.

Die Therapeuten, ein Mann und eine Frau, suchen daher zusammen mit der Familie zunächst nach Möglichkeiten, die Mutter im Haushalt zu entlasten. Der Vater erklärt sich bereit, häufiger zu Hause zu sein. Dadurch ergeben sich automatisch häufigere Kontakte zwischen Vater und Sohn. Gleichzeitig kümmert sich die Mutter mehr um die fraulichen Probleme ihrer Tochter. Die Familiensitzungen wurden dann für sechs Wochen zugunsten mehrerer Paarsitzungen verschoben. Die Themen in diesen Sitzungen drehten sich im Kern um die Wiederherstellung der Paarfunktion neben der Elternfunktion der beiden Partner. Dabei kamen sehr tief sitzende, alte Beziehungsprobleme ans Licht, die das Paar durch die unbewußte Bildung der Koalitionen mit den Kindern zu verdrängen versucht hatte. Mit Hilfe verschiedener Techniken arbeiten die Therapeuten auch an den Ursprungsfamilien beider Partner und erhellen so deren familiäre Lernbedingungen. Zu Hause haben sich die Beziehungen inzwischen so entwickelt, daß Vater und Sohn häufiger zusammen sind. Der männliche Therapeut führt mehrere Gespräche mit den beiden, in denen die tiefe Wut und Enttäuschung des Sohnes über die mangelnde Präsenz des Vaters in der Familie zum Ausdruck kommt. Gleichzeitig finden Gespräche zwischen Mutter und Tochter statt, die von der Co-Therapeutin geleitet werden. Hier stellt sich die Angst der Tochter heraus, die Mutter könne sie nicht als Frau akzeptieren. In der Koalition mit dem Vater hatte sie genügend Botschaften auf dieser Ebene erhalten und ihre Enttäuschung über die Mutter mit ›guten Leistungen‹ verarbeitet.

Von den insgesamt 28 Sitzungen werden die letzten fünf für die Stabilisierung der nun nicht mehr in Koalitionen verlaufenden Interaktionen und Kommunikationen verwendet. Das neue Gleichgewicht entlastete den Sohn, dessen Schulleistungen sich erheblich verbesserten und der nun seine Kraft im Kontakt mit dem Vater ausprobieren konnte.

Durch das Aufbrechen der alten Interaktionsmuster hat die Familie gelernt, ein neues Gleichgewicht herzustellen, das die Befriedigung der Bedürfnisse *aller* Beteiligten garantiert.

Verbindungen zu anderen therapeutischen Schulen

Die Arbeit mit Familien integriert Konzepte aus der Verhaltensmodifikation (z. B. Verhaltensverschreibungen, Verstärkungs-Pläne etc.), aus dem psychoanalytischen bzw. tiefenpsychologischen Ansatz (z. B. Objekt-Theorie, Arbeit mit individuellen Widerständen), aus dem Modell der Mehrgenerationen-Theorie (z. B. Arbeit mit unbewußten Triaden) sowie Ansätze aus der Körpertherapie.

Zusammenfassung

Dem Wachstumsmodell liegt die Annahme zugrunde, daß Menschen nur dann symptomfrei funktionieren können, wenn sie sich ihrem Wesen gemäß entfalten können. Das natürliche emotionale Wachstum des Menschen vollzieht sich auf der Ebene des Selbstwertgefühls sowie anhand der steigenden Fähigkeit, zu anderen befriedigende und anregende Beziehungen aufnehmen zu können. Dabei hat der einzelne mehrere Möglichkeiten, sein Anderssein auszudrücken. Damit dieses Anderssein, das sich auch in verschiedenen Symptomen widerspiegeln kann, nicht zur Zerstörung, sondern zur Stabilität des Familienverbandes führt, muß die Familie Wege kennen, wie sie sich den ständig verändernden Wachstumsbedürfnissen der einzelnen Mitglieder anpassen kann. Dazu verhilft ihnen die Integrative Paar- und Familientherapie.

Literatur

Shirley G. Luthman; Martin Kirschenbaum: Familiensysteme. Wachstum und Störungen. Einführung in die Familientherapie, München, Pfeiffer-Verlag, Reihe: Leben lernen 1977

Ausbildungsinstitute
Institut für Integrative Paar- und Familientherapie e. V.
Wormserstraße 1
8000 München 40
Telefon: 089/1293774

Institut für Integrative Paar- und Familientherapie e. V.
Schorlemerallee 21
1000 Berlin 33
Telefon: 030/8235030

Angaben zum Autor
Dr. Frank Giesen, Dipl.-Psychologe, Psychotherapeut, arbeitet
in München in freier Praxis, an öffentlichen Institutionen (Supervision), als Supervisor am Institut für Integrative Paar- und
Familientherapie, sowie im Ausland (Seminare für Körpertherapie und Familientherapie).
Ausbildungen in Körpertherapie, Verhaltenstherapie, Fami-
lien- und Gestalttherapie, Radix-Lehrer.
Herzogstraße 50
8000 München 40
Telefon: 089/394265

10.3 Kommunikationstherapie

Geschichtliche Entwicklung und gegenwärtiger Stand
Die Kommunikationstherapie ist eine aus der Praxis der Partnertherapie von Anita und Karl Herbert Mandel entwickelte
Psychotherapie für psychosoziale Konflikte, speziell für Ehe-,
Partnerschafts-, Familienprobleme und Sexualstörungen. Sie
basiert auf der in den USA entwickelten Systemtherapie, die
Partner- und Familienprobleme als Störungen im System zwischenmenschlicher Beziehungen beschreibt. Sie sieht das Individuum, das lange Zeit einseitig isolierter Gegenstand psychotherapeutischer Analyse war, verstärkt in dem Bezugsfeld seiner
vielfältigen sozialen Bindungen und Abhängigkeiten und ver-

sucht, in diesem Rahmen Konzepte und Erfahrungen verschiedener therapeutischer Richtungen zu integrieren (z. B. verhaltenstherapeutische Konzepte und tiefenpsychologische/psychoanalytische Ansätze).

Dabei hat sich die Kommunikationstherapie immer an den konkreten Problemstellungen ihrer Klienten weiterorientiert und ein vielfältiges Repertoire an Methoden entfaltet, um konfliktlösende Kräfte im Individuum und im familiären Feld wirksam zu machen.

Menschen- und Weltbild

Die Kommunikationstherapie basiert auf dem christlichen Menschenbild und ist geprägt von der Achtung vor der individuellen Persönlichkeit ihrer Gesprächspartner und von deren Anrecht auf ihre eigenen Entwicklungszeiten, -wege und -möglichkeiten. Sie macht es sich zur Aufgabe, jederzeit sensibel die Balance zu halten zwischen therapeutischer Verantwortung gegenüber allen vom Beratungsgeschehen (mit-)betroffenen Menschen und dem therapeutischen Respekt vor der Eigenverantwortung und Eigenentscheidung des Klienten.

Beratung und Therapie werden dialogisch als Begegnung zwischen Therapeut und Klient verstanden, wobei Kenntnisse und Erfahrung des Therapeuten den Klienten helfen können, ihre Fähigkeiten und Möglichkeiten für die familiären Beziehungen besser ins Spiel zu bringen.

Anwendungsbereiche

Die Kommunikationstherapie ist bei Ehe-, Partnerschafts- und Familienproblemen geeignet. Sie wird als Beratung und Therapie für Einzelpersonen, Paare und Familien angeboten, sie ist aber auch dann sinnvoll, wenn nur einer der Partner kommen kann oder will.

Die Arbeit in der Kommunikationstherapie zielt im wesentlichen darauf ab, die im Rahmen zwischenmenschlicher Beziehungen gegebenen Möglichkeiten eines befriedigenden Zusammenlebens abzuklären, zu entwickeln und freizusetzen.

Über ein erweitertes Verständnis der eigenen Person und des Partners und durch adäquatere Formen der Auseinandersetzung soll den Ratsuchenden zu einer anderen Art des Umgangs miteinander in gegenseitiger Wertschätzung verholfen werden.

Die Ziele, die im Detail anzustreben sind, richten sich nach den individuellen Gegebenheiten des Paares oder einer Familie. Während es generell im Beratungsprozeß um eine Verbesserung des Zusammenlebens der Partner und der Tragfähigkeit der Familie geht, so kann sich doch auch im Verlauf mehrerer Gespräche bei einem Paar abzeichnen, daß die grundlegenden Voraussetzungen und Entwicklungsmöglichkeiten für eine eheliche Gemeinschaft fehlen. Dann kann die Ermöglichung der Trennung zu einem unvermeidbaren Ziel der Arbeit werden, um größeren Schaden von den Partnern und deren Kindern abzuwenden.

Ablauf der Therapie

Die Beratungen/Therapien werden in Form von Einzelgesprächen, Paargesprächen und Gruppensitzungen durchgeführt. Am häufigsten ist eine Kombination von Einzel- und Paargesprächen. Es werden Sitzungen von 50, 75 oder 100 Minuten vereinbart. Als günstig hat sich ein wöchentlicher Zeitabstand zwischen den Gesprächen erwiesen, aber auch seltenere oder häufigere Termine sind möglich. Die Beratung erfolgt unabhängig von einer finanziellen Leistung der Ratsuchenden (Paarberatung fällt nicht unter den Leistungskatalog der RVO- und Privat-Krankenkassen).

Träger der Beratungsstellen ist die ›Ehe-, Partnerschafts- und Familienberatung München e. V.‹ (Rückertstraße 9, 8000 München 2, Telefon: 089/530094). Die Mitarbeiter in der Eheberatung sind im Grundberuf Diplom-Psychologen, Pädagogen, Sozialpädagogen o. ä. Sie haben eine vierjährige Zusatzausbildung zum diplomierten Eheberater, zum Teil auch eine Ausbildung zum Kommunikationstherapeuten.

Behandlungsmethoden

Die Vorgehensweise hängt wie die Zielbestimmung in hohem Maße von der Individualität des Paares oder der Familie ab. Zunächst muß der Berater anhand der Schilderung der Klienten einen genauen Einblick in die Art der Beziehungsstörung und die individuellen Schwierigkeiten beider Partner – sowohl in der aktuellen Situation als auch in ihrem Entwicklungsverlauf – gewinnen. Ist nur ein Partner zur Beratung/Therapie gekommen, ist es wichtig, den abwesenden Partner in seinen Eigenarten, Bedürfnissen, Fähigkeiten und Gefühlen zu berücksichtigen, um die ersten therapeutischen Hilfen darauf abzustimmen. Oft ist es auch möglich, den abwesenden Partner zu einer Mitarbeit zu motivieren.

Neben der Bearbeitung von inneren und äußeren Konflikten im Dialog geht es auch um die Entdeckung, Entfaltung und Einübung neuer individueller Fähigkeiten und Stärken. Denn die Erfüllung in einer Partnerschaft geht Hand in Hand mit der Entfaltung und Verwirklichung individueller Fähigkeiten, die beziehungsfördernd wirken.

In jedem Fall wird versucht, die Selbstheilungstendenzen zu stützen und die Klienten zu selbstverantwortlicher Entscheidung und Lebensführung zu befähigen.

Partnertherapie kann in vielen Fällen auch psychischen Störungen bei Kindern vorbeugen, diese reduzieren oder beheben, auch dann, wenn die Kinder nicht unmittelbar in die Beratung einbezogen werden.

Fallbeispiel

Das Ehepaar M. ist seit 10 Jahren verheiratet. Beide Ehepartner sind berufstätig und 35 Jahre alt. Sie haben zwei Kinder, die 5 und 7 Jahre alt sind.

Frau M. stellt fest, daß sie sich in der Beziehung zunehmend fremd erlebt und sexuelle Unlust verspürt. Herr M. ist in seinem Beruf engagiert, manchmal auch so gestreßt, daß er sich am Feierabend zurückzieht und wie gebannt in den Fernseher schaut.

Immer wieder haben beide mit viel gutem Willen versucht, aus dem inzwischen entstandenen Teufelskreis von Anklagen, Wiedergutmachung und beiderseitiger Niedergeschlagenheit herauszukommen. Zum Mißerfolg nach kurzen Wendungen zum Guten kommen nun immer häufiger Scheidungsdrohungen und bei beiden Partnern der Wunsch, es mit einem anderen Mann, einer anderen Frau zu versuchen. Die Leiden und Störungen der Kinder sind ebenfalls nicht mehr zu übersehen.

Die Liebe beider Partner ist noch nicht erloschen, die gehässige Enttäuschung beweist das. Gleichgültigkeit hat sich noch nicht ausgebreitet. Deshalb leiden beide.

Herr M. entschließt sich, doch einen ›Fachmann‹ zu Rate zu ziehen, wohl auch deshalb, weil er noch sehr versteckt, aber immer dringlicher einen großen Mangel an Nähe spürt.

Sie vereinbaren einen Termin mit der Ehe-, Familien- und Lebensberatungsstelle, den sie gemeinsam (was nicht zwingend ist) wahrnehmen.

Dort geht es zunächst darum, einen vertrauensvollen Kontakt herzustellen. Der Berater/Therapeut leitet das Gespräch mit einigen Sätzen ein und fragt, was beide Partner und jeden einzelnen dazu bewegt hat, sich zur Beratung zu entschließen.

Dabei entlädt sich zunächst einmal die ganze Enttäuschung und Spannung beider Partner in wütenden Anschuldigungen. Der Berater/Therapeut bemüht sich, beide zu verstehen, was in und um jeden ist, hört zu und fragt manchmal. Er holt sich einige zusätzliche Informationen ein, z. B., wie jeder von beiden aufgewachsen ist, wie sie sich kennen und lieben gelernt haben.

Am Ende der ersten Sitzung sind beide Partner recht erschöpft. Außerdem sind sie etwas enttäuscht, weil noch kein Ergebnis da ist und der Berater keinem der beiden recht gegeben hat, sondern jedem sein Recht auf sein Erleben und dessen Ausdruck zugestanden hat.

Der Berater/Therapeut macht sich ein Bild darüber, was die äußeren Belastungen, die inneren Konflikte jedes einzelnen sind und welche Konflikte im Zusammenhang mit störenden Kommunikationsgewohnheiten zwischen den Partnern stehen.

Zusammen mit dem Paar, dessen Erwartungen an die Beratung besprochen sind, legt der Therapeut nun fest, wie häufig, wie lange, zu welchem Honorar bzw. mit welchem Kostenzuschuß und vor allem mit welcher Zielsetzung sie miteinander arbeiten wollen.

Das Ehepaar M. geht insgesamt 15 Stunden bei einer Sitzung in der Woche in die Beratung. Dort lernen beide Partner in Gesprächen und durch Übungen sich selbst im Kontakt mit dem anderen in allen Gefühlsaspekten kennen. Allmählich finden sie heraus, wie sie mit sich allein und mit dem anderen zurechtkommen und wie sie Problemlösungsstrategien für ihre Konflikte erlernen können.

Verbindungen zu anderen therapeutischen Schulen
Es besteht enger Kontakt und regelmäßiger fachlicher Austausch mit Vertretern der Psychoanalyse, der Verhaltenstherapie, der Systemtherapie (Systemische Familientherapie) und des Psychodramas.

Zusammenfassung
Die Kommunikationstherapie ist Anfang der 70er Jahre als einer der ersten Versuche zur Überwindung der auf das einzelne Individuum zentrierten Sicht verschiedener Psychotherapieschulen und deren Dogmatismus entstanden. Sie ist eine integrative Psychotherapie speziell für Ehe-, Partnerschafts- und Familienprobleme und für Sexualstörungen.

Ihr Ziel ist neben der Beseitigung/Besserung einer konkreten Störung das Aufspüren der spezifischen Beziehungsmöglichkeiten eines Paares/einer Familie und die Selbstfindung der Individuen in der und durch die Beziehung.

Literatur
A. Mandel; K. H. Mandel; E. Stadter; D. Zimmer: Einübung in Partnerschaft durch Kommunikationstherapie, München, Pfeifer-Verlag 1971

L. Wachinger: Ehe, München, Kösel-Verlag 1986

E. Bleske: Konfliktfeld Ehe und christliche Ethik, München, Kösel-Verlag 1981 (darin ausführliche Darstellung der Kommunikationstherapie und umfangreiche Bibliographie)

Ausbildungsinstitute
Institut für Forschung und Ausbildung in
Kommunikationstherapie e. V.
Rückertstraße 9
8000 München 2
Telefon: 089/537070

Angaben zum Autor
Volker Eckert, Diplom-Psychologe, Diplom-Sozialpädagoge
(FH), Klinischer Psychologe BDP, Eheberater, Kommunika-
tionstherapeut, Leiter des Instituts für Forschung und Ausbildung in Kommunikationstherapie e. V.

10.4 Paarsynthese

Geschichtliche Entwicklung und gegenwärtiger Stand

Die Paartherapie ist die jüngste und wahrscheinlich auch die
letzte Neuentwicklung unter den verschiedenen Psychotherapie-
bereichen und schließt den Kreis aus Einzel-, Familien- und
Gruppentherapie ab.

Die Paarsynthese umfaßt eine eigens auf Paare und andere
Beziehungen entwickelte Therapieform mit Dialog- und Symmetriearbeit, spezifischen theoretischen Grundlagen und einem eigenen Lehrplan zur Aus- und Weiterbildung von Paartherapeu-
ten. Seit 1970 wurde sie in Zusammenarbeit mit Ehe- und Fami-
lienberatungsstellen, in Kooperation mit dem Fritz-Perls-Institut Düsseldorf (FPI) und auf der Basis langjähriger Eheberater-
Ausbildungskurse konfessioneller und anderer Träger entwik-
kelt.

Die Paarsynthese als therapeutisches Verfahren baut auf der
Gestalttherapie auf und hat wie diese ihre wesentlichen Wurzeln
in der Humanistischen Psychologie und der Psychoanalyse.
Darüber hinaus wird das tiefe Wissen und die Praxis von Liebe
zwischen Mann und Frau aus östlichen Kulturen miteinbezogen.

Angewandt wird die Paarsynthese heute bei der Paar- und Familienarbeit an öffentlichen und kirchlichen Lebensberatungs-
stellen und Familienbildungsstätten, in therapeutischen Praxen
und zur Aus- und Weiterbildung im Auftrag unterschiedlicher
Träger und Institutionen, an der Fritz-Perls-Akademie, im Öster-
reichischen Arbeitskreis für Gruppendynamik und Gruppentherapie, aber auch in manchen freien Einrichtungen und Gruppen.

Hauptvertreter dieser Richtung sind Michael Cöllen, Hamburg, und Regina Breitfuß, Salzburg.

Menschen- und Weltbild

Das Menschen- und Weltbild dieser Therapie legt eine neue Sicht der Frau-Mann-Beziehung als Zentrum allen Lebens zugrunde. Danach bildet das Paar den Brennpunkt eines spannungsvollen Lebensraumes, ähnlich einem Atommodell, mit drei elementaren Kräften: den Liebes- und Beziehungskräften des Paares, den Entwicklungskräften des Individuums und den Lebensgestaltungskräften der Welt und des Universums. Diese drei Kräfte verknüpfen den Lebensraum, den Partnerraum und den Eigenraum zu einem Netzwerk von sich ständig verändernden Energiefeldern. Ziel der Paarsynthese ist, diese in ein Gleichgewicht, in eine Symmetrie zu bringen. Die notwendige und unaufhörliche Bewegung der Partner zwischen den Lebenspolen von Schöpfung − Tod, Symbiose − Trennung, Zukunft − Vergangenheit, Körper − Seele, Alltagsenge − Universum, Gesellschaft − Individuum, Frau − Mann bildet die Grundlage aller Reifung und Entwicklung, aber auch den Zündstoff aller Krisen.

Weiter vollzieht sich Partnerschaft in regelhaft aufeinander aufbauenden Phasen; beim Wechsel zur nächsten Phase kommt es unvermeidbar zu Konflikten, die lebensnotwendig nach Veränderung der Paarbeziehung und der Liebesform drängen. Die Synthese von gegensätzlichen Lebenspolen ermöglicht erst die schöpferische Erfüllung menschlichen Seins. Die Ziele der Paarsynthese sind deshalb: Ganzheitlichkeit, Gleichberechtigung, Androgynie und Versöhnung der Geschlechter, deren gegenseitige Hingabe zu menschlicher Erfüllung führt.

Konkret soll das Paar in der Therapie mehr gegenseitige Toleranz für diese notwendigen Bewegungen, für Streit und Versöhnung erlangen, um so seine gemeinsame Basis fortschreitend zu erweitern und die Persönlichkeitsreifung gegenseitig zu fördern. Ziel ist es, das Paargefüge ins Gleichgewicht zu bringen, heraus aus der Einseitigkeit bloßer gegenseitiger Ergänzung oder lähmender Gleichheit hin zu wechselseitigem Austausch, durch den ständiger Rollenwechsel füreinander möglich ist. Von beiden Partnern sollen die Wünsche des anderen und die Durchsetzung eigener Bedürfnisse mit allen Gegensätzen gelebt werden. Von der Alltagsbewältigung bis zum Erkennen der tieferen, mystischen Besonderheit reichen die Aufgaben des Paares durch die verschiedenen Partnerphasen hindurch.

Anwendungsbereiche

Der Anwendungsbereich der Paarsynthese als Symmetrie- und Dialogtherapie gilt überwiegend für Paare und Menschen mit Partnerproblemen, Ehekonflikten oder sexuellen Störungen, aber auch für die Vertiefung der Liebesbeziehung. Wo nötig, können auch die Eltern oder Kinder des Paares einbezogen werden. Nur in Ausnahmefällen und bei absoluter Weigerung des Partners, an der Therapie teilzunehmen, wird die Paararbeit mit einem Ratsuchenden allein durchgeführt. Besonders geeignet ist die Paarsynthese für Gruppentherapie mit Paaren, aber auch für den Bereich der Selbsterfahrung und Ehevorbereitung. Als Beziehungstherapie eignet sie sich auch für die Arbeit in Heimen, in Mitarbeiter-Gruppen und Teams. Darüber hinaus kommt die Paarsynthese in der Supervision und in der Aus- und Weiterbildung für Psychologen, Ärzte, Psychotherapeuten, Sozialarbeiter, Eheberater, Theologen, Pädagogen und andere Sozialberufe zur Anwendung.

Ablauf der Therapie

Der Ablauf der Paarsynthese vollzieht sich in fünf Schritten:
Paargestalt (Darstellung und Szenen der Ehe, Motivation, Diagnostik),
Partnerwerdung (Lebensgeschichte, Ahnenbotschaft, Familienrekonstruktion),
Paardynamik (Arbeit an Sexualität, Kommunikation, Gleichberechtigung, Rollentausch),
Fehleranalyse (Erkennen, Gestehen, Verzeihen, Versöhnen),
Paargestaltung (kreative Neuorientierung, Lebensplan).
Eine Paarsynthese dauert ein bis eineinhalb Jahre bei einer Sitzung pro Woche. Durchgeführt wird die Arbeit vorrangig mit beiden Partnern oder in Gruppen mit Paaren, aber auch mit Familien und einzelnen Ratsuchenden.

Die Gruppenarbeit wird ergänzt und intensiviert durch Gruppen-Wochenenden oder Seminarblocks, etwa alle vier Monate.

Die Kosten der Therapie richten sich je nach Trägern, Beratungsstellen und Praxiseinrichtungen.
Die Übernahme der Kosten durch die Kassen ist für die reine Paartherapie nicht möglich.

Behandlungsmethoden
Die Behandlungsmethoden der Paarsynthese sind ausgerichtet auf die Lebensgeschichte der Partner, die Symmetrie des Paares, die Fehleranalyse der Paarbeziehung und auf die Ziele für Partnerschaft und Partner. Die Therapie wird schwerpunktmäßig in Dialogform (Innerer Dialog, Körper-, Sprach-, Sinndialog) durchgeführt. Zur Anwendung kommen auf die jeweilige Arbeitsphase bezogene Übungen: Medienarbeit mit Ton, Farben, Bildern, Collagen; Körperarbeit aus dem Tantra, der Bioenergetik und der Gestalttherapie. In den verschiedenen Therapiephasen werden der Reihe nach die Gestalt des Paares, die kindliche, pubertäre und voreheliche Entwicklung der Partner, die Familienrekonstruktion und Mehrgenerationenarbeit durchgegangen, dann die Dynamik des Paares in seinen einzelnen Lebensphasen und in seinem Beziehungsgefüge. Als vorletzter Schritt wird die Fehleranalyse des Paares durchgeführt, die die Versöhnung, aber auch Anerkennung von Unverzeihlichem beinhaltet. Abschließend folgt die Phase der Paargestaltung, die eine Neuorientierung im sexuellen, kreativen und lebensplanerischen Bereich beinhaltet.

Fallbeispiel
Eine 30jährige Frau, die schon lange wegen starker Depressionen in psychiatrischer Behandlung war, unternahm nach der zweiten Schwangerschaft einen Selbstmordversuch. Der Psychiater schickte sie mit ihrem Mann zur Paartherapie, weil dieser unter der Belastung ebenfalls zusammenbrach. Durch die Arbeit mit dem Inneren Dialog und den Partnerbildern bahnte sich die Erkenntnis an, daß die Ehefrau nur Symptomträgerin für ihn war, daß sie in Wirklichkeit all seine Lebensängste, Elternhaß und Depressionen auf sich genommen hatte. Er zum starken Mann und sie zur aufopferungsvollen Frau erzogen, konnten sie beide diese Erkenntnis kaum akzeptieren und die Therapie ge-

riet in eine gefährliche Krise: beide wollten abbrechen. Bei ihr kam es zu neuerlichen depressiven Phasen, die er zum Anlaß heftiger Angriffe gegen den Therapeuten nahm. Erst nachdem sie in der Symmetriearbeit und Gegenidentifikation jeder für sich ihre eigenen Handlungsmuster annehmen lernten, kam es zu einem relativ raschen und guten Ende der Therapie, da die verborgenen Manipulationen nachließen und jeder die Verantwortung für seine Handlungen übernahm.

Verbindungen zu anderen therapeutischen Schulen

Die wichtigste Verbindung besteht zur Gestalttherapie, eine weitere zum Psychodrama. Von entscheidendem Einfluß auf die Paarsynthese ist somit auch die Psychoanalyse und die tiefenpsychologische Orientierung, die auch wichtige Wurzeln von Gestalttherapie und Psychodrama sind.

Von der Humanistischen Psychologie wurden Grundkonzepte wie das der organismischen Selbstregulierung, der Personwerdung und der Emanzipation übernommen.

Prägend für das Verständnis des Paares als Brennpunkt zwischen den Lebenspolen sind besonders taoistische Gedanken, die die Ganzheitlichkeit und die Ebenbürtigkeit aller Liebes- und Lebensformen lehren.

Zusammenfassung

Die Paarsynthese, eine Form der Psychotherapie, der Weiterbildung und der Supervision, ist als Symmetrie- und Dialogarbeit eigens für die Therapie mit Paaren, aber auch für deren Angehörige und deren Umfeld entwickelt worden. Sie umfaßt eine eigene Paartheorie, eine bestimmte Technik und gesellschaftliche Veränderungsansätze. Ziel der Arbeit ist die freie und kreative Entfaltung des Paares und seiner Partnerstile über die verschiedenen Partnerphasen und deren Krisen hinweg in der Synthese von Liebe, Aggression, Sexualität und den anderen Lebenspolen.

Literatur

Thea Bauriedl: Beziehungsanalyse, Frankfurt, Suhrkamp-Verlag 1980

Michael Cöllen: Laß uns für die Liebe kämpfen. Gestalttherapie für Paare, München, Kösel-Verlag 1986

Michael Cöllen: Paar-Gestalt-Therapie, Lehrbuch integrativer Paartherapie: Paarsynthese, München, Kösel-Verlag 1989

Ausbildungsinstitute

Deutsche Gesellschaft für Gestalttherapie und Kreativitätsförderung (DGGK) c/o Michael Cöllen
St. Benedictstraße 48
2000 Hamburg 13
Telefon: 040/448742

Fritz-Perls-Akademie
Wefelsen 5 (Beversee)
5609 Hückeswagen
Telefon: 02192/2098

Österreichischer Arbeitskreis für Gruppendynamik und Gruppentherapie (ÖAGG) c/o Regina Breitfuß
Franz-Wallackstraße 17
A-5020 Salzburg

Angaben zum Autor

Michael Cöllen, geb. 1944. Diplom-Psychologe und Paartherapeut. Tätig als Lehrtherapeut am Fritz-Perls-Institut, Düsseldorf, als Mentor und Supervisor für Paar- und Sexualtherapie in der Ausbildung von Eheberatern. 15 Jahre lang Leiter der Caritas-Eheberatungsstelle Hamburg, jetzt in eigener Praxis tätig. Seit 1976 Mitautor der NDR-Fernsehreihe ›Ich und Du‹. Auf vielen Reisen Beobachtungen kultureller Unterschiede der Partnerbeziehungen.

11   Weitere Verfahren

11.1 Integrative Therapie

Geschichtliche Entwicklung und gegenwärtiger Stand

Die Integrative Therapie (IT) wurde von Hilarion Petzold und Johanna Sieper Mitte der 60er Jahre begründet. Sie waren als Psychoanalytiker in der aktiven Methode der ungarischen Psychoanalyse Ferenczis ausgebildet und kamen durch den Lehranalytiker Vladimir Iljine mit den kreativen Methoden des von ihm begründeten ›Therapeutischen Theaters‹ in Kontakt.

Diese Methode verwendet Techniken zur Schulung der Schauspielerpersönlichkeit, die von dem russischen Theaterinnovator Constantin Stanislawsky entwickelt worden war. Durch sehr breit angelegte gemeinsame Studien der Philosophie, Psychologie, orientalischen Theologie, Pädagogik, Kunst, und Medizin-, Heil- und Sonderpädagogik wurde ein breiter Horizont ausgespannt, um menschliches Leben zu verstehen und nach den Hintergründen seelischer und psychosomatischer Krankheit zu suchen.

Therapeutische Erfahrungen im Psychodrama (Moreno), in der Gestalttherapie (Perls) und in der Körper- und Bewegungsarbeit (Raknes und Ehrenfried) zeigten, daß Menschen nicht nur im sprachlichen Bereich erreicht werden müssen.

1972 wurde das Fritz-Perls-Institut gegründet; später zusammen mit Hildegund Heinl die Fritz-Perls-Akademie.

Heute ist dieses Institut ein Zentrum für die Aus- und Weiterbildung in kreativen Therapieverfahren. Die IT wird heute in fast allen europäischen Ländern gelehrt.

Das Verfahren verwendet in synthetischer Weise die geeignetsten Elemente aus Psychoanalyse, Psychodrama, Gestalttherapie, Körpermethoden und kreativ-therapeutischen Ansätzen.

Menschen- und Weltbild

Die IT versteht sich als ein Verfahren, das über verschiedene methodische Ausprägungen verfügt, die je nach Indikation eingesetzt werden können (z. B. Integrative Bewegungs- und Tanztherapie, Musiktherapie, Kunsttherapie), jeweils für sich oder als Kombination. Das Verfahren liefert für diese Methoden den theoretischen Hintergrund, das Menschen- und Weltbild. Der Mensch wird gesehen als ein ›Körper-Seele-Subjekt in einem sozialen und ökologischen Umfeld‹. Aus der Interaktion mit diesem Umfeld gewinnt er seine Identität. Nimmt man diese ganzheitliche Formel ernst, so muß für die körperliche Seite Somatotherapie (Atem- und Bewegungsarbeit, Tanztherapie), für die seelische Psychotherapie (erlebnisaktivierende Therapie, Gestaltmethoden, szenische Deutungsarbeit) und für die geistige Nootherapie (vouσ = Verstand, Vernunft) mit meditativen Übungen und Methoden eingesetzt werden. Die soziale Wirklichkeit muß mit Soziotherapie (Netzwerktherapie, Familienarbeit) angegangen werden und das Ökologische durch die Ökotherapie (Wohn- und Lebensraumgestaltung).

Als Grundlage des Menschen wird das Leib-Selbst gesehen, das sich im Laufe des Lebens durch Sozialisationsprozesse verändert.

Gegen Ende des ersten Lebensjahres werden die Anfänge des Ichs ausgebildet. Mit etwa zweieinhalb Jahren ist es soweit ausgereift, daß es das Selbst erkennt und sieht, wie andere Menschen das Selbst erkennen und dem Kind Eigenschaften zuschreiben. In diesen Prozessen konstituiert das Ich als seine bedeutsamste Leistung die Identität. Erkrankungen können durch Traumata (Überstimulierungen), Defizite (Unterstimulierungen), Störungen (inkonstante und widersprüchliche Stimulierungen) oder Konflikte (widerstreitende Stimulierungen) zu allen Zeitpunkten des Lebens – insbesondere in der frühen Entwicklung – eintreten.

Das breite Menschen- und Weltbild der IT ermöglicht, den Klienten ganzheitlich zu sehen und zu behandeln.

Anwendungsbereiche

Die IT vertritt eine ›Entwicklungspsychologie der Lebensspanne‹. Ihre verschiedenen Methoden können deshalb bei entsprechender Spezifizierung für alle Altersgruppen angewandt werden. So gibt es eine Integrative Kindertherapie, Behandlungsverfahren für Neurosepatienten, Suchterkrankungen und eine ausgearbeitete Methodik des Umgangs mit alten Menschen und Sterbenden.

Die Therapie wird besonders Menschen gerecht, die nicht nur ein ›Symptom wegkurieren‹ wollen, sondern die darüber hinaus bestrebt sind, sich als Person zu entwickeln und sich selbst ›im Lebensganzen verstehen zu lernen‹.

Ablauf der Therapie

Der Ablauf der Therapie hängt vom Krankheitsbild, der Dauer der Erkrankung und der allgemeinen psychosozialen Situation des Patienten ab. Man unterscheidet die Fokal- oder Kurztherapie (ca. 30 Sitzungen, in einem Zeitraum bis zu einem halben Jahr), die mittelfristige Therapie (ca. 60 Sitzungen, in einem Zeitraum bis zu einem Jahr) und die Langzeittherapie (über 100 Sitzungen, mehrjährig).

Die Therapie wird in Einzel- und Gruppenarbeit durchgeführt. Kostenübernahme nur bei Ärzten mit Psychotherapiezulassung.

Behandlungsmethoden

Die IT ist durch ihre vielfältigen kreativen Methoden gekennzeichnet.

Bei Menschen, die Verbalisierungsschwierigkeiten haben, bietet sich die Arbeit mit Medien an, wie sie musik- und kunsttherapeutische Arbeitsweisen bereitstellen. Durch das kreative Gestalten in Ton, Farben, mit Pantomime und Masken können Zugänge zum Unbewußten gewonnen werden.

Die IT sieht, unabhängig von der angewendeten Methode oder Technik, ›vier Wege der Heilung‹:
– Gewinn mehrperspektivischer Einsicht und damit Konstituierung von Sinn durch aufdeckendes, interpretatives Vorgehen
– Vermittlung korrektiver Erfahrungen und Bekräftigung von Grundvertrauen durch Methoden der Nachsozialisation
– Erlebnisaktivierung und multiple Stimulierung
– Solidaritätserfahrung (Ich stehe mit meinen Problemen nicht allein da), insbesondere in der Arbeit mit Gruppen. Eine Gruppe in der IT ist immer zugleich auch ein Stück Selbsthilfegruppe.

Fallbeispiel

Ein Fallbeispiel aus einer der Methoden der IT findet sich in dem Beitrag ›Integrative Bewegungstherapie‹ (Kap. 7.2). Typisch für die IT ist, daß nicht nur traumatisches Material behandelt wird. Wir meinen, daß der Mensch durch die Gesamtheit aller positiven, negativen und Defiziterfahrungen geformt wird. Die Vergegenwärtigung positiver Ereignisse ist genauso wichtig wie das Bearbeiten von Traumata. Deshalb finden sich neben ernsthafter Bearbeitung von Belastendem immer wieder spielerische Sitzungen. Es wird nicht nur sprachlich gearbeitet, sondern es geschieht auch sehr viel Nonverbales, Körperbezogenes, das nicht nur auf die Vergangenheit, sondern auch auf die Lebensziele ausgerichtet ist.

Weiterhin beschäftigt sich die IT mit dem Tod und mit schwerer Krankheit; Bereiche, die in unserer Kultur verdrängt werden.

Besondere Merkmale der IT sind die Bearbeitung von Widerständen und Abwehrphänomenen, die Auflösung von Übertragungen (alte Muster) und die Handhabung zwischenmenschlicher Interaktion.

Erfolg wird nicht nur an der Beseitigung des Symptoms gemessen, sondern an einer Bereicherung der persönlichen Möglichkeiten und einer besseren Bewältigung des Lebens.

Verbindungen zu anderen therapeutischen Schulen

Die IT weist Gemeinsamkeiten mit der Gestalttherapie auf. Sie ist aber genauso in der Psychoanalyse, im Psychodrama und in den Körpertherapien verwurzelt sowie in der intermedialen kunsttherapeutischen Arbeit.

Zusammenfassung

Die IT ist ein ganzheitlicher Ansatz der Behandlung psychosomatischer und psychischer Erkrankungen durch erlebnisaktivierendes, aufdeckendes und durcharbeitendes Vorgehen, das den Menschen in seiner körperlichen, seelischen, geistigen, sozialen und ökologischen Realität zu erreichen sucht. Durch die Bearbeitung traumatischer Vergangenheit, konflikthafter Gegenwart und dysfunktionaler Zukunftsentwürfe, insbesondere aber sehr früher vorsprachlicher Schädigungen, sowie die Auseinandersetzung mit der Verdrängung unserer eigenen Endlichkeit wird die Entwicklung eines integrierten Selbst, eines starken, kreativen Ichs und einer prägnanten Identität gefördert.

Literatur
H. Petzold: Die Rolle des Therapeuten und die therapeutische Beziehung, Paderborn, Junfermann-Verlag 1980
H. Petzold; G. Ramin: Schulen der Kindertherapie, Paderborn, Junfermann-Verlag 1987
I. Spiegel-Rösing; H. Petzold: Die Begleitung Sterbender, Paderborn, Junfermann-Verlag 1985

Ausbildungsinstitute
Fritz-Perls-Institut für Integrative Therapie, Gestalttherapie und Kreativitätsförderung (FPI)
Brehmstraße 9
4000 Düsseldorf
Telefon: 0211 / 62 22 55

Fritz-Perls-Akademie für psychosoziale Arbeit und Kreativitätsförderung
Wefelsen 5
5609 Hückeswagen

Angaben zum Autor
Prof. Dr. Dr. Dr. Hilarion Petzold, Studium der Philosophie, Psychologie, orientalischen Theologie, Heil- und Sonderpädagogik und Medizin. Lehrt als Professor für ›klinische Bewegungstherapie und Psychomotorik‹ an der Freien Universität Amsterdam, als Gastprofessor an der Universität Bern (klinische Psychologie) und an der Universität Frankfurt (Heil- und Sonderpädagogik); Lehrtherapeut für Psychodrama, Gestalttherapie und Integrative Therapie; wissenschaftlicher Leiter des Fritz-Perls-Instituts.
Dr. phil. Lic. theol. Johanna Sieper, Studium der Kunst, Philosophie, Psychologie, orientalischen Theologie und Erwachsenenbildung. Mitbegründerin des Fritz-Perls-Instituts; Lehrtherapeutin für Gestalttherapie und Integrative Therapie, sowie Therapie mit kreativen Medien; langjährige Leiterin von Einrichtungen der Erwachsenenbildung; Psychotherapeutin in freier Praxis.

Beide Autoren haben zahlreiche Artikel und Bücher veröffentlicht. H. Petzold ist Herausgeber der Zeitschrift ›Integrative Therapie‹ und verschiedener Buchreihen.

11.2 Kunst- und Gestaltungstherapie

Geschichtliche Entwicklung und gegenwärtiger Stand

Kunsttherapie im weitesten Sinn umfaßt alle Therapieformen, die künstlerische Medien zentral einsetzen (Tanz, Musik, Poesie, Drama); im engeren Sinn werden ihr die Therapieformen zugerechnet, die mit bildnerischen Medien arbeiten (Farbe, Ton, Stein etc.). Die USA gilt als ihre Wiege (bedeutende Vertreter: M. Naumburg, E. Kramer); es gibt jedoch auch in Deutschland eine Tradition, die das bildnerische Gestalten in die Therapie miteinbezieht. Hier sind in erster Linie die Tiefenpsychologie C. G. Jungs und die anthroposophisch ausgerichtete Kunsttherapie zu nennen, die sich an der Lehre Rudolf Steiners orientiert. Im deutschsprachigen Raum ist die Kunsttherapie jedoch erst im Aufbau. Wichtige Vertreter sind u. a. G. Benedetti, E. Franzke, K.-H. Menzen, H. Petzold, E. Tomalin, E. Wellendorf.

Seit dem 19. Jahrhundert fanden zunehmend Malateliers Eingang in die Psychiatrie. Dieser Konzeption liegt die ›heilende Wirkung der Kunst‹ als solcher zugrunde. Eine integrierte Form der Kunsttherapie war zu allen Zeiten üblich. So wurde der Musik im alten Griechenland heilende Wirkung zugesprochen, ebenso dem Drama durch seine kathartische Funktion. Die Heilrituale fast aller Eingeborenenstämme enthalten Musik, Tanz, dramatischen Ausdruck und manchmal bildnerische Darstellungen (z. B. die Sandbilder der Navajo-Indianer).

Heute entdecken viele Therapieformen die heilende Wirkung der Kunst wieder, was zur Folge hat, daß es eine einheitliche Theorie oder Schule nicht gibt. Zunehmend wird jedoch neben der Möglichkeit, bildnerisches Gestalten in fast jeder Therapieform einzusetzen, versucht, eine eigenständige kunsttherapeutische Methode und Theorie zu entwickeln, die auf der Überzeugung beruht, daß der künstlerische Ausdruck an sich heilende Wirkung haben kann.

Menschen- und Weltbild

Der Kunsttherapie liegt die Annahme zugrunde, daß krank-macht, was nicht ausgedrückt werden kann. In der Gestaltung kann sich Unbewußtes auf dem Weg der Symbolbildung zeigen. Sonst Unzugängliches wird sichtbar und im Gestaltungsprozeß bearbeitet und verwandelt. So ist das Bild, die Figur etc. nicht nur Ausdruck, sondern auch Eindruck und wirkt auf den Gestaltenden zurück. Was Gestalt gewonnen hat, kann als Eigenes erlebt und erkannt werden. Das ermöglicht, unbekannte und abgespaltene Teile wieder in die eigene Persönlichkeit zu integrieren. In diesem Prozeß bleibt die Eigeninitiative beim Patienten oder Klienten, während der Therapeut zum ›Mitgestalter‹ wird.

Weitere Ziele der Therapie sind, durch die künstlerische Tätigkeit das Ich zu stärken, Angst zu reduzieren, die Entwicklung des Selbstgefühls zu fördern, Sinn und Bedeutung wieder zu entdecken und die Selbstheilungskräfte des einzelnen zu entwikkeln. Durch den kreativen Ausdruck stellt der Mensch nicht nur eine Verbindung zu seinem persönlichen Unbewußten her, sondern findet auch Zugang zum unpersönlichen oder überpersönlichen Wissen, das C. G. Jung das ›kollektive Unbewußte‹ nennt. Er hat Teil an der ›Welt der Bilder‹ und überwindet so seine Isolierung. Die Fähigkeit, sich in einem künstlerischen Medium auszudrücken, wirkt positiv auf Lebensqualität und Entwicklungsmöglichkeit weit über die eigentliche Therapie hinaus.

Anwendungsbereiche

Kunsttherapie ist (auch als Selbsterfahrung) für jeden Menschen geeignet, der seine schöpferischen Quellen entdecken und seine Konflikte auf diese Weise lösen möchte. Besonders geeignet ist sie für sogenannte narzißtische Persönlichkeitsstörungen durch die Aktivierung des Selbstwertgefühls, ebenso für alle Störungen, die sich sprachlich verschließen. Vorwiegend eingesetzt wird sie im Bereich der Rehabilitation, in der Behindertenarbeit, im klinisch-psychosomatischen Bereich, in der Psychiatrie und zunehmend auch in privaten Praxen.

Ablauf der Therapie

Der Ablauf einer kunsttherapeutischen Behandlung ist so verschieden wie die therapeutischen Ansätze, die dahinter stehen.

So kann der Behandlungsplan psychoanalytisch, verhaltensthe-rapeutisch, anthroposophisch, an den Methoden der humanisti-schen Psychologie oder der Kunstpädagogik orientiert sein. Auch Beschäftigungstherapeuten mit Zusatzausbildung bieten Kunsttherapie an, ebenso Künstler, die sich eine Zusatzqualifi-kation erworben haben. Ob die Krankenkasse die Kosten über-nimmt, ist im Einzelfall zu klären.

Behandlungsmethoden

Kunsttherapie wird als Einzelbehandlung sowie in Gruppen durchgeführt. In Gruppen bietet die Möglichkeit einer gemein-samen bildnerischen Arbeit vielfältige soziale und kommunika-tive Erfahrungsebenen.

Die Gestaltung enthüllt in der Regel unbewußte Teile der Per-sönlichkeit, die oft die andere Seite des bewußteren Teils sind. Mit Hilfe des Therapeuten können diese unbewußten Anteile in den Alltag integriert werden. Oft bringt es überraschende Wen-dungen, der Weisheit des Unbewußten nachzuspüren, die sich in Bildern äußert. Auf diese Weise kann sich der Mensch wieder mit seinen ursprünglichen Kraftquellen verbinden.

Fallbeispiel

Eine junge Mutter kam in die Therapie, niedergeschlagen und mutlos, da sie ein zweites Kind erwartete und sich durch das erste Kind, seine Lebhaftigkeit und trotzige Willensstärke, bereits völ-lig kraftlos und aufgerieben fühlte. Sie war entschlossen, das zwei-te Kind abtreiben zu lassen und suchte nach Bestätigung für diesen Entschluß. In der Therapiestunde malte sie sich, wie sie meinte, mit verzweifelt erhobenen Armen. Nach einer Weile gemeinsamer Betrachtung jedoch ›kippte‹ die Wahrnehmung und sie sah einen Engel mit kräftigen Flügeln, was durch die Art und Weise möglich wurde, in der sie die Ärmel an den hocherhobenen Armen gemalt hatte. Dieser ›Engel‹ wiederum flößte ihr großen Mut ein, und sie kam mit der Seite von sich wieder in Berührung, die vital und voll Vertrauen ins Leben war. Weiter erschien ihr das Bild wie ein Vor-bote des Kindes. Sie gebar das Kind, und zu ihrer großen Freude wurde es ein ruhiges und ausgeglichenes Kind, heute der ruhende Pol in der Familie, der das Ungleichgewicht, das durch die über-starke Lebhaftigkeit des ersten Kindes entstanden war, aufhob.

Verbindungen zu anderen therapeutischen Schulen

In der Kunsttherapie besteht keine eigenständige Theorie oder Schulrichtung. Verschiedene therapeutische und pädagogische Richtungen haben Teilaspekte einer Kunsttherapie entwickelt. In erster Linie ist in Europa die Analytische Psychologie C.G. Jungs zu nennen, die bildnerische Gestaltungen der Patienten sowohl als Ausdruck des kollektiven wie persönlichen Unbewußten sieht und in die Therapie miteinbezieht. Auch in der Psychoanalyse gibt es Richtungen, die kunsttherapeutische Ansätze ausgearbeitet haben und therapeutisch nutzen (M. Naumburg, USA; E. Franzke, Europa). Wesentliche Elemente des Einsatzes kreativer Medien wurden innerhalb der Humanistischen Psychologie, vor allem der Gestalttherapie (J. Rhyne) entwickelt. Auch andere Therapieformen wie die Familientherapie, die Tanztherapie, die Spieltherapie etc. beziehen Malen, Zeichnen und Tonen in den therapeutischen Prozeß mit ein. Innerhalb der Initiatischen Therapie hat M. Hippius eine spezielle Form, das ›Geführte Zeichen‹, entwickelt. Weitere kunsttherapeutische Entwicklungen sind im Bereich der Heil- und Sonderpädagogik zu finden. Allen Ansätzen ist gemeinsam, daß sie das bildnerische Gestalten in den Rahmen ihrer Theorie- und Praxiskonzepte stellen.

Zusammenfassung

Kunsttherapie weckt die heilenden Kräfte des Gestaltens, die in jedem ruhen, öffnet einen Zugang zum Unbewußten und stärkt im gestalterischen Prozeß das Ich in seiner Basis durch Selbstwertgefühl und Vertrauen in die eigene Aktivität. Kunsttherapie lehrt über den unmittelbaren therapeutischen Prozeß hinaus eine schöpferische Lebenshaltung, die zur Sinnfindung, Konzentration und Autonomie des einzelnen beiträgt.

Literatur

E. Franzke: Der Mensch und sein Gestaltungserleben, Bern, Huber-Verlag 1983

H. Hartwig; K.-H. Menzen (Hrsg.): Kunst-Therapie, Berlin, Verlag Ästhetik und Kommunikation 1984

G. Schottenloher: Kunst- und Gestaltungstherapie in der pädagogischen Praxis, München, Don Bosco Verlag 1982

Ausbildungsinstitute
Deutsche Gesellschaft für Kunsttherapie
und Therapie mit kreativen Medien
Berufsverband der Kunst- und Kreativitätstherapeuten e. V.
(DGKT)
Sekretariat: Fritz Perls Akademie
Wefelsen 5
5609 Hückeswagen
Telefon: 02192/2098

Internationale Gesellschaft für Kunst,
Gestaltung und Therapie
Geschäftsstelle:
Im Neuenheimer Feld 368
6900 Heidelberg 1
Telefon: 06221/563866 oder 563859

Angaben zum Autor
Gertraud Schottenloher ist Dipl.-Psychologin, Klinische Psychologin (BDP) und Kunstpsychotherapeutin (DGKT) und hat langjährige Erfahrung mit psychotherapeutischer Arbeit in privater Praxis und therapeutischen Institutionen. Sie gründete das Institut für Kunst und Therapie, München, und leitet das dortige Weiterbildungsprogramm. Sie baute an der Akademie der Bildenden Künste München einen Modellstudiengang ›Bildnerisches Gestalten und Therapie‹ für Künstler und Kunstpädagogen auf, den sie heute leitet.
Nederlingerstraße 85
8000 München 19

11.3 Musiktherapie

Geschichtliche Entwicklung und gegenwärtiger Stand
Die Integrative Klinische Musiktherapie hat sich Ende der 70er Jahre als kreative Psychotherapiemethode auf der Basis der Integrativen Therapie entwickelt. Diese wiederum hat ihre Wurzeln in der Gestalttherapie, dem Psychodrama und der Psycho-

277

analyse. Die Integrative Musiktherapie ist als Musikpsychotherapie und nicht als heil- oder sonderpädagogische Methode zu verstehen. Die Begründer und wichtigsten Vertreter sind Dr. Isabelle Frohne, Dr. Jorgos Canacakis-Canas, Prof. Dr. Wolfgang Schröder und Dr. Irmtraud Tarr.

Die Integrative Klinische Musiktherapie wird seit 1984 in Kooperation mit dem Berufsverband Klinischer Musiktherapeuten in der Fritz-Perls-Akademie gelehrt.

Menschen- und Weltbild

Das Menschen- bzw. Weltbild der Integrativen Musiktherapie ist an dem der Integrativen Gestalttherapie orientiert. Danach wird der Mensch nicht als ein isoliertes Individuum begriffen, sondern als ein ›soziales Atom‹, d.h. als ein Subjekt, welches immer aufs engste mit seinem Umfeld verbunden ist und auch erst aus dieser Verbundenheit seine Identität und Persönlichkeit entwickelt. Der Mensch wird erst Mensch durch Kommunikation und Interaktion mit anderen, mit der Gruppe, in der er lebt und durch Auseinandersetzung mit seinem sozialen Umfeld und dessen Normen und Werten.

Entsprechend werden psychische Krankheiten als Folgeerscheinungen mißlungener Beziehungen verstanden. Diese müssen ihre Ursachen nicht ausschließlich in der Kindheit haben. Auch im späteren Leben können Lebenskrisen zu neurotischen Verhaltensweisen führen. Der Sinn der Therapie liegt darin, dem Klienten durch die hier und jetzt gelebte Beziehung zum Therapeuten neue Modelle gelungener Beziehungen erfahrbar zu machen. Der Therapeut ist dabei Partner des Klienten, der sich wie dieser auf die neue Beziehung einlassen muß. Er muß allerdings darauf achten, die Beziehungsfähigkeit des Klienten richtig einzuschätzen und ihn nicht mit seiner Offenheit zu überfordern. Außerdem muß der Musiktherapeut das, was sich in der therapeutischen Beziehung entwickelt, auf zwei Ebenen wahrnehmen können: Er muß hinter den Phänomenen auch die Strukturen erkennen. Die Strukturen alter Erlebens- und Beziehungsmuster sollen in der musiktherapeutischen Beziehung wieder aktiviert, in Szene gesetzt bzw. ins Spiel gebracht werden, damit ihre Bedeutung für das gegenwärtige Leben überprüft werden kann.

Integrative Musiktherapie ist eine Methode, die diesem Prozeß besonders förderlich sein kann. Zum einen hilft das (freie) Improvisieren, Gefühle und Verhaltensweisen im Hier und Jetzt überhaupt wahrzunehmen und mit Achtsamkeit auszudrücken, zum anderen hilft das gemeinsame Musikmachen, das Beziehungsgeschehen zwischen den Therapiepartnern bzw. den Teilnehmern einer Gruppe zu verdeutlichen und zu entwickeln. Musik kann Unbewußtes aufdecken und gleichzeitig ganz neue Erfahrungen vermitteln, so daß sie sowohl als Diagnostikum als auch als Experimentierfeld für die Gestaltungsversuche der Psyche dient.

Anwendungsbereiche

Integrative Musiktherapie ist besonders für frühgeschädigte und -gestörte Menschen geeignet (Psychosen, psychosomatische Erkrankungen, Borderline-Syndrom, narzißtische Neurosen), die für ihre Gefühle oft noch keine Sprache haben und daher über die Musik ein erstes Ausdrucksmittel finden können, über welches sie in Beziehung zur Umwelt treten können.

Auch für neurotische Menschen ist diese Methode geeignet, weil sie den nonverbalen, kreativen Teil mit verbalen, gestalttherapeutischen Strategien der Durcharbeitung verdrängter Konflikte verbindet.

Ablauf der Therapie

Integrative Klinische Musiktherapie kann als Kurzzeit- oder als Langzeittherapie durchgeführt werden. Es gibt niedergelassene Integrative Musiktherapeuten (mit Erlaubnis zur Ausübung von Heilkunde) und Integrative Musiktherapeuten, die in sozialen Institutionen (Kliniken, Rehabilitationszentren und anderen Einrichtungen) arbeiten.

Die Kostenübernahme durch Krankenkassen ist nicht generell geregelt.

Behandlungsmethoden

Die Integrative Klinische Musiktherapie verfügt über eine Vielzahl von Behandlungsmethoden und -techniken. Je nach Phase des therapeutischen Prozesses haben die musiktherapeutischen Angebote verschiedene Bedeutung und unterschiedlichen Stellenwert. Sie können dazu dienen, Unbewußtes durch das spielerische Tun bewußt zu machen, Erleben zu aktivieren, Gefühle und Stimmungen auszudrücken und zu benennen, Verhaltensweisen zu verdeutlichen usw. Die Spiele entwickeln sich organisch aus dem gruppendynamischen Prozeß heraus und haben immer einen klaren Bezug zum Thema der Gruppe, zur Gruppendynamik, zur Psychodynamik des einzelnen und zur therapeutischen Beziehung. So kann z. B. das Konfliktfeld ›Trennungen‹ durch Improvisationen zum Thema oder durch Sammeln und Hören von Musikkonserven mit Abschiedsthemen prägnanter gemacht werden.

Musik wird nicht als Einzelkunst angewandt, sondern in ihren vielfältigen Möglichkeiten: Musik und Bewegung, Musik und Malen, Musik und Poesie, Musik und Rollenspiel. Jedes künstlerische Medium hat seinen eigenen spezifischen Stellenwert und trägt zur Gesamterfahrung bei. Die Medien werden dabei nicht undifferenziert, sondern entsprechend der therapeutischen Indikation eingesetzt. Wenn das musikalische Geschehen z. B. zu flüchtig ist, um für die weitere Bearbeitung prägnant genug zu sein, kann das Malen oder Tanzen des musikalischen Erlebnisses hilfreich sein. Andererseits kann eine festgefahrene Verhaltensweise, die in der Bewegung als Stereotype erlebt wird, durch eine musikalische Improvisation ins Fließen kommen.

Die Integrative Klinische Musiktherapie benutzt viele Techniken aus der Integrativen Therapie und der Gestalttherapie, z. B. die Technik der Identifikation (sich mit einem Instrument, Klang oder Rhythmus identifizieren), die Technik des Dialoges mit abgespaltenen Anteilen des Selbst, den Rollentausch etc. Die Verknüpfung dieser verbalen Techniken mit dem improvisatorischen Spiel auf Instrumenten hat den Vorteil, daß das gesprochene Wort und die gespielte Musik einander ergänzen: Die Musik macht deutlich, was sozusagen zwischen den Zeilen gefühlt wird, während die Sprache das vorbewußt Gefühlte benennbar macht.

Daneben kommen auch spezifisch musiktherapeutische Techniken zur Anwendung, bei welchen die Musik als Vordergrund steht und bei der das Erleben erst anschließend mit Hilfe der Sprache durchgearbeitet wird. Hierzu gehören z. B. die Erforschung der eigenen Innenwelt durch musikalische Phantasiereisen (z. B. die eigene unbewußte Lebensperspektive als Klangvorstellung imaginieren) und durch Musik stimulierte Traumreisen, bei denen vorgegebene Musik die symbolische Darstellung der eigenen psychischen ›Landschaft‹ stimuliert. Andere Methoden betreffen mehr den zwischenmenschlichen Bereich. Hier können musikalische Improvisationen die Merkmale der Beziehungen, des Verhaltens zueinander und der Kommunikation verdeutlichen.

Weitere Behandlungsmöglichkeiten bestehen in der funktionalen musikalischen Arbeit. Ein Beispiel ist die Arbeit mit der eigenen Stimme, die das ›Per-sonare‹ (die Fähigkeit des Durchtönens) betrifft, d. h. den eigenen Ton finden und ertönen lassen und in diesem Sinn eine ›Persönlichkeit‹ werden.

Fallbeispiel

Beim folgenden Beispiel handelt es sich um die erste Sitzung mit einer Klientin nach einem Vorgespräch. Musiktherapie wird hier als Methode der Integrativen Therapie eingesetzt. Annegret, 35 Jahre, Gelegenheitsarbeiterin, hat eine Vergangenheit als Drogenabhängige und Prostituierte. Sie möchte eine Therapie machen, weil sie ›im Streß immer noch zu viele Tabletten nimmt und trinkt‹. Zur ersten Sitzung wird sie von einer Freundin gebracht, da sie Angst hat. Sie ist zierlich gebaut und hübsch, sieht aber aus wie 55.

Wir setzen uns hin. Sie achtet auf einen größeren Sicherheitsabstand zwischen uns und sitzt auch nur auf halbem Gesäß wie ›auf dem Sprung‹. Ich frage sie freundlich, wie sie sich denn hier in diesem Raum voller Instrumente fühle. Ziemlich verunsichert sagt sie, die Instrumente sähen ja interessant aus. Ich schlage ihr vor, sie doch einmal auszuprobieren und − falls sie Lust habe − vielleicht etwas mit mir zusammen zu spielen. Sie nickt und steuert auf das Metallofon zu, setzt sich und nimmt die Schlegel in die Hand. Als nichts weiter passiert, deute ich fragend auf das Xylofon und mich und sie sagt höflich: »Wie Sie möchten.« Ich wähle das Xylofon, weil es ebenfalls ein Stabspiel ist und ich ihr in der gleichen Art begegnen möchte. Während ich mich setze, hat sie schon zu spielen begonnen, zuerst zögernd und leise, dann mutiger. Sie huscht über die Stäbe mit kurzen unterbrochenen Motiven, gerät allmählich in eine galoppierende Rastlosigkeit, wirkt unruhig und gehetzt. Nach einer Weile versuche ich, mich vorsichtig einzufädeln. Ich folge ihrem Puls, ihren Motiven und erlebe immer mehr ihre Rastlosigkeit und ihr Drängen nach irgendwo. In mir wächst ein Unbehagen und ich versuche, ihre Grundtöne in einem punktierten Rhythmus anzuspielen. Annegret scheint mich überhaupt nicht wahrzunehmen. Sie sitzt über ihr Instrument gebeugt und scheint nach innen zu lauschen. Auf einmal, während ich gerade meinen Rhythmus spiele, bricht sie ihr Spiel plötzlich ab. Ich frage sie, was eben passiert ist, und sie antwortet, daß sie plötzlich so einen Druck gespürt habe, alle meine (noch ungestellten) Fragen richtig beantworten zu müssen. Auf meine Bitte, mir zu sagen, welche Frage ihr denn Angst machen würde, sagt sie, sie habe mich eben in der Musik fragen gehört, warum sie ihr Leben nicht ordentlich führen könne.

Ich bitte sie, mir vorzuspielen, wie denn solch ein ordentliches Leben auf dem Instrument klingen würde und was ich ihrer Meinung nach von ihr erwarte. Daraufhin spielt sie ein ziemlich monotones Motiv. Zusammen mit ihrem gequälten Gesichtsausdruck, ihrer gedrückten Haltung und ihren leblosen Gesten drückt dies eine äußerst eingeengte, reglementierte und niederschmetternde Ordnung aus. Ich versichere ihr anschließend, daß ich solche Ordnung gräßlich fände und bestimmt nicht vertreten würde. Sie antwortet, sie fühle aber, daß die Umwelt von ihr diese Ordnung verlangen würde.

Auf meine Frage, was sie dagegen setzen würde, spielt sie wie vorher, flüchtig, unfaßbar und gehetzt nach dem Motto »Ihr kriegt mich nicht«. Dann soll sie mir sagen, wie sich das anfühlt, wenn sie so spielt. Sie ist ganz betroffen und klagt, sie sei so uferlos, habe keinen Boden unter den Füßen, habe sich nicht in der Kontrolle und wisse nicht, was sie eigentlich wolle. Alkohol und Tabletten seien keine Lösung. Sie weiß, daß sie Ordnung in ihr Leben bringen müsse, aber es klappt eben nie.

Ich bitte sie, die ›Ordnung‹ und die ›Uferlosigkeit‹ einmal abwechselnd auf dem Instrument zu spielen und dabei zu jeder Seite einen markanten Satz zu sagen. Sie spielt die ›Ordnung‹ und sagt dabei: »Ich halte fest, ich packe alles in Schubladen und ich verbiete jede Freude.« Dann wechselt sie zur ›Uferlosigkeit‹ und sagt: »Ich habe Angst und verstecke mich. Ich habe solche Angst, daß ich am liebsten gar nicht mehr da sein möchte.«

Ich spüre ihre Not und unterstütze sie. »Sie müssen ja

schreckliche Erfahrungen mit Ordnung gemacht haben, daß Sie solche Angst haben müssen.« Sie erzählt von früher, ihrer Karriere als Heimkind, der Erfahrung, immer nett sein zu müssen, nie ›nein‹ sagen zu dürfen, von ihrer Angst vor Männern und festen Beziehungen, ihrer Angst, geschlagen zu werden. Ich frage sie, ob sie Beispiele für glückliche Beziehungen kenne. Sie antwortet: »Ja, doch, aber...« Ich denke, das ist nicht genug, um ihre Defizite zu füllen, sage es ihr und sie nickt. Das nächste Ziel in der Therapie muß daher sein, unsere Beziehung aufzubauen und tragfähig zu machen.

Am Ende der Sitzung möchte ich von ihr wissen, wie es für sie gewesen sei. Sie antwortet, sie habe sich eher so eine Art Interview vorgestellt, wo ich frage und sie richtig antworten muß. Ansonsten sei alles sehr neu für sie, auch die Instrumente. Sie habe gar nicht gewußt, daß sie darauf spielen könne, sie habe das ja nie gelernt und auch noch nie ein Instrument vorher gespielt.

Die nächsten Sitzungen will sie gleich im voraus bezahlen.

Verbindungen zu anderen therapeutischen Schulen

Integrative Klinische Musiktherapie ist eine Methode der Integrativen Therapie und steht damit vor allem der Gestalttherapie, dem Psychodrama und anderen integrativen psychodynamisch orientierten Kunsttherapien nahe.

Zusammenfassung

Integrative Klinische Musiktherapie ist eine psychodynamisch orientierte Methode der Integrativen Therapie, die psychotherapeutische und musiktherapeutische, verbale und nonverbale Strategien der Aufarbeitung kombiniert, um Entfremdungsprozessen entgegenzuwirken und Begegnungs- und Beziehungsfähigkeit entwickeln zu helfen.

Literatur

Jorgos Canacakis: Ich sehe deine Tränen. Trauern, Klagen, Leben können, Stuttgart, Kreuz-Verlag 1987

Isabelle Frohne (Hrsg.): Musik und Gestalt, Musiktherapie als ganzheitliche Psychotherapie, Paderborn, Junfermann-Verlag 1989

Irmtraud Tarr: Widerstand in der Beratungsarbeit am Beispiel der Bulimie. Ein musiktherapeutischer Ansatz, Heidelberg, Agelander-Verlag 1989

Ausbildungsinstitute
Fritz Perls Akademie
Wefelsen 5
5609 Hückeswagen/Beversee
Telefon: 02192/82120

Berufsverband Klinischer Musiktherapeuten in der BRD e. V.
Lokstedter Damm 50
2000 Hamburg 61
Telefon: 040/5534117

Angaben zum Autor
Dr. phil. Isabelle Frohne, geb. 1947, Musik- und Gestaltpsychotherapeutin BKM/DGGK, tätig in freier Praxis. Lehrtherapeutin für Klinische Musiktherapie, Vorsitzende des Berufsverbandes Klinischer Musiktherapeuten in der BRD e. V., Dozentin an der Hochschule für Musik und Darstellende Kunst in Hamburg.
Lokstedter Damm 50
2000 Hamburg 61
Telefon: 040/5534117

11.4 Poesie- und Bibliotherapie

Geschichtliche Entwicklung und gegenwärtiger Stand
In den meisten Kulturen, in denen Texte überliefert werden, wurden auch Vorstellungen über deren heilende Wirkung entwickelt. Der Wandel in der Einschätzung, worauf diese der ›Literatur‹ zugeschriebene Wirksamkeit beruht und welche Auswirkungen davon erwartet werden können, spiegelt die sich verändernden Vorstellungen über das Wesen seelischer, geistiger und körperlicher Krankheit und Gesundheit wider. Obwohl der positive Einfluß von Schriften auch in unserem Kulturkreis schon früh erkannt und genutzt wurde, hat die systematische

Entwicklung des Einsatzes von Lektüre in der medizinischen Betreuung erst zu Beginn dieses Jahrhunderts in den USA begonnen, seit 1916 auch unter dem Namen ›Bibliotherapie‹.

Die Verarbeitung von Erfahrungen aus dem Ersten Weltkrieg gab dieser Entwicklung neue Impulse, und in den 30er Jahren erfolgte die erste theoretische Fundierung an der Menninger-Klinik in New York. Anfang der 50er Jahre entwickelten Leedy und Greifer einen neuen Ansatz unter der Bezeichnung ›Poesietherapie‹, in dem sie das Lesen mit dem Schreiben von Gedichten verbanden. Beide Ansätze wurden seither in den USA zu eigenständigen und differenzierten Methoden im Rahmen der Kunsttherapie ausgebaut. Dabei wurde der Anwendungsbereich von der Psychotherapie im engeren Sinne auf vorbeugende und unterstützende Arbeit im Rahmen von Sozial- und Gemeinwesenarbeit erweitert. Ausgehend von diesen Entwicklungen werden seit den 70er Jahren zunehmend auch im deutschen Sprachraum entsprechende Erfahrungsberichte und wissenschaftliche Untersuchungen über den methodischen Einsatz und die Wirkung von Poesie- und Bibliotherapie vorgelegt.

1984 wurde die Deutsche Gesellschaft für Poesie- und Bibliotherapie gegründet. Sie hat sich zum Ziel gesetzt, in Zusammenarbeit mit Psychotherapeuten, Bibliothekaren, Ärzten, Seelsorgern, Sprach- und Literaturwissenschaftlern die Erfahrungen aus den verschiedenen Arbeitsbereichen zusammenzutragen und so die Grundlagen der Arbeit mit Sprache und die Techniken für die Arbeit mit einzelnen und Gruppen im therapeutischen Raum zu entwickeln und zu lehren.

Dies geschieht in Kooperation mit dem Fritz-Perls-Institut für Integrative Therapie, Düsseldorf.

Menschen- und Weltbild

In der Fachliteratur werden die Begriffe Biblio- und Poesietherapie unterschiedlich gebraucht. Bei Bibliotherapie wird mit vorgegebenen Texten, gleich welcher Art, gearbeitet, bei der Poesietherapie (oder auch Schreibtherapie) werden selbstgeschaffene Texte bearbeitet. In der Praxis erweist sich die ›Integrative Poesietherapie‹ als Verbindung des ›rezeptiven‹ Ansatzes der Bibliotherapie mit dem ›produktiven‹ Ansatz der so verstandenen Poesietherapie als besonders fruchtbar. Alle drei Formen sind kreativtherapeutische Methoden, die grundsätzlich im Rahmen unterschiedlicher Therapieverfahren angewandt werden können. Der methodischen Verwendung von Texten mit therapeutischen Zielsetzungen im weiteren Sinn liegen vielschichtige Konzepte zugrunde. Sie enthalten anthropologische Grundannahmen hinsichtlich der Funktion und Bedeutung von Sprache und Dichtung für den Menschen allgemein wie auch in bezug auf seine seelische, geistige und körperliche Gesundheit.

Dazu einige einfache Sätze:

Wir wissen, daß wir immer mehr erleben, als uns deutlich werden kann.

Wir gehen davon aus, daß auch Erlebnisse, die wir nicht ausdrücklich wahrnehmen, ihre Spuren in uns hinterlassen.

Wir glauben, daß das, was für uns bedeutsam werden will, nach Ausdruck verlangt.

Undeutlich wahrgenommene Erlebnisinhalte können durch sprachliche Gestaltung zur Prägnanz gebracht und verfügbar gemacht werden.

Anwendungsbereiche

Der Anwendungsbereich für Poesie- und Bibliotherapie ist weit gespannt. Er reicht von psychiatrischen Krankheiten und neurotischen Störungen über Krisen in besonders belastenden Lebenssituationen bis zur Vorbeugung im Rahmen von Sozialarbeit, Erwachsenenbildung, Selbsterfahrung und Entwicklung der Persönlichkeit. Der Anwendungsbereich ist dabei grundsätzlich der gleiche wie der des Basisverfahrens, bei dem die Poesie- und Bibliotherapie angewandt wird. Ihr Einsatz erfordert neben soliden Kenntnissen und Fähigkeiten des Therapeuten auch Vertrautheit mit der Wirkung verschiedener literarischer Formen und die Fähigkeit zu leichthändigem Umgang mit diesen Medien.

Ablauf der Therapie

Dauer, Ablauf, äußere Bedingungen, sowie Kosten hängen von dem Verfahren ab, in dessen Rahmen die Poesie- und Bibliotherapie angewendet wird.

Behandlungsmethoden

Im Zusammenhang mit dem Lesen eines Textes bieten sich Möglichkeiten, das Hier-und-Jetzt-Erlebte zu vertiefen: Identifikation mit einem Element, einer Person oder einem Gegenstand aus dem Text, Dialogisierung oder Dramatisierung verschiedener Aspekte aus dem Text, Um-Schreiben des Textes oder einzelner Szenen, Gestalten eines eigenen Textes.

Fallbeispiel

Die folgende stark vereinfachte Darstellung einer Gruppentherapiesitzung soll eine Vorstellung von der poesie- und bibliotherapeutischen Arbeitsweise vermitteln:

Als Einstieg kann eine Geschichte, ein Märchen erzählt oder vorgelesen, ein Gedicht vorgetragen werden. Daran anschließend teilen die Gruppenmitglieder einander mit, welche verschiedenen Regungen der Text in ihnen wachgerufen hat, ob und wie sie darin Eigenes finden und wiederfinden. In einem zweiten Schritt können Anknüpfungspunkte in der eigenen inneren oder äußeren Biographie gefunden werden, weiterhin kann das durch den Text Ausgelöste in Beziehung zur augenblicklichen Lebenssituation gebracht werden.

Voraussetzung für eine heilsame Gruppenarbeit ist ein Klima des Vertrauens, der Wärme und Offenheit, gegenseitige Achtung statt respektloser Deutungslust.

Verbindungen zu anderen therapeutischen Schulen

Poesie- und bibliotherapeutische Arbeit ist möglich in Verbindung mit Psychoanalyse, Analytischer Psychotherapie (C. G. Jung), Gesprächspsychotherapie, Logotherapie, Psychodrama und verwandten Verfahren.

Innerhalb der Integrativen Therapie werden Sprache und Poesie seit langem neben und mit anderen kreativen Medien methodisch eingesetzt.

Zusammenfassung

Poesie- und Bibliographie ist ein kreativtherapeutisches Verfahren mit einem weit gespannten Anwendungsbereich, das innerhalb verschiedener Psychotherapieformen eingesetzt werden kann. Während die Bibliotherapie mit vorgegebenen Texten arbeitet, werden in der Poesietherapie selbstgeschaffene Texte bearbeitet.

Literatur
H. Petzold; I. Orth: Poesie und Therapie, Paderborn, Junfermann-Verlag 1985
L.v. Weber: ...triffst Du nur das Zauberwort, München, Urban & Schwarzenberg-Verlag 1986

Ausbildungsinstitute
Integrative Poesie- und Bibliotherapie:
Fritz-Perls-Institut
Brehmstraße 9
4000 Düsseldorf
Telefon: 0211/632711,
mit der Deutschen Gesellschaft für Poesie- und Bibliotherapie
Altenburgerstraße 1
5000 Köln 1

Poesietherapie/Schreibtherapie:
Berliner Verein für Literaturarbeit e.V., in Kooperation mit der Fachhochschule für Sozialarbeit und Sozialpädagogik
Karl-Schrader-Straße 6
1000 Berlin 30

Angaben zum Autor
Ite Goßmann, M.A., geb. 1927, Studium der Philosophic, Psychologie, Soziologie, Sprach- und Literaturwissenschaft, Ausbildung in Gestalttherapie (Fritz-Perls-Institut) und in klientenzentrierter Gesprächsführung (GwG). Psychotherapeutin in freier Praxis.
Stockweg 105
5900 Siegen
Telefon: 0271/41852